벗님

벗 님

노마디 지음

FVE

| 책머리에 |

벗 님

    일상에서 향기로운 사람들을 많이 본다. 그럴 때마다 미소를 띠게 되고, 감사하는 마음을 갖는다. 또한 자신의 신념과 가치를 지키는 변함없는 열정으로 올곧은 삶을 사는 자존감이 높은 고귀한 분들도 많다. 운 좋게, 내게 그런 벗님들이 많았다. 나는 그런 벗님들을 『미친놈』으로 칭했다. 귀한 그들과 함께하며, 한때는 나도 그들과 비슷하다는 착각과 망상도 했었다.

    우연히 지난 삶을 되돌아볼 생각을 하게 되었다. 추한 악연으로 인한 계기에서 비롯되었지만, 뒤늦게 지난 삶을 짚어 볼 수 있었다. 막상 글을 쓰려니 단편적으로 기억났고, 2019년 10월 15일부터 생각나는 대로 썼던 글을 간추려 보았다.

    나는 향기로움을 맡는 후각은 좋았던 반면, 그들의 아름다움을 되새기며 체화하려는 노력은 없었고, 자질도 없었음을 깨달았다. 독선과 아집, 편견에 빠져 산 멍청이가 나였다! 이미 늦었지만, 귀한 벗님들과의 지난날을 반추하면서, 그들에게 감사를 표할 기회를 얻게 되었다.

    멍청한 내가 벗님들과 함께 할 수 있었던 것에 깊이 감사드립니다.

차례/ 벗님

책머리에/ 4

시드니 김(KMS) 형/ 9
어린 생명/ 14
아직도 세월호냐?/ 14
종교/ 15
바나나꽃/ 16
고향/ 16
길고양이/ 17
흡연 구역/ 19
김포공항/ 20
영화(YYH)야/ 21
방콕에서/ 23
병원/ 24
인제 김(KHJ) 형/ 26
5등분/ 28
담배/ 29
저작권/ 30
아름다움/ 32
선생님/ 33
정책/ 35
운 좋은 날!/ 36
계산법/ 38
계단/ 38

Peter M. 박사/ 40
82년생 김지영/ 44
교육과 떡잎/ 45
관심과 도움/ 47
만분의 일?/ 49
만평/ 49
손흥민/ 50
은인 김(KHJ) 형/ 51
반달가슴곰/ 52
고조선 후기 강역도/ 54
책벌레 한(HSH) 박사/ 55
평판/ 57
야생동물을 보살피는 김(KJT) 형/ 59
원칙과 주관이 뚜렷한 이(LYJ) 형/ 61
소주와 BTS/ 64
동네 병원/ 65
진부 김(KCR) 원장님/ 67
Singaporean 오(Aw UL) 형/ 72
천사/ 74
일 중독자 이(LSI) 형/ 75
횡성 이(LKU) 형 부부/ 78
전주 강(KEJ) 형/ 80

세월호⋯⋯/ 81
제주에서/ 81
야밤의 뻥튀기/ 84
티 내지 않는 최(CDH) 형/ 85
유튜버/ 89
그레타 툰베리 vs 막럼프/ 90
노블레스 오블리주/ 91
자신의 삶을 개척한 천(CSK) 교수/ 91
여자축구 벨 감독/ 92
코로나19(COVID-19)/ 93
쥐베의 민낯/ 94
누구한테 짖나?/ 95
정은경 본부장/ 95
대구시/ 96
이탈리아 '아미' 안젤라 풀비렌티/ 96
세월호 바이러스들/ 97
'공존'이란 제목의 벽화/ 98
노무현과 노회찬, 두 분이 그립다!/ 98
학문의 자유?/ 99
바보 노무현 님/ 99
잘했다!/ 100
천사 홍정복/ 101
용인 이(LTJ) 원장님/ 102
파렴치한 셀프영웅 백선엽/ 104
백영심 간호사/ 105
노회찬 님/ 106
우리나라 기부왕들/ 107
성영철 포스텍 교수/ 109
명쾌함과 적확함/ 110

우리에겐 왜 긴즈버그가 없냐고?/ 111
귀한 인재들/ 112
거대 여당의 횡포?/ 113
상계동 슈바이처 - 김경희 원장님/ 114
청년들의 죽음과 이소선 님/ 115
철저한 삼권분립?/ 116
간호사님들, 감사합니다!/ 117
대구 키다리 아저씨/ 118
전주 '얼굴 없는 천사'/ 119
끝 모를 코로나19와의 사투/ 120
세월호 7년 - 무혐의?/ 121
이민진의 '파친코'/ 122
기재부 나라?/ 124
세월호 - 북한 테러 가능성?/ 125
무재칠시(無財七施)/ 126
법정 스님의 오관(五觀)/ 126
헐버트와 김동진 님/ 127
교수와 학문의 자유/ 128
애국가 작사자, 도산 안창호/ 130
왜(倭)에 대한 북한의 언급/ 131
백기완 선생님 영면/ 132
동북아역사재단?/ 132
생전 장례식/ 133
바이러스의 제물/ 134
이제서야 무죄/ 135
명예 회복?/ 137
세월호 의인 김동수 님/ 138
홍익인간과 신축12적/ 139
윤여정 님/ 140

6 벗님

식민사학 고발 - 이덕일 소장/ 140
신흥무관학교 설립자 이석영 님/ 141
세월호 특검 출범/ 141
BTS와 사우디/ 142
광주 '해 뜨는 식당'/ 143
라카이코리아/ 145
생명/ 145
'롤링스톤' 표지의 BTS/ 146
재팬부: 강제노역 손배소 각하/ 147
간송해례본 - 전형필 님/ 149
이한나 님, 영면하소서/ 150
사진작가 김동우·현효제 님/ 151
김동식 구조대장님/ 151
노무현 님이 그립다/ 152
칼럼니스트?/ 153
미군은 점령군?/ 154
또 세월호를……/ 155
제인의 골든 버저/ 156
사학계만?/ 157
앎과 삶의 태도/ 158
김연경 주장/ 159
575돌 한글날/ 160
염치와 자존감/ 161
헝가리/ 162
프란치스코 교황/ 162
이재명 사퇴?/ 163
요소수/ 163
블랙 코미디/ 164
기레기? 쓰레기자!/ 165

반장 선거?/ 165
유아진(11, 왜관초 5학년)의
손편지/ 166
댁이나 잘하세요/ 167
서울대 장학기금 이순난(90)
할머니/ 168
입법 독주?/ 169
경북대 의대 교수/ 170
김구 선생님의 기쁨/ 171
언론의 기능?/ 172
아리랑/ 173
적확한 비유/ 173
김정은이를 봐라!/ 173
고귀한 박춘자 할머니/ 174
독일 학계의 '한민족' 연구/ 176
영국 학계/ 178
침묵하는 언론?/ 179
무승부? 전문가?/ 180
'이슬람'의 진짜 이야기/ 180
국토전략TV/ 181
국민의 선택을 믿는다!/ 181
망상일까?/ 184
시작도 전에 하는 짓거리?/ 186
바이올리니스트 손수경/ 187
외과의 이국종 교수/ 187
피아니스트 임윤찬/ 188
참전국 에티오피아/ 188
호머 헐버트와 안중근, 헐버트박사
기념사업회/ 190

매일유업 창업주 김복용 회장/ 191
금상/ 191
SPC그룹?/ 191
조선의 재활용/ 192
임재식 단장/ 193
프란치스코 교황의 '인간의 고통'/ 193
김주혜 '작은 땅의 야수들'/ 194
전국 한마음 엄마들/ 194
노회찬이 그립다/ 195
기괴한 가관?/ 196
한국사 최악의 빌런 5인/ 197
우리 역사상 최고의 지도자 5인/ 198
최고 지도자 5인에 들지 못한 세 분/ 199

일본인?/ 199
패러디(parody)/ 200
웃어야 하나?/ 200
쓰레기통인가, 똥통인가?/ 201
망나니/ 201
기본소득당 용혜인 의원/ 203
David John Seel/ 204
38(설흔여덟?)/ 205
코미디/ 205
BTS 리더 RM/ 206
자식은 있으려나?/ 207
김여정의 막말/ 208
양회동 열사/ 209
인프레쉬(INFRESH)/ 210

/ 211 ~ 269

늘 그랬듯, 위대한 우리 국민이 이번 국난도 타개했다.

한 멍청이의 회한/ 270 ~ 350

누굴 탓하랴, 자청해 감염됐으니! 멍청한 내 탓이다.

시드니 김(KMS) 형

　누군가에게 도움을 준다는 것이 모두 좋은 것일까? 전산 분야 일을 할 수 있는 자격으로 두 번째 입사했다. 동료 중에 나보다 한 살 적은 김(KMS) 형은 내게 과할 정도로 깍듯하게 형님 대접을 했다. 본부에 같이 근무하다가 사이트로 파견 나가며 둘이 근무했다. 내가 전산에 대해서는 아무것도 모르는 문외한이었던 반면, 그는 전공도 했고, 다른 곳에서 몇 년을 일해온 터라 전문가였다.

　프로그래밍을 알아야 했기에 당시 주로 사용하던 포트란(FORTRAN)과 코볼(COBOL) 입문서를 풀면서 공부를 시작했다. 그야말로 프로그래밍의 첫걸음마였다. 포트란으로 간단한 수식을 이용한 표를 출력하기도 쉽지 않았으나, 한 걸음씩 나아가는 배움의 기쁨도 컸다. 하나둘 문제를 풀고 막히는 부분은 옆에 있는 김(KMS) 형에게 물으며, 꽤 열심히 공부했다. 조금씩 난도가 높은 문제들을 풀어나가는 기쁨이 꽤 쏠쏠했다.

　그러다 며칠을 해봐도 원하는 답을 구하지 못한 문제를 김(KMS) 형에게 물어보니, 잠시 보다가 자기도 모르겠다고 하기에 그런 줄 알았다. 또다시 며칠이 흘렀으나 해법을 찾지 못해 헤맸고, 김(KMS) 형은 아무런 도움도 주지 않으면서, 달리 그 문제를 풀어보는 것도 아니었다.

사무실에 보고서를 출력했던 이면지가 많았기에 퇴근길에 한 움큼 가지고 퇴근하여 늦은 밤까지 그 문제에 몰두했지만, 답을 구할 수 없었다. 자면서 꿈에서도 그 문제에 매달렸다. 이면지를 머리맡에 펼쳐두고 연필을 둔 채로 잤다. 잠결에 일어나 불을 켜고 연필을 쥐었더니, 꿈속에서 찾은 그 해법은 불을 켜는 순간 하얗게 날아가 버렸다.

그래서 머리맡에 어질러진 이면지에 연필도 여기저기 둔 채로 잤다. 그리고 어둠 속에서 손에 잡히는 연필을 찾아 쥐고, 생각한 해법을 끄적였다. 그러나 불을 켜니, 글씨를 알아볼 수 없었다. 그렇게 또 며칠이 지나다 보니, 이젠 어둠 속에서 쓴 글씨도 해독이 가능할 정도의 수준이 되었다. 다음 날 사무실에서 컴퓨터에 넣었으나, 정작 답이 프린팅되지 않는 오류였다. 그렇게 고군분투하는 나를 보면서도, 정작 김(KMS) 형은 외면한 채, 나 몰라라 하는 것에 화도 났다.

어느 날 새벽 불을 켜고 끄적인 것을 보니, '바로 이거다!'란 확신이 들어서 택시를 타고 사무실에 왔다. 컴퓨터를 켜고 작업을 한 뒤, 프린터를 보는데 찾던 정답이 출력되었다. 평소 소음이었던 프린팅 소리가 경쾌한 음악 소리로 들렸다. 그 한 장의 출력지를 보며 그대로 곯아떨어졌다. '일찍 나오셨네요.' 하며 사무실에 들어서는 김 형에게 '그 문제 풀었어요.' 하니, 그저 무덤덤하게 '예, 해내셨군요.' 하는 김 형에게 서운할 정도였다.

김 형에 대한 응어리로 내내 묻어두었던 그 사건을 6개월 뒤쯤인 연말 저녁 자리에서 물어보았다. '프로그래밍을 공부하면서 겪는 몇 가지 단계가 있다고 생각합니다. 그중 반드시 자력으로 해결해야만 하는 수준이 있는데, 형님에게 그 문제가 바로 그것으로 보였기에 그랬습니다.'라고 답했다. 누군가에게 도움을 준다는 것의 가치는 무엇일까? 김(KMS) 형의 깊은 속뜻과 나를 위한 진정한 배려는 전문가이기에 가능했다.

나는 어땠나? 주변이나 후배들에게 알량한 것을 가지고도 '그것도 모르냐?'라며 면박을 주었다. 사회 초년병 시절에 김 형에게 배운 귀한 가르침을 정작 살면서 실행하지 못한 서푼짜리가 나왔다.

(2019.10.15.)

호주 브리즈번에 두 달 출장을 갔었다. 김(KMS) 형을 본지도 오래되었기에 먼저 시드니로 가서 하룻밤을 자고, 다음 날 목적지인 브리즈번으로 갔다. 김(KMS) 형의 아담한 정원이 있는 집에서 남매(KBG, KKD)를 둔 김(KMS) 형 가족과 해후할 수 있었다.

브리즈번 날씨가 하룻밤을 지낸 시드니와는 또 달랐다. 참 큰 나라다! 담당 파트너와 주로 지냈지만, 의외로 많은 사람을 만날 기회가 있었다. 그들의 초대를 받다 보니, 답례로 가끔 음식을 대접하게 되었다. 대접하는 처지에서 약속하면 부인이나 동료도 같이 초대하게 되었고, 주로 한식당으로 갔다. 브리즈번에도 한식당이 있었고, 꽤 비쌌다. 숙소도 좀 편한 곳을 잡았고, 그렇게 지내다 보니, 아직 체류 기간이 열흘도 더 남았는데, 출장비가 부족할 것 같았다.

당시 호주 TV에는 IMF를 당한 한국의 '금 모으기 행사'가 연일 보도될 때였다. 국가 부도를 맞아 국민이 줄 서서 돌 반지 등 금붙이를 내놓는 것이 그들 눈에는 신기했을 터였다. 파트너에게 사정 얘기를 하며 부탁했다. '아무래도 남은 일정을 지내기에 경비가 모자란다. 내 조국에서 저렇게 하고 있는데, 한 푼이라도 외화를 쓸 수는 없다. 날 시드니로 좀 보내 달라.'고 청했다. '그곳은 왜?' '거기서는 친구 집에서 지내면 되니, 돈을 절약할 수 있다.' 내 취지에 공감한 그가 일사천리로 어렵게 일정을 조정해 주었다. 말레이시아 본부에서 승낙 통지가 왔다며, 행복하냐고 묻기에 '그래. 정말 고맙다.'라는 내게 작은 귀국 선물을 주겠다고 했다. 당시도 호주의 대부분 공산품은 중국산이었고, 일정 조정 등으로 폐를 끼쳐 미안했기에 정중하게 거절했다.

공항에 데려다주며, '이건 호주산이다.'라며 작은 화병을 내게 주었다.

그렇게 뜬금없이 김(KMS) 형 집으로 갔고, 거기서 일주일을 지냈다. 며칠 안방에서 혼자 지내던 중 옆방을 보니, 네 식구가 한방에서 지내고 있었다. 그사이 이사를 해서 집이 바뀌었고, 방이 두 개밖에 없는 집인 걸 몰랐다.

민망했지만, 남은 며칠을 김(KMS) 형과 같이 지내고 귀국했다. 파트너의 고마운 배려 덕에 김(KMS) 형 가족에게 큰 폐를 끼쳤지만, 함께 지낼 수 있었던 소중한 추억이다. (2020.1.11.)

김(KMS) 형의 또 다른 큰 가르침을 실행하지 못한 것이 있다. 김(KMS) 형이 나와 같이 입사한 친구들과는 달리 실무 경험도 많은 데다가 능력도 있어 김(KJS) 상무 등 윗분들의 신뢰가 컸다. 하루는 김(KJS) 상무 방에 불려 가 한참 있다가 내려온 김(KMS) 형이 나더러 상무님이 찾는다고 해서 올라갔다. 하나의 결정 사항에 대해 내 의견을 달라고 말씀하셨다. 별로 큰 사안은 아니었으나, 속속들이 알지 못하는 것에 대해 내 결정에 따르시겠다는데 많이 난감했다. 말씀하신 A와 B, 두 사안 중 A로 하시는 게 좋겠다고 말씀드리니, 그렇게 추진하라 하셨다. 김(KJS) 상무의 방을 나와 엘리베이터를 안 타고, 계단으로 내려오면서 전문가인 김(KMS) 형이 왜 날 골탕 먹이냐는 생각에 화가 치밀었다. 방에 와 김(KMS) 형에게 물어봤다. 'A로 추진해야 할 것 같아 상무님께 A로 말씀드렸는데, 맞나요?' '예. 잘하셨습니다.' '그런데 왜 김(KMS) 형이 말씀 안 드리고, 날 찾게 했나요?' '그런 결정 사항은 형님이 하셔야죠.' 김(KMS) 형은 별 쓸모없는 내 존재를 부각하려고 그랬던 것이다.

연말에 부서 내 신 과장과 홍 부장이 내게 사장 표창을 받으라고 했다. '전 한 일이 없습니다.' '우리 부서에서 상을 받는다면, 당연히 김(KMS) 형이 받아야지요.' 같은 소리를 또 하니, 두 분이 짜증을 냈다. 그렇게 본의 아니게 김(KMS) 형의 공을 가로채 사장 표창장을 받았다. 그런데 공적 조서를 본인에게 쓰라는데, 참 멋쩍었다. 이후로는 상을 피했고, 동료들에게 상을 받게 하려고 애썼다. 아울러 그들의 공적 조서는 내가 써주었다.

7~8년 후, 본사 회장님 직속 부서에서 전화가 왔다. 우리 회사에 회장상 추천자를 의뢰했는데, 내 옆에 있던 친구가 자길 찾아왔더란다. 그 친구가 '우리 회사의 일은 모두 자기가 했다.'라며 '상은 자기가 받아야 한다.'라고 했단다. 평소 일을 추진하면서 어려움이 있을 때마다 자주 접촉해서 잘 아는 그 양반에게 그랬으니, 내게 전화했다. 그때 그에게 '예. 이왕이면 좀 큰 상으로 바꿔주세요.' 했더니, '저도 그러고 싶은데, 전체 틀이 이미 잡혀서 그건 좀 곤란합니다.'라며 난처해하는 그와 웃고 말았다. '상'이란 것이 별것도 아닌데, 김(KMS) 형은 동급자나 마찬가지인 내게 모든 공을 돌리려 애썼다. 김(KMS) 형처럼 상급자에 대한 예우와 응당 지켜야 할 것들이 있음에도 나는 그러지 못했다. 매우 예리한 잣대로 상사들을 분석했고, 내 평가 기준에 미흡한 상사들에겐 은연중에 반감을 드러냈다.

과장 승진 시험을 통과한 후, 과장 때였다. 나름 미친 듯이 일을 하기도 했다. 어떤 때는 일주일을 사무실에서 쪽잠을 잤다. 그때는 요즘과는 다른 세상이었다. 주요 사안은 중역들의 간부 회의에서 결정되었는데, 과장은 발언권도 없이 그저 회의록이나 작성했다. 중역들의 황당한 말들을 들으며, 회의 테이블 뒷자리에 앉아 그들의 말을 메모했다. 결국, 내 뜻대로 되었지만, 긴 회의 시간 동안 엉뚱하고 황당한 말들을 들으며 갑자기 뱃속에서 뭐가 터지는 것 같더니, 통증이 심했다. (중역분들도 소관 업무와 무관한 일이니, 그럴 수밖에 없는 것임에도 못 참는 무식한 나였다. 해도 주관 부서장의 말에 쓸데없는 토를 달며 공전하는 것은 잘못이라 생각했다.) 내일 결재를 올려야 되는 사안이라 내 자리로 돌아와 회의록을 작성하다가 화장실을 들락거리는데, 하혈이 그치질 않았다. 곧바로 빈혈이 와서 걷지도 못했고, 그렇게 야밤에 입원했다. 급성 십이지장궤양 장 출혈. 다음 날 오전 동료 전(JSJ) 형에게 내 서랍 속의 업무일지를 가지고 와달라고 했다. 전(JSJ) 형을 앉혀 놓고, 급히 회의록을 마무리해 주면서, 다음 조치 사항 등을 모두 써서 주었다. 병원에 있는 동안 전(JSJ) 형이 자주 들락거리며, 내 빈자리를 채울 수밖에 없었다.

이후로도 모난 돌인 내 건방진 행태는 바뀌지 못했고, 점점 더 조직 부적응자가 되어버렸다. 김(KMS) 형의 큰 가르침은 까마득하게 잊고.

(2020. 1. 12.)

어린 생명

어린 생명에서 아름답고 고귀함을 본다. 순진무구함과 무한한 가능성! 이제나마 아이들에 대한 정책이 조금씩 시행되는 것은 그나마 다행이다. (2019. 10. 15.)

아직도 세월호냐?

오늘 2019년 10월 16일. 세월호도 벌써 만 5년 6개월이 지났다. 애들 죽음이 헛되지 않도록, 정확한 원인과 잘못을 규명해달라는 바람과 달리 아무것도 밝혀진 것이 없다. 그럴진대 '아직도'라 투정하는 것은 뭔가? (2019. 10. 16.)

종교

계단 밑의 구석에 버려진 화분이 있어 건물 밖 노천에 두었더니, 죽은 줄 알았던 소철에서 잎이 하나둘 나오면서 싱싱하게 되살아났다.

사무실 책상 옆에 두고 종종 물을 주며 지냈는데, 어느 날 작은 청개구리가 나타났다. 특별한 녀석인데 어디서 온 것인가? 화분 흙 속에 있던 알에서 나왔나? 참 귀한 친구다! 그렇게 며칠 여기저기 움직이는 것을 보던 중 합장하는 녀석을 보게 되었다.

물의를 일으키는 기사들을 보며 가끔 느낀다. 종교의 사전적 정의? 종교: 초자연적인 절대자의 힘에 의존하여 인간 생활의 고뇌를 해결하고, 삶의 궁극적 의미를 추구하는 문화 체계. 어느 종교든 나쁜 짓을 권장하는 경우는 없는 것 아닌가? 왜 극단적인 행위들이 종교란 핑계로 자행되는가? 상식과 도리에 어긋난 언행으로 세간의 도마 위에 오른 종교 지도자란 것에게 많은 추종자가 있는 것은 왜일까?

느닷없이 나타났다가 사라진 녀석이 이 말을 전하려 했던 것은 아닐까? '노마디야, 남 말하지 마라. 너라도 네 온갖 죄와 숱한 잘못을 뉘우치고, 지금이라도 속죄하고 처신 잘해라. 두고 보마.' (2019.10.15.)

바나나꽃

　베트남에도 도로 옆 공터에 열리는 노점상이 있었고, 사람들이 바나나를 팔고 있었다. 차를 타고 가다가, 허리춤까지 키 큰 바나나 송이를 처음 봤다. 나중에 바나나꽃을 보고서야 '아, 저 큰 꽃송이의 꽃잎 하나마다 한 송이가 맺히는 것이구나!'
　나는 정작 실체를 모르면서, 제 눈에 익숙한 지엽적인 것이 옳다고 우기며 잘난 체하지 않았나? 단편적이고 피상적인 것에 매몰되어 저지른 잘못은 또 얼마던가? (2019.10.17.)

고향

　지역적인 특성과 기질, 혼은 우리의 피를 통해 연연히 이어진다. 그로 인해 문화와 전통의 독자성이 있고, 충돌과 조화 속에서도 발전이 있다. 게다가 우리 핏속에는 대륙을 지배한 고조선의 피가 흐른다. 그래서 유달리 독특한 특성을 가진 섬나라인 왜(倭)나 땅덩이만 큰 중국과는 본질부터 다르다고 본다.
　'고향'의 사전적 의미는 1. 태어나 자라난 곳, 2. 늘 마음으로 그리워하거나 정답게 느끼는 곳이던데, 이제 이 의미를 바꿔야 하지 않을까? 개인으로 봐도, 나고 자라고 살다가 죽는 곳이 한 지역에 국한될 수 없고, 자식으로 내려가면 더더욱 그렇다. 군인 등 이동이 잦은 직업의 경우처럼, 나는 서울에서 태어났으니 고향이 서울이고, 동생은 광주에서 태어났으니 전라도고, 아버지는 경상도에서 태어났으니 경상도가 고향이라고 할 수는 없지 않나?

대를 이어 핏속에 담겨 유유히 흐르는 것이 고향이다. 미국에 이민 간 벗(JH)에게 딸이 하나 있다. 그곳에서 태어나 자란 아이가 대학생 때 한 프로그램에 참여하며 국내에 들어왔다. 귀한 손님이라 저녁 자리에서 먹으라고 하니, '아저씨, 먼저 수저 드시지요.' 하는데, 정작 내 자식보다 더 예의 바르고 반듯하더라. 그 아이의 고향이 '뉴저지'일까?

또 하나, 바로잡을 것이 있다. 교포, 동포, 조선족이란 구분은 또 뭔가? 왜 이런 구분을 하는가? 이것 역시 지역색과 패거리 문화의 잔재가 아닐까? 조선족이란 비하는 주로 독립투사들의 후손일 수 있다는 것에 대한 반발이 아닐까? 이것도 친일 반민족 범죄자들의 소행인가?

당신의 고향은 어딘가?

(2019.10.17.)

길고양이

얘도 중성화 수술을 한 아인가? 지난여름 아침 6시가 안 된 시간이었다. 담배를 피우려고 밖에 나왔는데, 한 아주머니가 큰 함지를 들고 무엇인가 하는 것을 봤다.

길고양이들에게 물과 먹을 것을 주고 있었다. 함지 속에는 물과 작은 그릇들, 몇 종류의 먹이가 들어 있었다. 늦은 밤이나 새벽에 나와서 애들을 챙겼다. 호기심에 얘기를 나누었다. * 길고양이는 중성화 수술을 해야 한다며, 그렇지 않고 그 애들이 임신하거나 출산하는 것은 버림받은 녀석들에게 크나큰 고통이 될 수 있다는 점 * 중성화 수술을 하면, 그 표식으로 한쪽 귀를 조금 잘라준다는 것. 어떤 아이는 귀가 너무 크게 잘려 마음 아파하고 * 중성화 수술을 해야 하는 애들이 많으면 구청에 얘기하여 일정을 잡아서 해주고, 때에 따라 자비로 수술해 주고 있으며 * 그런 녀석들이 밟혀서 휴가도 갈 수 없다고 했다. 그분의 진심 어린 말씀을 듣고 있자니, 가슴 한구석이 아려왔다. 이런 따뜻한 마음을 지닌 사람들이 의외로 많았다. 오가다 작은 여자 아이나 젊은 청년이 길고양이들에게 물과 먹을 것을 챙겨주는 것을 무심코 보고 지났는데, 이제야 왜 주변의 눈치를 보며 그랬는지 알게 되었다. TNR(Trap-Neuter-Return, 포획-중성화-방사)에 대해 '세금 낭비' 등의 의견이 분분하더라. 가족의 일원으로 사랑받다가 버림받은 길고양이. 길고양이를 보는 여러 시선? 나처럼 그들에게 아무것도 않는 사람이 제 주장을 내세우는 건 뭔가? (2019.10.22.)

오늘도 이른 아침에 아주머니가 뒷정리하고 있었다. 얘가 유독 귀가 많이 잘린 녀석인데, 참 얌전한 녀석이라 더더욱 아주머니를 안타깝게 했다. 수의사 김(KJT) 교수에게 들었다. 고양이는 일정 구역을 기반으로 사는 동물로 번식률이 높아 중성화 효과를 보기 위해서는 해당 구역별로 확실하게 해줘야 한단다. 여러 사람이 뜻을 모아 날을 잡고 함께 작업해야 하며, 중성화 대상 개체들이 많을 때도 있어 쉽지 않은 일이란다. 여러 사정을 잘 아는 김(KJT) 교수가 언제든 기꺼이 돕겠다고 했다는데, 그것도 일부 동네 동물병원에서 반발하고 있단다.

참 다양한 그룹, 이해관계가 상충한다. * 자식처럼 아낀다던 고양이를 버리는 사람 * 그런 불쌍한 녀석들을 매일 챙기고, 사비를 들여 수술도 해주는 아주머니 * 골칫거리니 모두 처분해야 한다는 사람 * 손대지 말고, 그대로 놔둬야 한다는 사람 * 세금 낭비라는 사람 * 힘을 보태 돕겠다는 사람 * 영업권 침해를 주장하는 사람. 이런 말 많은 사람들 틈새에서 이 일을 해야 하는 공무원은 무슨 생각을 할까? 하루빨리 이 골치 아픈 업무에서 벗어나자? 숙의를 거쳐 효과 있게 추진하자? 왜 전자로 생각될까? 상대방을 뭉개고 제 주장만 내세우는 세상, 상식과 합의, 공동선은 없는 말만 많은 세상. '내 세금으로 먹고사는 놈들'이란 소리까지 듣는다는 힘없는 말단 공무원에게 후자를 기대할 수 있을까? 그럼에도 당신들이 후자인 공무원이길 바란다. 수고 많으십니다! 묵묵히 일하는 당신들이 있어 그나마 이 세상이 제 방향으로 도는 거겠지요! (2019.11.18.)

흡연 구역

도로변 주상복합아파트에 거주할 때, 지하에 대형 마트가 입점해 있다.

도로와 마트 출입구 옆에 작은 녹지가 있고, 흡연 구역이 있다. 입구 좌측에 재떨이가 있고, 벤치 앞에 재떨이용 항아리도 하나 있다. 별생각 없이 그곳을 사용했다.

어느 날 작은애가 그곳에서 나오는 나를 보고 놀라며 하는 말이, '어? 거기는 마트 직원용인데요. 거기서 피우지 마세요.' '그래? 재떨이가 있기에. 근데, 왜?' 하는 내 반문에 '마트 직원들이 스트레스가 엄청 심해요. 그나마 그곳에서 쉬고 있는데 방해하는 것은 아니지요.' 그러고 보니, 마트 개점 전에 직원이 흡연 구역 칸막이를 열면서 청소하고, 오후에도 그곳을 청소했다. 마트 직원용이라고 써놓지는 않았지만, 녀석의 말이 맞는 것 같았다. 진상 손님들 때문인가? 여직원 흡연자들이 꽤 많았다.

그 후부터 우편함에 넣어둔 꽁초용 작은 통을 들고나와 담배를 피우고, 흡연 구역에 마트 직원이 없을 때 꽁초 통을 비우고 있다. 마냥 철없다고 생각했던 녀석에게도 배울 것이 있었다. (2019.10.22.)

김포공항

1980년대 초 대학 졸업 후, 건설사에 취직해 사우디로 갔다. 당시 사우디 건설경기가 내림세에 접어들었다고는 했지만, 사우디행 비행기는 오가는 편수도 많았고, 늘 만석이었다.

사우디 담맘 공항에 도착하여 입국 심사받는데, 길게 늘어선 우리 줄이 줄지를 않는다. 자국 사람들과 영국인 등 서구인들의 수속이 먼저 진행되었고, 그들이 모두 빠져나간 뒤에도 우리에 대한 절차는 진행되지 않았다. 한참 후에 파키스탄인 등 일군의 사람들이 나타났고, 남루한 차림새로 보아 건설 현장의 노무자로 온 사람들로 보였다. 늦게 나온 그들이 먼저 절차를 받고 나간 뒤에야 비로소 우리 차례가 왔다. '돈은 많은 나라지만 일 처리를 보니 미개한 족속들이구나.'란 생각이 들었다. 나중에 한 선배에게서 '그것이 이슬람교를 믿는 사람들에 대한 그들 나름의 배려인 것 같다.'라고 들었다.

휴가차 귀국하느라 KAL에 탔는데, 승무원들의 불친절이 꽤 심했다. 얼핏 'KAL 기내에서 한국 남자에 대한 대접은 마지막 9번째'란 누군가의 말이 기억났다. '첫째는 미국 백인 남자, 그다음은……, 한국 여자, 다음 마지막이 한국 남자'란다. 김포공항에 도착해 입국 심사를 기다리는데, 이건 또 뭔가? 아무리 봐도 외국인 우선으로 보였다. 우리나라를 찾은 손님인 외국인에게 친절해야 하니까? 동방예의지국이라서? 그때 사우디 공항에서의 푸대접이 새삼 생각났다. 내가 잘못 생각했구나? 우리는 왜 이럴까? 요즘은 어떤가? 좀 덜한가? 아니, 자국인 우선인가? 아직도 잘 모르겠다. (2019.10.22.)

영화(YYH)야

중국에 출장을 갔었다. 베이징에서 미팅하고, 치치하얼에 있는 관련 기관을 방문하였는데, 치치하얼에는 통역과 함께 갔다. 베이징에 있는 대학교 2학년에 재학 중인 중국 교포 윤영화(YYH)가 통역을 맡았다.

베이징에서 치치하얼로 가는 열차 차창 밖으로 끝없이 펼쳐진 광활한 습지를 보면서 '참 넓다!'란 탄성이 저절로 나왔다. 그 습지 안에도 마을들이 있단다. 갈대와 비슷한 키 높은 식물이 발이나 돗자리, 바구니 등을 만드는 좋은 재료이고, 겨울에 습지가 꽁꽁 얼어붙으면 트럭들이 와 제품을 실어 나간단다.

방문한 기관에서 3박을 하였는데, 그곳에 도착한 이후부터 기관장의 환대를 받았다. 일행 3명과 통역하는 영화(YYH)랑 4명이 매번 메뉴를 달리한 색다른 음식을 대접받다 보니, 적지 않은 부담이 되었다. 점심 식사 후에 현장을 돌아보면서 영화(YYH)에게 '오늘 저녁은 우리가 대접하자. 마땅한 곳을 네가 좀 알아봐라.'라 했더니, 녀석의 입에서 뜻밖의 말이 나왔다. '저분은 이곳의 기관장으로서 여러분을 대접하는 것입니다. 이곳에서 손님인 여러분이 밥을 산다는 것은 큰 실례가 됩니다. 안 됩니다.'라고.

베이징으로 돌아와 짐을 놓고, 저녁을 먹으러 가면서 영화(YYH)의 캐리어가 꽤 거북해 보이기에 내게 달라고 하니, '아버지 같은 분에게 짐을 드릴 수 없습니다.'라며 웃는다.

식사 후 헤어짐이 아쉬워 영화(YYH)에게 작은 선물이라도 사주고 싶었다. 마침, 옷 파는 건물이 있어 영화(YYH)에게 말하니, 극구 사양한다. 옆의 일행 한 분의 '네가 딸 같아서 그러시는데, 왜 그러냐?'라는 말씀에 어쩔 수 없이 따라나섰다. 층별로 여러 종류의 다양한 옷이 있었음에도 녀석의 선택은 저가인 4층 티셔츠 매장이었다. 티를 사 들고 내려오면서, 하나 더 사라고 사정을 했더니, '그럼 남동생 것 하나 사겠습니다.'라면서 하나를 샀다. 다음 날 아침 출장을 주관한 분이 영화(YYH)에게 통역 비용을 주면서 별도의 돈을 더 주었더니, '감사합니다.'라며 두말없이 받았다.

귀국 길에 녀석의 몇 가지 언행을 되새기면서, '내가 대학 2학년 때 사회 속에서 이루어지는 예법이나 관행 같은 것을 알고 있었나?' '크든 작든 공과 사를 제대로 구분할 수 있었나?' '내 아이가 저 나이 때 저럴 수 있을까?' '내 자식에게 저런 점을 가르칠 수 있을까?' 등을 생각했다.

정작 아이들을 키우면서 그럴 기회도 여건도 갖지 못했다. 구차한 변명이다. 내가 온실에서 애들을 키운 것은 아닐까? 지금쯤 영화(YYH)도 결혼해 아이가 있을 나이다. 멋진 친구가 행복하게 잘 살고 있기를 바란다. 잘 살고 있을 것이다.

나중에 알게 되었다. 치치하얼이 고귀한 독립운동을 펼친 분들의 주요 거점 중 하나란다. 그분들의 후손들일 텐데, 가기 전에 알고 있었더라면……. (2019.10.23.)

방콕에서

몇 개월 방콕에 머물며 우리와 다른 점 몇 가지를 느꼈다. 방콕 수완나품 공항에 도착해 비행기에서 내려 통로로 들어서자, 우측 편에 흡연실이 있었다. 담배 피우는 사람에게는 이 얼마나 고마운 곳인가! 그곳에서 담배 두 대를 연달아 피우며, 첫 방문인 방콕에 대해 큰 호감을 느끼게 되었다.

방콕의 전철도 편리했다. 전철을 기다리는 사람들은 승강장에 두 줄을 서 있었고, 전철 안에 사람들이 많이 차 있으면, 비집고 타지 않고 다음 차를 기다렸다. 하루는 출근 시간에 출입문 하나가 닫히지 않는 바람에 계속 정차해 있었다. 쉽게 고치질 못해 30분이 넘었는데도, 전철 안과 승강장에 있는 누구도 불평하는 사람이 없었다. 모두 조용히 기다렸고, 개 중의 어떤 사람들은 시계를 보더니 밖으로 나갔다.

방콕 역시 중심가는 교통체증이 매우 심했다. 걸어서 10분 거리인데, 택시 안에서 30분이 넘게 걸린 적도 있었다. 끼어들려는 차가 있으면 다 받아주고, 혼잡한 가운데서도 클랙슨을 울리는 사람은 없었다. 그곳에 오래 지낸 사람에게 물으니, 이곳 사람들은 경적을 사용하지 않는단다. 짧은 기간 머물렀지만, 우리와 달리 사람들이 참 여유롭구나 싶었다.

태국이 불교 국가란 것은 알고 있었지만, 큰 건물이나 숙소 등 많은 곳에서 쉽게 부처님을 모신 제단을 볼 수 있는 것도 흥미로웠다. 길 가던 사람들이 잠깐 멈춰 합장하는 것을 보는 것도 좋았다.

어떤 곳은 부처상 밑에 향과 향로, 자리까지 갖춰진 곳도 있었다. 사람의 통행이 잦은 곳에는 생화로 만든 크고 작은 화환을 파는 사람들이 있었다. 하루는 어린 소년에게 작은 것을 하나 샀다.

재스민꽃이라던데 향이 좋았다. 내가 향을 맡으니, 옆의 친구가 부처님께 올리는 것은 향을 맡으면 안 된다고 알려주어 숙소로 가져와 걸어두었다. 일상에 녹아 있는 종교가 사람들에게 큰 의미와 가치가 있다고 생각했다. (2019.10.23.)

병원

재작년 작업하다가 골절상을 입었다. 어떤 일이 생기든, 그것이 사고라 하더라도 얻고 잃는 것은 있다. 말로만 듣던 것과 실제 경험과는 큰 차이가 있듯, 처음으로 119구급차를 타고 군산의료원으로 갔다. 119대원들의 정성 어린 조치와 노고를 실감하고 감사할 수 있는 계기가 되었다.

병원은 아픈 사람들이 오가고 모여 있는 곳이다 보니, 내 고통을 다른 사람과 견주어 경중을 따지지 않는다. 그러다 보니, 의사와 간호사들에게 과도한 요구를 하는 경우도 많았다. 적은 일손으로 고된 일에 시달리며 많은 사람의 온갖 요구를 들어주어야 하는 힘든 노동임이

틀림없다. 그런데도 유독 친절하게 환자들을 대하는 의사와 간호사분들은 옆에서 보기에도 고맙고 존경스럽다.

직업 중에는 단순한 직업 이상의 소명 의식이 있어야 하는 직업이 있지 않은가? 의사와 간호사도 그중 하나일 것이다. 반면에 국내 응급구조 체계 개선을 위해 애쓰는 이국종 교수를 깎아내리는 잘난 의사들도 많고, 결국 그런 잡것들로 인해 미쳐 일하던 이국종 교수는 제정신을 차리고 말았다.

지난달에 미국에 사는 벗(UH)이 오랜만에 다녀갔다. 딸이 마취전문의라 하길래, '그래도 일이 좀 편하겠다. 마취만 해주면 되니.' 했더니, 늘 그렇듯 내 무식이 드러났다. 마취의는 수술 전 과정을 책임져야 하는 무척 스트레스가 심한 일이란다. 딸의 전공이 영유아인데, 어린 딸을 키우는 어미 처지에서 더더욱 스트레스를 많이 받아, 저녁마다 포도주를 먹는 것을 보는 아비의 맘이 이해가 갔다. 그나마 마취전문의는 환자들을 직접 대면할 일이 없는 것이 장점이라는데, 인종차별이 심한 미국이라 그 전공을 택했나?

수술 후 엑스레이를 보니, 매우 촘촘히 박힌 호치키스가 보이더라. 영화에서나 봤지, 내 다리에 그것들이 박힐 줄이야! 나중에 보니, 자세히 봐야 보이는 작은 실금으로 깔끔하게 마무리가 되어 있었다. 감사합니다! 이(LDM) 과장님!

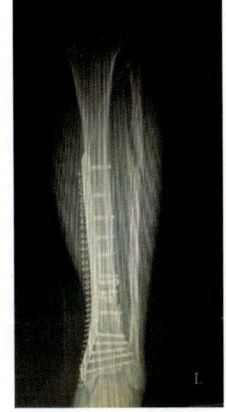

부서진 뼛조각을 잇기 위해 박아둔 핀 15개를 제거하는 수술을 올 1월에 했다. 군산까지 멀리 가기도 그렇고, 대학병원은 절차나 일정 잡는 데 시간이 오래 걸려, 집 근처 전문병원이란 곳에서 핀 제거 수술을 받았다. 수술 후에 보니, 굵은 호치키스가 듬성듬성 엉성하게 박혀 있었다. 핀 제거 수술은 이렇게 하는 건가? 불필요한 비보험

검사에 의문을 제기하니, 수술 동의서에 서명하지 않았냐 했다. 잔글 씨를 읽지도 않고 사인했던 멍청함과 두 의사의 전혀 다른 유형의 작품을 보는 마음 한구석이 아쉬운 건 뭘까? (2019.10.24.)

인제 김(KHJ) 형

지난 주말 제2회 인제 천리길 축제에 다녀왔다.

봄은 남쪽 땅속에서 솟아오르고, 가을은 북쪽 하늘에서 내려온단다. 서울은 단풍이 아직인데, 인제는 참 곱게 물들었다. 게으른 탓에 코스를 제대로 돌지 못했는데, 지인이 완주 메달을 줬다. 다음에는 제대로 완주하라는 뜻이겠지?

고향을 사랑하는 김(KHJ) 형이 뜻을 같이하는 사람들과 아름다운 고향길을 골라 인제 천리길을 만들었다. 노선 선정 비결을 찾기 위해 제주 올레길을 수차 완주했던 그다. 잠시나마 그 길을 걸으며, 그가 애쓴 흔적을 엿봤다. 푹신푹신한 숲길 곁, 단풍 속에 맑은 물이 흐른다. 김(KHJ)형! 애 많이 쓰셨네요!

인제에 오면 늘 느끼는 것이지만, 참 아름답고 풍요로운 숲이다. 이날 준비한 공연도 성악, 국악, 3중주, 색소폰, 통기타 등 다양했다.

　　오랜만에 풍광 좋은 산속에서 다양하고 멋진 공연을 보는 즐거움! 김(KHJ) 형! 감사합니다! (2019.10.24.)

　　늘 고향을 위해 사는 김(KHJ) 형이다. 대북 관계가 원활했을 때는 여러 가지 남북 교류 사업도 활발하게 했었다. 제주 올레길을 섭렵하며 고향의 아름다운 인제 천리길을 찾아 만든 것에서 보듯, 그의 모든 삶은 고향에 녹아 있다.

　　출장길에 인제에 들른 적이 있었다. '요즘 송이가 나올 때니, 저녁에 송이 먹읍시다.'라며 동네 한 어르신께 같이 갔다. 고향 일에 열성을 다하는 김(KHJ) 형이다 보니, 말씀을 들은 어르신이 흔쾌히 수락하셨다. 앞장서 가시는 어르신 뒤를 따라, 비탈진 산을 헉헉대며 뒤따라가는 내 입에서 단내가 났다. '저녁 자리가 몇 명이냐?' 물으시더니, '그럼, 열 개 정도면 되겠다.' 하시며, 산을 타면서 여기저기서 하나, 둘 따주셨다. 송이는 난 자리에서 또 난다고 했고, 어르신은 당신 밭의 모든 자리를 잘 아셨다. 어르신이 '송이 따보신 적 없지요?' 하시며, 송이 따는 기회까지 주셨다. 능이와 송이를 한가득 따주시고는, '나는 올라온 김에 산 좀 둘러보고 가마.' 하시며 비탈진 산을 신선처럼 날아가신다.

　　어르신과 김(KHJ) 형 덕분에 귀한 버섯으로 저녁을 잘 먹었다. 현지에서 싸게 살 수 있어, 내친김에 신세 진 벗 이(UH) 형에게 송이를 좀 보냈다. 송이를 받고, 고마워하는 벗과 얘기 중에 '돈으로 구해준 선물일 뿐인데……. 다음에는 내 손으로 딴 송이를 맛보시라.'라고 그만 호기를 부리고 말았다. 그렇게 말빚을 졌다.

송이가 나오는 시기에 일정을 맞추기도 쉽지 않아, 그렇게 몇 년이 지났는데, 내 얘기를 기억한 김(KHJ) 형에게서 하루는 내려와 보라는 전화를 받았다. 송이, 깨금버섯, 싸리버섯 등을 딸 수 있었고, 죽은 참나무에서만 난다는 노루궁뎅이버섯도 따봤다.

김(KHJ) 형과의 반나절 산행에서 산의 풍요로움을 한껏 맛볼 수 있었다.

벗에게 송이 상자를 전하면서 '위의 작은 것은 내가 직접 딴 것'임을 분명하게 밝혔다. 김(KHJ) 형 덕에 이(IJH) 형에게 졌던 해묵은 말빚을 그렇게 갚을 수 있었다. (2019.10.25.)

5등분

몇 해 전, 설을 베트남에서 보냈다. 베트남도 설이 가장 큰 명절이었고, 우리처럼 민족의 대이동이 있었다. 공식 연휴는 5일이라지만 실질적으로는 보름 동안 업무를 볼 수가 없었다. 하노이와 호치민 중간쯤이 다낭인데, 출장 간 곳은 다낭 조금 위쪽인 동하시였다.

계획이 틀어져 일정이 비는 바람에 나와 동료는 호치민으로 가기로 했다. 큰 백을 동원하여 어렵게 기차를 탈 수 있었는데, 평상시 항공료보다 더 비쌌다. 역에 도착하니, 승무원이 돈을 5등분 해달라고 해서 그렇게 주었다. 기차에 올라 안내하는 자리로 가니, 승무원 휴게실이었고, 긴 소파 두 개를 맞대고 모포를 깔아두었다. 우리 때문에 승무원 휴게실은 의자 2개 놓을 자리만 남았다.

승무원이 모두 5명인가 보다. 그래서 돈을 5등분 해달라고 했구나! 차창 밖으로 보이는 풍경은 우리네와 별반 다를 게 없는 평화로운 농촌 풍경이었다. 문제는 소요 시간이 어느 정도인지를 전혀 생각지 않고 기차를 탔는데, 23시간 정도 걸린단다. 참 길고 긴 나라다. 북쪽 하노이에서 동하까지도 그 정도는 걸릴 것 같았다.

맥주라도 한잔하려고 식당칸으로 가는데, 사람들과 짐으로 가득 찬 통로를 헤쳐가는 데, 가도 가도 끝이 없었다. 내친걸음 되돌릴 수도 없고, 그렇게 간 식당칸의 많은 사람 틈새에서 김빠진 맥주 한잔하고, 되돌아오니 진이 다 빠졌다.

긴 시간 잠도 못 자겠고, 배도 고팠다. 기차는 예정 시간 23시간을 넘겨 25시간 40분 걸려 호치민역에 도착했다. 참 긴 나라다! 그렇게 아무 준비 없이 장시간 기차여행을 견디는 경험을 했다.

호치민역 앞에서 늦은 아침을 먹으며 드는 생각이, 우리도 5등분 했을까? 상급자가 독식했을까? 왜 후자에 무게가 실리나? 뭣 눈에는 뭣만 보인다더니, 내가 그런 부류라서 그런가? (2019.10.25.)

담배

방송에서 본 것 같은데, 내 연배와 큰 차이가 없는 사람이 '초등학교 4학년부터 담배를 피웠어요.'라 말했다. 깊은 산골에 살았다. 고개를 몇 개 넘어 학교에 다니다 보니, 4학년이 되면서 수업이 늦게 끝나고, 집에 오려면 어두운 산길을 걸을 수밖에 없었다. 밤길을 위협하는 산짐승들이 겁이 나, 담배를 피울 수밖에 없었단다.

불과 얼마 전이다. 60여 년 전에만 해도, 우리 산속에 맹수 등 야생동물들이 많이 살았다. 나 역시 어릴 적, 멀리 밤길 다녀오신 어른들이 '건너편 산에서 큰 짐승의 눈빛을 봤다.' 무덤 곁을 지나며, '여시들에게 홀리겠더라.'란 말씀을 하시는 걸 들었다.

이미 멸종되었다고 말하지만, 아직 강원도나 경상도, 전라도의 깊은 숲속에는 호랑이는 몰라도 표범은 살고 있을 거라 믿고 싶다. 아니, 호랑이도 있을 거라고 믿고 싶다.

지금 남한에서 고라니와 뭐든 다 먹어 치우는 잡식성인 멧돼지를 잡을 수 있는 것은 사람밖에 없다. 우리에게도 세계적인 기업들이 있다. 그런데 내 눈엔 왜 그들이 호랑이나 표범, 하다못해 늑대 같은 육식성보다는 멧돼지 같은 잡식성으로 보일까? 세계적인 대기업이라는 그들이 광활하고 거친 세계 상권에서 위엄 있는 최상위 포식자인 호랑이가 되길 바라는데…….

지금도 동네 야산에 호랑이나 표범, 곰, 늑대들이 살고 있었다면, 우리도 그런 포식자의 품격을 지니고 있지 않았을까? 그랬다면, 우리 기업들의 속성도 동네 상권까지 잡아먹는 멧돼지보다는 적어도 늑대 정도의 품격은 지녔을 것 같은데. (2019.10.26.)

저작권

왼쪽 녀석의 이름은 Sun Bird로 기억된다.

안산의 최(CJI) 형은 우리 삶의 터전인 이 땅과 그 속에 살고, 우리 땅을 찾아오는 뭇 생명을 지키고, 가꾸고 보전하기 위해 애쓰는 참 순수하고 아름다운 환경운동가이다. 그의 차에는 사진기, 촬영기 등의 다양한 기자재가 가득하다. 그렇게 밤낮없이 모은 귀한 자료들을 누구에게나 준다. 아름다운 생명의 모습, 때로는 참혹한 실상이 담긴 자료 등을 필요로 하는 누구에게나 준다. 미얀마에서 찍은 이 사진도 그의 작품이며, 최(CJI) 형에게 말 한마디 없이 그의 사진을 쓸 수 있다.

1995년 같다. 홈페이지의 속성도 모르며, 그걸 만들어야 했다. 메뉴 구분도, 그 속에 담을 자료도 변변찮았다. 우연히 다른 방에 갔다가, 아름다운 야생화 사진이 있는 탁상 달력을 두 권 얻었다. 주별로 한 장의 사진이 있었으니, 100여 장의 사진이 생겼다. 사진작가에게 전화하니, 출장 중이었다. 며칠 뒤 통화에서 그 사진을 사용하는 목적을 말하고, 홈페이지에 게재해도 되는지 양해를 구하니, 흔쾌히 좋다고 했다. 그 사진의 출처로 작가를 명시하고, 홈페이지에 게재했다. 그렇게나마 밋밋한 홈페이지에 아름다운 꽃 사진이 올라가게 됐다.

5~6년 뒤였던 것 같던데, 국내에 저작권 광풍이 불었다. 어느 날 저작권을 침해했다는 소장을 받았다. '네 사진이 어디 홈페이지에 있던데.'란 친구의 말에 소송을 제기한 작가에게 당시 얘기를 했더니, 허락한 적 없단다. 재판 중에 판사가 '출처도 명시했고, 귀하에 대한 홍보도 되고, 공익에도…….' 등의 얘기를 해도 변함없었다. 그날 사무실 서랍 속에 고이 간직했던 그의 달력을 쓰레기통에 던져버렸다. 결국, 원했던 금액보다는 훨씬 적은 돈을 주고 끝났다. 긴 소송을 하면서 참 절차도 많았다. 준비서면이니 뭐니 하는 힘든 과정이었다. 그리고 변호사란 것도 이런저런 자료를 만들어 와라, 답변서를 준비해라. 등등으로 괴롭히기만 했다. 대체 변호사의 역할이 뭔가? 내겐 아무런 도움도 쓸모도 없는, 단지 돈 뜯어먹는 돈벌레였다.

이 좁은 땅. 한두 다리 건너면 다 알 수도 있는 이 땅이다. 한 번은 소송을 건 사람과 친분이 있는 분이 내게 화해 자리를 마련할 취지로 말을 꺼내시는데, 그 양반의 말씀을 중간에 잘랐다. '아니요. 됐습니다.' 하며 욕까지 뱉고 말았다. (2019.10.26.)

아름다움

2016년 11월 12일, 촛불집회에서 한 여대생이 주운 쓰레기를 쓰레기통에 비우고 있었다. 귀갓길이라, 본의 아니게 그 학생을 뒤따라가게 되었다. 가면서 또 줍는다. 경찰버스 쪽에서도 줍는다. 마주 오던 커플 눈에도 그 친구가 기이하게 보였나? 셋이 나누는 대화를 들었더니, '아니요, 이런 집회는 오늘 처음이에요.' '그냥 쓰레기를 주워야 할 것 같아서요.' 청춘이란 것만으로도 아름다운데, 더없이 아름답더라!

지금쯤 졸업했을 텐데, 요즘 취직이 힘들다는데, 취직은 했으려나? 힘들고 험한 세상이지만, 항상 그렇게 아름답고 건강하게 사세요!

2017년 3월 4일, 앞에서 계신 어르신이 참 정정하셨다. 노인도 저렇게 아름다울 수 있구나! 지금도 강녕하실 것이다. 늘 건강히 지내십시오!

(2019.10.25)

선생님

뜬금없이 생각나는 초등학교 때 배운 것이 있다.

우리는 * 사색당쟁으로 망할 수밖에 없는 족속 * 똥인지 된장인지, 먹어봐야 아는 족속 * 무궁화는 진딧물이 들끓는 지저분한 꽃. 왜 이럴까? 어떻게 교육받았기에, 지금까지도 유독 그런 것들만 기억나나? 왕조시대에도 언로가 터져 있어 다양한 이견을 표출할 수 있었고, 그것을 관철하기 위해 세를 규합할 수 있는 사회였다. 정작 우리 고유종 무궁화는 진딧물이 없는 꽃이란다. 아니, 진딧물이 좋아하는 꽃이라 하더라도, 그게 뭐? 잘못된 교육의 폐해가 이렇게 심각하다.

식민사관에 매몰된 학자들이 주도권을 쥐고, 학맥이란 이름으로 사제간을 통해 세습되었다. 어린 시절의 교육만으로도 이럴 수 있는데, 평생을 그리 산 그들은 모든 사고가 그렇게 될 수밖에 없었을 것이라 짐작은 간다만 답답하다.

나 역시 내 자식들의 이견을 반발로 간주하며, 복종을 강요하지 않았던가? 한 마디 상의도 없이, 휴학과 자퇴를 제 맘대로 하여 골머리를 앓게 했던 작은애가 참 긴 시간을 거쳐 찾은 전공에 지금 만족해하는 것을 보면서, 나도 그 잘못된 선생들과 같은 부류란 생각이 든다. 나 역시 부모님의 속을 많이 썩였으면서, 내 아이들의 의견과 자기주장을 존중하지 못한 아비였다. 시시각각 급변하는 요즘, '먼저 나서 선생이 아닌 제대로 된 선생님'이 더욱 필요한 때다. (2019.10.27.)

고등학교 때다. 지방에 계신 부모님이 학교 앞에 집을 구해주셔서, 유학하는 조(JDH) 형이 있었다. 그러다 보니, 그 집은 문제아들이 모이는 장소가 되기도 했고, 모범생이 되지 못했다. 선생님 한 분이 매일 아침 출근길에 대문 앞에서 'DH야, 학교 가자.' 지금도 그 친구는 선생님의 은혜를 잊지 못해, 명절 때마다 찾아뵙는단다.

초등학교 2학년 여선생님(KJS) 얘기다. 김(KJS) 선생은 학년 초에 아이들에게 숙제를 주신다. 알림장 공책 겉장에 '독서록'이라 써준 뒤에 '매일 하루 10분 큰소리로 책을 읽어라. 엄마가 들으실 수 있도록 크게 읽어라. 그리고 책 제목과 읽은 것 중 가장 재밌는 것이나 기억에 남는 1문장만 써와라.' 애들은 '응.' '아야.' '그만해.' 같은 1~3글자를 써왔다. 두 달째엔 웃으며, '너희들은 그게 제일 재밌니? 그럼, 제일 긴 문장을 써와라.' 6월부터는 '2문장을 써와라.' 이 숙제를 안 해온 아이들은 학교에 있는 책을 쉬는 시간이나 방과 후에 읽고, 숙제를 해야만 집에 보냈다. 그러다 보니, 이 숙제는 모두 해온단다. 물론 책을 읽지 않은 아이도 숙제는 해오지만, 그런 것은 모르는 체해주신단다.

2학기 들어서는 '3문장을 써와라.' 책을 안 읽는 아이와 꾀돌이는 여전히 짧은 문장을 써오지만, 욕심이 있는 아이들은 독서록의 칸을 모두 채워오는 것으로 바뀐다고 한다. 그리고 그 숙제와 곁들여, 종종 특정 주제를 주고, 주제 일기를 쓰도록 했다. (학예회가 있었으면, 거기에 대해 일기를 쓰라는 식으로) 이 주제 일기들은 모아 책을 만들어주었다. 자기 글이 실린 책을 본 아이들은, 다음번 책을 위해 스스로 노력하는 아이들로 바뀐다. 이 숙제의 효과는 매우 커서, 아이들의 문해력이 매우 높게 향상된다. 그리고 시험에서 틀린 문제가 있는 아이들은 앞으로 나오게 하여 다시 풀게 했다. 앞으로 나온 애들은 누구나 정답을 찾았고, 그러면 애 앞에서 O로 바꾸어주신다. 올해 환갑이 지난 김(KJS) 선생은 아이들의 이런 변화와 발전을 보는 것이 좋다고 했다. 다만, 가정 내 폭력 탓에 저학년임에도 폭력적인 아이들이 있다는 것을 무엇보다 마음 아파했다. (2019.10.27.)

김(KJS) 선생님은 10년 전부터 틀린 문제를 사선 대신 별(☆)로 했단다. 그리고 아이들에게 '별은 아주 좋은 것이다. 별(☆)이 있다는 것은 너희들이 학교에 와서, 선생님과 공부할 것이 있다는 것이니, 좋지?' 그런 뒤, 아이들은 시험지의 별을 내심 뿌듯하게 보는 것 같다고 했다. 틀린 문제를 별(☆)로 하는 것이 요즘 꽤 보편화됐단다. (2023.2.17.)

정책

어릴 적, 어머님이 목화를 따서 힘들게 정리하시는 것을 본 적이 있다. 이쁜 꽃과 열매인데도, 그 아름다움을 느낄 수 없는 환경이고 삶이다. 길 가다, 어느 건물 계단에 놓은 화분에 목화가 열린 것을 보고, 한 송이를 땄다. 다음 해 봄에 화분에 심었고, 그중 하나가 제대로 컸다. 지극 정성으로 키운 탓인지, 목화 세 송이가 탐스럽게 맺혔다. 무엇이든 온전하게 제대로 키우는 것은 힘들고 어렵다.

불과 얼마 전 아니었나? '둘만 낳아, 잘 기르자.', '잘 키운 딸 하나, 열 아들 안 부럽다.' 등을 외쳤다. 셋째 아이는 의료보험이 안 되는 때도 있었다. '배부르고 등 따신 엄마'. 한 손은 아이의 손을 잡고, 한 손에는 작지 않은 가방까지 쥐고, 등에 아이를 업고 임신하여 배가 부른 엄마의 힘든 발걸음을 보며 곱지 않은 시선을 주던 때가 있었다. 지금은? 그런 엄마들에게 훈장을 주어야 하지 않나? 그래서 정책을 입안하고 실행하는 공무원들의 역할이 중요하다. 멀리 보고, 긴 장래를 예측할 수 있는 혜안이 필요한 것이다.

작금에, 아니 오늘도 백년지계라는 교육정책은 요동을 친다. 정작 사교육비가 무서워 애를 낳기가 겁난다는 문제점은 아랑곳없이, 여의도에서 엉뚱한 짓으로 분탕질만 하는 그들에게 뭘 기대해야 하나? 하긴, 그것들을 뽑은 내 탓인데, 누굴 탓하랴?

얼핏 들었는데, 북한에는 기초 학문 분야가 우리보다 탄탄하다고 한다. 우리는 비로소 얼마 전에 만든 IUCN 적색 목록(Red List)이 이미 오래전에 있었다더라. 우리는 돈벌이가 안 되는 비인기 학과가 없어지는 것이 당연시된 지 오래됐단다. 기초 학문의 가치와 의미, 효용은 모든 학문의 근간이라고 말하지만, 그것을 무시하는 세상이 되고 말았다. (2019.10.28.)

운 좋은 날!

그제 비가 와서 그랬는지, 어제 아침은 꽤 쌀쌀했다. 꽤 이른 시간에 출발했다. 오랜만에 한(HSH) 박사가 가까운 곳에 있어, 점심을 하기로 했다. 건강해 보여서 좋았다. 한(HSH) 박사에게 외아들이 있다. 중3 땐가 유학시험을 봐서 미국에 갔고, 고등학교 과정을 하고 국내에 들어와 대학에 입학한 후, 곧바로 자원입대했었다. 그 아이가 벌써 전역하고, H대 기계공학과에 편입했단다. 편입하고 전공이 바뀌면, 학업 기간이 통상 1~2년은 더 소요되는데, 자신은 그것을 받아들일 수 없다며 열심히 공부하고 있단다. 좋은 소식이다. 멋지게 제 인생을 주도해 가는구나! 한(HSH) 박사는 다 좋은데, 술을 안 하는 것이 내겐 매우 아쉽다.

이곳에 온 김에 김(KJT) 교수에게 갔다. 마침, 방에 있었는데, '아니? 형님, 연락도 없이 오셨어요? 돼지 열병 관련으로 캄보디아 학회에 갔다가 어제 왔어요.' '없으면 어쩌시려고.' 반갑게 맞아준다. '아니에요. 이곳에 왔다가 와봤어요. 안 계시면, 일하는 학생들 잠깐 보고 가면 되고…….' 김 교수도 본 지 꽤 됐는데, 운이 좋았다.

캠퍼스가 넓고 출입구가 많다 보니, 김 교수 방으로 가면서 좀 헤맸다. 딴에는 지름길 같아 접어든 길인데, 그곳에 버려진 조각상들이 있었다. 아, 예술대도 있구나? 그래. 심혈을 기울여 만든 작품들이었을 것이다. 학생들이 정진해가는 피땀 어린 과정이구나! 나오다 보니, '관계자 외 출입 금지' 구역이라 미안했지만, 이것도 호사였다.

김(KJT) 교수도 술을 안 한다. 늘 후배와 학생들에게 모든 것을 다 주는 한(HSH) 박사와 김(KJT) 교수다. 나와는 극히 상반되는 순수하고 아름다운 사람들이다. 그들에 관한 생각만으로도 내 투병에 큰 힘이 되는 귀한 벗들이다. 운 좋은 날이었다! (2019.10.31.)

계산법

큰애가 입대할 때였다. 저녁 자리에서 얘기 중에 '큰애가 군에 간다.'라는 내 말에 '어? 그래?' 하더니 한 벗(KYS)이 지갑을 꺼냈다. 그러더니, 주머닐 뒤져 500원짜리를 찾아 10만 원을 내게 주며, '애 줘라.' 하면서, '따라 해.' 500원 동전을 먼저 주며, '500, 10만 원. 얼마지?', '5백10만 원.' 그렇게 웃었다. 딸밖에 없는 친구라 군에 가는 아들을 생각해 그랬나 보다. 그래! 군복무 잘하고 오길 바라는 벗의 맘을 어찌 돈으로 계량하랴.

이게 얼만가? 그 친구의 귀한 계산법으론 천오백십만 원이다. 돈? 돈의 가치? 때에 따라 비열한 자들에겐 사기 수단이지만, 금액의 크고 작음과 관계없이 마음이 담길 땐 더없이 귀한 것이다. (2019.10.31.)

계단

졸업 후, 80년대 초 첫 직장에 들어갔다. 요즘이야 다양한 통신수단이 있지만, 당시 해외 현장과의 통신 방법은 주로 텔렉스와 전화였다. 텔렉스는 우리말을 영어 철자로 쓰는 방법을 썼다. 신입 사원이 하는 일은 주로 본사와 해외 현장 간 오가는 텔렉스를 번역(?)하고, 그 자료들을 상사들이 볼 수 있게 5부 복사하는 것이었다. 또한, 수시로 열리는 회의를 위해 회의 자료 등을 5~10부 복사하는 것이다. 당시 복사기는 고가의 사무 장비였다. 회사 내 별도의 넓은 방에 복사기 10여 대가 있는 복사실이 따로 있었고, 우리 회사는 19층에 있었다. 따라서 출근해 주로 하는 일이 16층 사무실에서 19층 복사실을 오르내리는 일이었다. 엘리베이터는 시간이 오래 걸리니, 계단을 이용할 수밖에 없었고, 상사들이 급하게 요구할 때는 계단을 뛸 수밖에 없었다.

옆자리에 2년 먼저 입사한 성 선배가 있었고, 그 선배가 지금까지 해왔던 일을 물려받았다. 의외로 내가 텔렉스 번역이 빠른 편이라며, 자료를 검토한 후 타자 담당 여직원에게 주고, 타이핑한 자료를 받아 복사하는 일상적인 일이 말 그대로 막노동이었다. 그렇게 두세 달이 지났고, 수시로 3개 층의 계단을 오르내리며, 불평불만만 쌓여갔다.

가끔은 성 선배가 6부를 복사하랄 때가 있었고, 한 부는 자기 서랍 속에 넣었다. 어느 날 그 점이 의아해서 물었더니, 자기는 계단을 오르내릴 때, 자료를 읽어보며 다녔다고 했다. 대부분 자료가 현장 공정 보고였고, 현장에서 발생하는 문제와 사건, 사고들인데, 그것들을 통해 많은 것을 공부할 수 있었단다. 아! 성 선배는 자기 일에 불평불만을 하는 것이 아니라, 그 속에서 배우고 얻을 것을 찾았던 것이다. 해외 현장에서 발생하는 문제점 등의 제반 사안을 본사에서 어떻게 빠르게 지원, 조치할 것인가는 회의를 통해 이루어졌다. 상사들의 의사 결정 과정을 옆에서 관찰하고, 또 문제 해결 방안에서 간과한 사안이 있어 일 처리가 잘못되거나 지체되는 경우 등의 시행착오조차도 귀한 배움이었단다. 결국, 그런 제반 노하우를 취할 수 있는 모든 자료가 내 손안에 있었는데…….

나는 몇 달 뒤에 사우디로 나갔는데, 성 선배에게 배운 것을 써먹었다. 해외 여러 현장에서 사람을 달라고 아우성쳤고, 본사 역시 인력에 여유가 없었다. 결국, 신입 사원들에게도 권유하게 되었다. 상사가 '해외현장에 가지 않겠냐?' '예. 별 쓸모는 없겠지만, 회사 사정을 보니, 가겠습니다. 며칠 휴가를 주시면, 고향에도 좀 다녀오고…….' 상사께서 '고맙다.' 하시며 휴가를 주셨다. 몇 달 뒤, 다른 부서에 있던 입사 동기들도 모두 해외로 나왔다. 권유가 아니라 지시로 나왔고, 휴가는 커녕 급하게 쫓겨나왔다.

두 번째 직장에서 업무상 어쩔 수 없이 강의해야 할 때가 있었다.

강의 중간에 종종 후배들이나 젊은 친구들에게 성 선배 얘기를 전하 곤 했다. 정작 나는 그의 가르침을 제대로 실행하지 못했지만.

나중에 우연히 성 선배 소식을 들었다. 해외 현장 경험은 없었지만, 그는 해외 현장의 모든 문제점과 대책을 꿰고 있는 유능한 전문가로 발탁되어, 큰 회사의 과장으로 특채되었다. 좋은 선배의 큰 가르침을 실천하지 못한 나와 달리, 멋쟁이 성 선배는 지난 반평생을 어떤 삶으로 살았을까? (2019.11.1.)

Peter M. 박사

호주의 피터 맨닝스 박사는 대기 모델링에 있어 세계적인 전문가였다. WHO 자문관으로 와서 6개월을 같이 지냈다. 내 사무실에 여유가 있어 함께 생활했다. 그는 아침에 오면, 사과 등의 과일이나 빵을 가지고 와서 먹었다. 그것이 그의 아침 식사인 것을 알지 못한 내 무식에서 그만, '피터, 우리는 무엇을 먹을 때, 옆에 있는 사람들과 나눠 먹는다. 콩 한 알도 반으로 쪼개서.' '최소한 먹겠느냐고 물어는 봐야 한다.' 이후에는 그가 웃으며 꼭 그 말을 했고, 가끔 과일 한 쪽을 먹었다.

하루는 감자탕, 보신탕, 조기구이 등의 식당 메뉴를 그려 와서 내게 설명해 달라더라. '돼지 뼈 + 감자, 물 많이, 오래 끓인 것.' 하는 식으로 단어에다 손짓과 의성어로 하면 다 알아들었다. 보신탕은 차마 말 못하고, 특수 소고기 요리인데, 비싸서 잘 안 사 먹는 거라고 얼버무렸다.

며칠 후 작정하고, 피터에게 한글 자모부터 가르쳤다. ㄱ: g, ㄴ: n, ㄷ: d, ㄹ: r과 l, ㅁ: m, …… · (天), ㅡ(地), ㅣ(人)과 ㅏ: a, ㅑ: ya, ㅓ: eo, ㅕ: yeo……. 기본 틀을 알려주고, 조합 원리를 가르쳤다.

위대한 세종대왕에 대한 것도 전하려고 애를 썼다. 피터는 매우 열심이었고, 불과 며칠 안에 한글 자모를 완전히 외웠고 썼다.

다음으로 한글을 이쁘게 쓰는 법도 가르쳤다. 그러면서 'Mr는 뭐냐?', '~씨다.' 하는 식으로 단어와 간단한 문장으로 발전했다.

어느 날 아침 피터랑 김(KJS) 상무 방에 갔는데, 피터가 방에 들어서며, 큰 소리로 '어이, 김 씨!'라고 말해버렸다. 그래서 '씨'는 성과 이름을 같이 말하거나, 이름 뒤에만 써야지 되며, 김 씨, 박 씨, 노 씨 등으로 성에만 붙이면 실례가 된다고 알려주었다. Peter가 내게 메일을 보낼 때는, 늘 Dear Madie ssi.로 시작한다. Peter는 내 훌륭한 제자였다. (2019.11.2.)

피터에게 한글을 가르치면서, 많은 것이 변했다. 처음에는 사무실에 와 있는 좀 귀찮은 존재로 여겼는데. '안녕하세요? 미안합니다. 감사합니다.' 등의 일상 회화와 여행 갈 곳을 찾는 것을 도와주는 등 마주하는 시간이 늘면서 친숙하게 되었다. 나도 그도 사람 사귀기가 쉽지 않은 성격이었으나, 그와는 눈빛만 봐도 통할 정도가 되었다. 피터가 술을 전혀 안 하다 보니, 어쩌다 식사하는 것 말고는 외부에서 같이 지낼 일이 없었다. 우이동 도선사에 데려갔던 것 외엔 다른 기억이 없다. 서울 시내에 있는 아름다운 도봉산과 규모가 꽤 있는 사찰을 매우 인상 깊게 보더라. 그가 술을 먹었으면, 아마 밤늦게까지 함께 지내면서 나와의 생활이 많이 달랐을 것이다.

우리 음식에도 잘 적응했고, 또 좋아했다. 특히 불고기 외에도 탕 종류와 생선조림, 조기구이, 짜장면 등을 좋아했다. 하루는 장난기가 발동해, 보신탕을 먹였다. '맛있냐?'라는 내 말에 '특수 소고기라 그런

지 좀 색다르다. 맛은 좋다.'라고 답했지만, 워낙 명석한 애제자는 알고 있었을 것이다. 단지, 내 장난에 장단을 맞춰줬으리라.

세계적인 전문가이다 보니, 국내 대학에 특강도 가끔 다녔고, 중국과 일본에도 다녀왔다. 일본에 다녀온 뒤에 내가 한일 관계에 대해 말하고, 특히 '쪽발이'와 '왜놈'이란 말까지 설명 듣고 나더니, 그다음부터 내 앞에서 일본 얘기를 꺼내지 않았다. 그렇게 내 극단적인 정서와 생활 방식에 대해서도 상당한 이해력을 갖게 되었고, 적응도 잘했다.

하루는 Y대에서 강의하고 왔다며 봉투를 흔들면서, 저녁을 사겠다고 했다. 그러면 이왕에 우리 방에 자주 드나드는 친구들도 모두 초대해 제대로 사보라고 권했더니 'OK'. 피터의 저녁 초대에 응한 사람이 총 9명이었다. 당시 야근이 잦았다. 소위 상사가 퇴근을 안 하면, 일이 없는 사람도 자리를 지키는 분위기였다. 그래서 정시 퇴근이란 것은 없었으며, 그나마 눈치 봐서 좀 일찍 나가는 것이 7시 반쯤이었다. 사무실에 모여 기다리는 사람들도 있어 퇴근을 준비하는데, 김 상무께서 호출했다. 올라가서 오더를 받고 보니, 10시 전에는 끝날 일이 아니었다. 할 수 없어 피터에게 사정을 말하고, '옆의 친구들이 여태 기다렸으니, 나를 빼고 같이 가라. 나와는 나중에 하자.'라 했더니, 피터가 단호하게 'No. 다른 날로 연기.' 결국, 한참 지난 후에 피터가 우리에게 밥을 샀다. 살아오면서 이와 유사한 일들이 있었다. 내가 소집한 모임에 정작 주빈인 당사자가 빠졌음에도, 어설픈 체면 때문에 연기하지도 못하고, 허전한 모임을 치를 수밖에 없었다. 아직도 잘 안된다. 맺고 끊는 것이!

Peter의 한국 생활은 그런대로 그에게 많은 새로운 경험이었을 것이다. 한 번은 신선로가 먹고 싶다는데, 요즘과 달리 당시에는 수소문해볼 엄두도 못 냈다. 신혼집에 한 번 초대했는데, 퇴근 시간에 신도림에서 환승하는 전쟁도 겪어봤다. 만원 전철을 타기 전에 갑자기 카메라를 꺼내는 것을 내가 제지했다. 그런 지옥철 광경을 찍는 것이 내키지 않았다. 음식 솜씨가 괜찮은 집사람인 데다, 평소 피터가 즐기는 음식들을 마련했으니, 내내 감탄하며 감사함을 말했다.

피터가 밤 비행기로 귀국하는 날이었다. 배웅할 형편은 못 되고, 아쉬운 마음에 4시경에 둘이 밖으로 나가 경양식집에 들어갔다. 술을 못 하는 피터라 맥주 한 병을 시켰고, 맥주가 오자 피터가 내 잔에 따랐다. 상대방에게 술 따르는 것까지 배웠다. 반잔을 따르길래, 잔을 채우라고 했다. 집사람이 첫애를 가졌는데, 내가 '잔을 가득 채워야 해. 그래야 아들을 낳아. 우리 집이 손이 좀 귀하다.'라며 웃자, '아, 알았다.'라며 잔을 가득 채운다. 그러더니, 자기도 한잔하겠다며 잔을 부탁했다. 그의 잔에 반 잔도 안 되게 맥주를 따르자, 나에게 자기 잔도 가득 채우란다. 잔을 맞대며 건배하는데, '아들!'을 선창했다. 피터가 술 먹은 것은 처음이었고, 이후에도 없었다. 집사람이 첫아들을 낳은 것은 피터 덕일 것이다. 그렇게 아쉬움을 달래고 밖에 나오니, 때마침 첫눈이 제법 눈답게 흩날렸던 날이었다.

피터가 나와 생활할 때, 부인 Janette과 초등학교 5학년 막내딸 Jacinda가 다녀갔었다. 이 작은 유화 액자가 그때 받은 것인지, 아니면 몇 년 뒤 S대 교환교수로 왔을 때 준 것인지? (2019.11.3.)

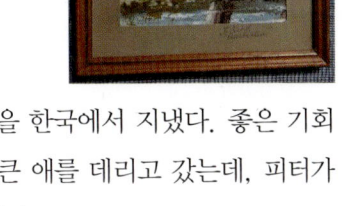

S대 교환교수로 부인과 함께 나와 1년을 한국에서 지냈다. 좋은 기회였음에도 두세 번밖에 못 봤다. 한 번은 큰 애를 데리고 갔는데, 피터가 보자마자 '아, Black Sheep!' 하며 반겼다.

막내딸 결혼 소식과 퇴직을 했다는 등 가끔 소식을 전해왔고, 한국을 그리워한다는 말도 자주 덧붙였다.

　　　　　　　　　　재작년인가 이사했다며, 집 소개와 함께 부인과 찍은 사진을 보내왔다. 몸도 좀 불었고, 수염이 멋있네!

　　　　　　　　　　말이 잘 안 통해도, 어쩌면 그래서 더 소통이 잘되는 것은 아닐까? 시선만으로도 상대방을 헤아릴 수 있는 벗이라면 말이 필요 없지 않은가? 보고 싶은 피터! 쉽지 않은 일이다. 이제 6시간 비행도 담배 때문에 많이 힘들더라. 내년쯤 한 번 시도해 볼까도 싶다. Peter! 가내 건강과 기쁨이 늘 함께하시라! (2019.11.12.)

82년생 김지영

　　　　　　　　　　며칠 전, 작은애가 엉뚱한 부탁을 하길래, 오늘 이 영화를 봤다. 녀석이 내게 이 영화를 권한 이유는?

　　충청도 엄마가 무식한 경상도 아버지에게 시집와 살던 우리 집 모습이 이 영화 속에 있어서? 나 역시 영화 속 아버지와 같은 사람이라서?

　　참 많이 바뀐 세상이다. 내가 어릴 때만 해도 가족이 컸다. 4~5남매는 기본이었고, 8~9남매도 있었다. 그러다 보니, 오빠와 남동생을 위해 험하고 힘든 일, 심지어 술집과 몸 파는 일까지도 나설 수밖에 없는 이 땅의 누이들도 있었다. 어찌 보면 영화 속 시어머니도, 그 시어머니의 시어머니도 모두 그렇게 사셨다. 그러다 보니, 지금의 시선으로 보는 '심하다, 어쩌면 제 자식만 귀할까?'란 생각조차 못 하고 사셨던 이 땅의 어머니들이다. 더구나 3대가 한 울타리 안에 살았다. 애 낳고. 몸도 못 풀고, 논으로, 들로 나가야만 했다. 게다가 목화, 누에, 길쌈, 옷 짓는 모든 것까지도 다 해내셨던 초인적인 어머니들이었다.

아직도 남녀 차별이 심한 지금, 이 시점에서 이 영화가 시사하는 바가 있다고 본다. 그러나 자칫 젊은이들이 전혀 알지 못하는 전 세대 어머니들의 삶을 깎아내려서는 안 되는데, 그것이 무식함으로까지 비쳐서는 안 되는데…….

나와 같이 영화를 보는 사람들 대다수가 여자분들이었다. 나이 든 분들은 아마 '나도 저랬어……. 그럴 수밖에 없었어.' 하시지 않을까? 그래도 그것을 부끄러워하셔서는 안 될 것 같다. 이 영화는 젊은 남자들이 더 많이 봐야 할 영화인 것 같기도 하다. 평소와 달리 자기 말을 존중해줘서 고마워하는 작은애. 녀석이 내게 바란 것이 있었나? 있다면 그게 무엇일까? 묻지는 못했다. (2019.11.2.)

교육과 떡잎

엘리베이터 안에서, 어린 자식과 나누는 대화에서도 귀에 거슬리는 경우도 있다. 반면, 어떤 부모는 심하다 싶을 정도로 아이를 호되게 꾸짖는다. 제 새끼는 귀하다. 그래서 제 새끼의 잘못을 엄하게 대하고, 어려도 혼낼 것은 혼내야 한다고 생각하는 것도 늙은 탓이려나? 예전에는 모든 어른이 선생이었다. 다 내 새끼처럼, 눈에 거슬리면 길 가다가도 세워놓고 꾸지람했다. 설혹 그것이 잘못된 훈육일망정. 그러나 요즘은 애들에게 얻어맞는 '웃기는 꼰대, 미친 늙은이'가 되어버린 세상이다.

집사람이 '우리가 애들한테 해준 게 없어요. 애들이 저러는 게 다 우리 탓이에요.' '문디, 될 놈은 다 된다.'라는 강변과 함께 늘 하던 '될 놈은 떡잎부터 다르다.'라며 또 헛소릴 한다.

노름판을 전전하며 집안을 거덜 내다가, 뒤늦게 정신 차리고 소를 많이 키우던 고종사촌이 내게 말했다. '형님, 큰애가 전 학년 장학생으로 대학에 입학했어요.'라며 자랑을 했다. '어, 전공이 뭔데?' '아비가 동양화 전공인데, 녀석은 서양화예요. 난 타짜가 못 됐지만, 저 녀석은 될 거예요.' 기분 좋게 축하하며 웃었다.

요즘 초등학교 수업 시간에 112에 전화 거는 애가 있단다. 그러면 경찰이 달려오고, 덩치만 커진 애가 걸상을 들고 선생을 노려보고, 창가에서 뛰어내리겠다며 겁박한단다. 명퇴하는 선생님이 갈수록 늘어난단다. 겁나는 아이들, 지랄맞은 부모들이다. 젊은 선생이 좋다며 '그만 연금이나 타시죠.'라는 애들 덕에. 급변하는 세상이다 보니, 이것이 과도기이길 바란다. 애들이 우리의 내일인데, 젊은 부모들도. 지난번 미국에 사는 벗(UH)이 보고 싶다는 내 푸념에 답하여 갑자기 나왔다.

자주 못 봤던 벗들이 한자리에 앉게 되었다. 영암 벗(LH) 집에 둘러앉아 옛날 고등학교 시절 얘기를 하다가, 이(UH) 형이 한 얘기다. 조(JDH) 형의 어머님이 학교에 갔던 일이란다. 선생님이 '조(JDH)가 잘 어울리는 친구가 이(UH)와 조(JSK)인데, 걔들은 질이 안 좋은 애들입니다.' 이때 조(JDH)의 어머님 말씀이 '선생님이 그런 말씀 하시면 안 되지요. 이(UH)와 조(JSK)는 저도 잘 아는데, 좋은 애들입니다. 내 아이가 잘못했는데, 왜 친구 탓을 하십니까?' 그 어머님도 선생님 출신이셨다.

(2019.11.3.)

관심과 도움

'90년대 초, 런던에서 북서쪽으로 꽤 멀리 떨어진 작은 마을에서 두 달 머문 적이 있었다. 가끔 휴일에 기차를 타고 인근 도시 Preston에 갔었다.

하루는 영화를 보러 극장에 들어갔는데, 에구! 자막이 없네? 다행히 스릴러물이라 대충 봤다. 귀국 즈음해 갔을 때, 한 상가에 들어갔다. 여성복 판매장을 지나다가 눈에 띄는 치마가 있었다. 하나를 고르긴 골랐는데, 집사람 사이즈를 모르니, 크기를 맞춰본답시고 치마를 접어 내 허리에 대보며 가늠하고 있었다. 내 허리 반쯤보다 좀 작으면 되겠지? 지나가던 할머니 한 분이 내게 오시더니, '부인 것을 사려느냐?' '예.' 자그마한 체구에 백발인 할머니는 내게서 치마를 받아 옷걸이에 거시고, 창밖에 오가는 사람들을 가리키며 '부인 체구가 어느 정도냐?' 물으신다. 그래서 한 사람을 지목했더니, 웃으며 옷걸이에서 하나를 골라주셨다. 처음 내가 골랐던 것보다 한참 작은 것이었다.

가게를 나와 할머니가 말씀하신다. '지금 행사 중인데, 저쪽 1st

Floor에 가면 창구가 있고, 거기서 Refund를 받을 수 있다.'라고 하셨다. Refund란 단어가 뭔지 몰랐다. 감사 말씀을 드리고, 가리키신 방향으로 걸어가서 뭔지 모를 창구를 찾는다고 두리번거리는데, 할머니가 다시 내게 오시더니, 2층으로 안내해 주셨다. 아? 그래! 영국에선 1st Floor가 2층이지! 사람들이 영수증을 쥐고, 줄을 서 있었다. 나도 그 줄에 서 있다가 창구에 영수증을 내미니, 작은 코인 네 개를 주었다. 계단을 내려오며, 할머니와 '어디서 오셨나?', '예, 서울에서.' '아! 옆집 아들이 서울에서 근무하는데, 참 좋은 곳이라더라.' 등의 말씀을 나누었다. 아래층에 내려와서 할머니가 '언제 귀국하냐?' 하셔서 '예, 다음 주에 출국합니다.' 했더니, 뭔가 생각하시던 할머니가 내 손을 펴고, '이 코인 하나가 1파운드다.' 하시면서, 코인 대신 동전 네 개를 쥐여주셨다. 아! 그제야 짐작이 갔다. 내가 명함을 드리면서 '혹여 한국에 오실 기회가 있으시면 연락 주십시오. 차 한잔하시겠습니까?' 하니, 할아버지가 기다리고 계신다고 하셔서 아쉽게 헤어졌다.

누군가에게 관심을 두고, 도움을 준다는 것? 또 제대로 된 도움을 준다는 것은 무엇인가? 할머니는 멀리서 내 하는 양을 지켜보시다가, 다시 오셔서 나를 챙겨주셨던 것이다. 살면서 가끔은 나름 할머니께 배운 것을 실천한다고는 했다만……

처음이자 마지막으로 집사람에게 치마를 사준 것은 그렇게 성공했다. 아직도 집사람의 옷 사이즈는 모른다. (2019.11.5.)

만분의 일?

안 보고 살았는데, 보지 말았어야 했다. 이제야 시작인가? 이것이 만분의 일이나 될까? 앞으로 유가족분들이 겪어야 할 고통은 또 어찌하나? 그나마 시작됐다고 생각해야 하나? 유가족 여러분, 제발 힘내소서.

(2019.11.5.)

만평

1958년 1월 23일과 2019년 11월 4일. 참 변함없는 세상이다.

(2019.11.4.)

손흥민

　손흥민은 참 귀하고 멋진 친구다. 감독과 코치, 뒷바라지해 주는 주변에 대한 감사와 함께 늘 같이 뛰는 동료들에게 모든 공을 돌린다. 뛰어난 실력에 더해 겸손과 착한 인성, 품격을 갖추기가 쉽지 않은데! 물론 부모님의 훌륭한 교육이 큰 몫을 했을 것이다. 자식들을 잘 키웠다. 거기에 더해 어린 나이에 외국에서 생활하며 성장했다는 것도 많은 영향을 끼쳤다는 생각이 든다. 차별과 냉대 속에서 더더욱 아름답게 성장한 장한 젊은이다. (2019.11.7.)

 [속보] "쏘니 100호 골보다 '이것'을 주목해야 합니다" EPL레...
해외이슈TV · 조회수 1.7천회 · 32분

　손흥민이 프리미어리그에서 매우 의미 있는 지표인 100호 골을 넣었다. 흥민이가 겪은 차별과 역경, 프리킥 기회마저 없었던 점 등 여러 악조건 속에서 이룬 것이라 이구동성으로 칭찬하고 있다.

　이제 손흥민은 세계적인 월드 클래스 선수임이 증명되었다. 앞으로의 그의 모든 행보는 그 자체로 또 다른 의미와 새로운 기록으로 하나하나 더하게 될 것이다! 흥민아, 축하한다! 늘 건강해라!

　이제 후배들의 몫이다. 흥민이처럼 아름답고 귀한 친구가 현지에서 진심 어린 찬사를 받게 될 날이, 곧 다시 오기를 기대한다.

(2023.4.8.)

은인 김(KHJ) 형

우리는 주변의 벗들과 크고 작은 도움을 주고받으며 산다. 내게 큰 도움을 준 벗들이 많았다.

승진 시험 대상자란 통지를 받았다. 당시 과장 승진은 유일하게 시험으로 걸렀다. 대상자 중, 다른 사람은 부전공이라도 했거나, 다른 회사에서 오래 근무한 경력자였던 반면 나는 문외한이었다.

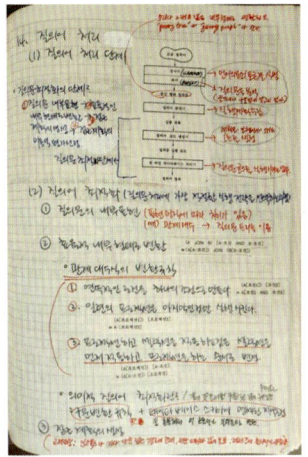

공통과목 하나와 전공과목 둘을 보는 시험인데 두어 달 남짓한 기간이 짧아 난감했다. 내가 공부하는 습관은 나름의 노트 정리를 먼저 한 후에 집중하는 타입이다. 처음 접하는 전공 두 과목을 노트 정리하는 것마저도 불가능한 일이었다.

그런 내 형편을 헤아린 김(KHJ) 형이 내게 손을 내밀었다. 나보다 많이 어린 김(KHJ) 형은 계약직으로 있었다. 그의 말에 힘을 얻어, 한 달 내에 각기 한 과목씩 노트 정리를 해 보기로 했다. 노트 정리는 교재를 몇 번씩 읽으며 중요한 것을 일목요연하게 정리하는 방법이라 쉽지 않은 과정이다.

한 달 뒤, 그에게서 받은 노트를 펴는 순간, 여기저기 화이트로 지우고, 색을 달리하여 정리한 것에서 그녀의 애씀을 알 수 있었다. 그녀의 노트에 자극받아, 내가 첨삭해 가며 남은 기간을 참 열심히 공부할 수 있었다. 결과는 회사 내 아무도 예상하지 못했던 내가 통과했다. 나의 과장 승진은 오롯이 그 벗(KHJ)의 덕이었다.

나이 많은 내가 늦게 시작한 두 번째 직장이고, 조직 생활에 어려움이 많은 성격임에도 불구하고, 회사 생활을 할 수 있었던 것은 그나마 이 시험 덕이었다. 유일하게 시험으로 승진자를 정하는 것에서 합격하는 바람에 모난 돌이 그런대로 직장 생활을 유지할 수 있었다.

　지금도 별반 달라지지 않았지만, 진정으로 고맙거나 미안할 때는 표현을 못 한다. 당시에도 그랬지만, 지금까지도 그녀에게 제대로 된 감사를 말하지 못했다. 올 연말에는 그녀에게 반평생 가까이 못 했던 말을 전하고 싶다. 너무 늦었고, 병마에 시달리는 멍청한 놈이 새삼 그녀를 만날 용기를 낼 수 있으려나? (2019.11.9.)

반달가슴곰

　지난번 한(HSH) 박사를 모처럼 만났을 때, 늘 궁금했던 것을 풀었다. 반달가슴곰과 캥거루가 태어날 때, 크기가 얼마만 한가? 반달가슴곰은 500원 동전 크기이고, 캥거루는 10원 동전과 비슷하거나 조금 크단다. 둘 다 성체는 엄청나게 큰 동물들이다. 러시아 우수리스크에서 찍은 저 반달가슴곰이 생후 약 5개월 정도 된 녀석이라니 참 잘 큰다.

　한(HSH) 박사는 지리산 반달가슴곰 복원 사업을 실질적으로 입안하고 추진한 벗이다. 우리나라에 서식하는 반달가슴곰은 한반도와 중국

동북부, 러시아 연해주 지역에 서식하는 곰들과 같은 종이다.

일본에는 지금도 불곰이 사는 북해도 외의 거의 전 지역에 반달가슴곰이 많이 서식하고 있으나, 우리 땅의 반달곰과는 다른 아종이다.

2000년대 초반부터 시작된 반달가슴곰 복원 사업은 새끼 곰을 지리산에 넣어주는 이입 방식이었다. 여기에 사용된 새끼 곰은 대부분 러시아 우수리스크 지역의 곰이며, 남북 교류가 좋았던 시기에는 북한에서 들여온 곰도 일부 사용되었다. 서울대공원에서 사육하는 북한 곰에서 태어난 어린 곰들도 있다. 우수리스크에는 사냥이 허용되며, 사냥으로 어미를 잃은 고아 곰이 구조된 것을 데려온 것이다.

15년 정도 진행된 지리산 반달가슴곰 복원 사업은 애초 예상보다 잘 진행되는 것 같다. 초기에는 우려와 반발이 심했지만, 야생동물의 본성대로 인간과의 충돌도 별로 없었다. 이제는 개체 수도 많이 늘어나 멸종 위기에서 벗어난 것으로 보이며, 백두대간을 타고 서식권을 넓혀가는 조짐도 있다고 한다.

밀렵 등 인위적인 원인으로 훼손된 생태계를 원 상태로 되돌리려는 노력은 중요하다. 건강한 생태계에서 생물 다양성이 높아지고, 건강한 자연에서 우리들의 건강도 회복될 수 있다.

내게 우리 땅의 반달가슴곰은 외양간의 소처럼 친숙한 초식성 동물로 여겨진다. 개미 떼를 핥아먹는 정도 외에는 주로 풀과 나무, 열매 등을 먹는다는 데, 반면에 꿀을 아주 좋아한단다. 양봉하는 벌통들을 송두리째 훔쳐 와, 양지바른 곳에 앉아서, 한 통씩 먹어치우는 녀석의 모습이 참 천연덕스럽단다. 백두대간에 걸쳐 우리 산속에 반달가슴곰이 많이 살고 있다는 생각만으로도 즐겁지 않은가? (2019.11.10.)

고조선 후기 강역도

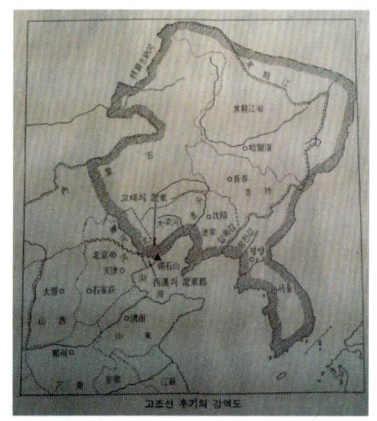
고조선 후기의 강역도

가을비가 꽤 온다, 천둥번개까지 치면서. 이 비로 먼지들이 많이 씻겨나가 깨끗해질 것 같다. 시원하게 쏟아지는 빗줄기를 본다.

1987년으로 기억된다. 윤(UNH) 교수의 '한국고대사신론'이란 책을 알게 되었다.

윤(UNH) 교수님 방으로 전화하여 한 번 통화한 적이 있다. 중국 관련 전공이셨고, 중국 사서 속에 언급된 것을 연구하다가 이 고조선 책을 집필하신 것으로 기억한다. 당시 뭐라 말할 수 없는 감정이 복받쳤었다. 업무상 어설픈 강의를 해야 할 때, 주제와 상관없었지만, 젊은 친구들에게 이 사진을 보이며 간단한 설명을 하곤 했었다.

시간이 가면서 고조선 역사에 대한 많은 진전이 있었으나, 그 내용은 잘 몰랐다. 최근에는 유튜브를 통해 접할 수 있는 다양한 강의가 있다. 전공이 아니더라도 조금의 관심을 기울여 우리 고대사에 대한 기본적인 상식을 갖추는 것도 필요하지 않을까?

요즘 막럼프와 쥐베가 흔들어대고 있다. GSOMIA인지 쥐소미아인지? 왜놈들의 치기 어린 도발에 부응하는, 이 땅의 왜놈 부역자들을 퇴치할 수 있어야 하는데 참 지난한 길이다. 게다가 막럼프와 같은 황당한 지도자의 칼춤에 농락당해서는 안 되건만, 약소국이라 그런가? 힘없는 자, 약소국이 당할 수밖에 없다만, 그래서는 안 된다. 고조선의 웅지를 지켜다오! 좀 떳떳하고 당당해다오! (2019.11.10.)

책벌레 한(HSH) 박사

한(HSH) 박사는 동물 포유류를 전공했다. 그런데도 늘 공부하는 그는 조류와 양서파충류 등 동물 전 분야에 조예가 깊은 것 같다.

국내외에 지인들도 많아 사진 등 필요한 자료를 얘기하면 무엇이든 구해주었다. 언젠가는 북한의 동식물 Red List Book을 가지고 있다고 하여 내가 아는 친구들에게 주면 좋겠다고 했더니, 동식물 7부씩을 복사해 줘 나눌 수 있었다. 물론 출처는 분명하게 밝혔지만, 인심 쓴 내가 고맙다는 말은 다 들었다.

우리 땅의 동식물 상을 조사하는 생태조사는 동식물 분야 전문가들이 같이 조사할 경우가 많단다. 한 번은 식물 박사가 한(HSH) 박사가 앉아 있던 자리에서 산삼을 캤단다. 산삼을 깔고 앉아 있었다. 조사를 다니면서 자기 분야에 집중하기도 했겠지만, 식물 쪽은 전문가가 아닌 모양이다.

몇 번 같이 해외 출장을 갔었다. 러시아, 중국, 일본 등을 갔었는데, 한(HSH) 형은 어디든 가는 곳마다 서점을 찾아다녔다. 처음에는 같이 들어갔는데, 동식물 분야의 책을 두루 살펴보는 것 같았다. 늘 책을 한 묶음씩 사며 두세 시간은 보통인데, 그런 그가 내겐 참 고역이었다. 그다음부터는 그가 서점에 들어가면, 나는 근처 식당이나 주점으로 갔다. 어차피 술을 안 하는 벗이니, 그 바람에 이국에서 혼술을 하는 나름 낭만을 만끽할 수 있었다.

이런 한(HSH) 형이다 보니, 소장한 책이 많다. 그가 장기간 머문 곳에는 책을 보관하는 컨테이너도 있었다. 일하는 사무실도 여기저기

어지럽게 많은 책이 쌓여 있다. 그는 누구나 필요한 사람에게 책을 빌려준다. 그의 책은 동료들, 특히 후배들에게 많은 도움이 되었으리라. 한번은 그의 사무실에 갔더니, 해외에서 배송된 책 포장을 뜯고 있었다. 꽤 두껍고 크기가 큰 책이었는데, 그 책의 몇 쪽을 칼로 뜯어내어 복사하고 있기에 뭐하냐고 물었다. 사향노루에 관한 부분으로 기억되는데, 이 종에 대해 국내에 자료가 없다며, 관심 있는 몇몇 친구들에게 보내기 위한 것이란다. 48만 원 줬다는 새 책을 받자마자, 그러는 그를 보면서, 참 『미친놈』이다 싶었다. 『미친놈』이란 자신의 신념과 삶에 변함없는 열정과 집념을 가지고 매진하는 사람이다. 이런 『미친놈』들을 볼 때마다 늘 부러웠다. 나도 그들을 닮고 싶었고, 누군가가 나를 그렇게 불러주기를 내심 바라기도 했다.

한(HSH) 형이 조직에 몸담은 적이 있다. 늘 들과 산속, 동굴에서 살던 사람, 현장 조사와 그 변화상을 파악하는 일에 몰두하던 사람이 조직에 매이게 됐다. 그러다 보니, 휴일에 조사하러 다니고, 휴가를 내서 국내외 조사를 다녔다. 짬만 나면, 수시로 밖으로 나도는 그에게 곱잖은 시선을 보내는 잘난 것들이 많았다. 그러다 멍청한 한(HSH) 형이 현장 조사를 하면서 작은 실수를 한 것이 빌미가 되어 다시 야인이 되고 말았다. 그는 틀에 얽매일 수 없는 야생동물이다. 너무 앞서나가고 사악한 나와는 달리, 해야만 하는 일을 묵묵히 했던 한(HSH) 형이지만, 그도 조직 부적응자가 되고 말았다. 물론 자유인이 된 그와 병고에 처한 나와는 입장이 전혀 다르지만…….

생활방식에 따라 몸도 적응하는 것 같았다. 그의 삶이 현장 조사로 며칠씩 깊은 산속에 살다 보니, 식성도 그런 것 같다. 있으면 먹고, 없으면 굶고. 어떤 때는 한자리에서 고기 1kg을 먹는 것 같았다. 동면에 들기 전에 곰이 엄청나게 먹는다던데, 호랑이가 사냥에 성공하면 그렇게 많이 먹는다던데, 그도 그런 것인가?

한(HSH) 형을 보면서 아침 이슬을 생각한다. 베트남에 머물 때, 길가 노지에 토란이 많길래 캐다가 숙소 화분에 심었다. 아침에 토란잎에 맺힌 청초한 이슬을 보는 기쁨이란! 한(HSH) 박사도 내 귀한 벗들처럼 이슬같이 순수하고 아름다운 벗이다. 요즘 수시로 통증이 심해져 사악하고 극단적인 생각이 들 때가 있다. 그럴 때마다, 귀한 벗들이 내 아픔을 완화해 주고, 날 순화시키고 정제시키며 살게 해준다. (2019.11.11.)

평판

구례에서 보성으로 가던 길이다. 구불구불 난 도로변 여기저기에 많은 식당이 있는데, 대부분 간판에 공통점이 있다. A, B 등 방송에 맛집으로 선정, 방영되었노라는 광고다. 가다 보니, 한 식당에는 '어떤 방송에도 소개되지 않은 식당'이란 간판이 있었다. 어? 그때가 식사 시간이었다면 들어가고 싶은 식당이었다.

여동생들과 바람 쐬러 남한강 변에 갔었다. 근처에 팥죽 잘하는 집이 있다며 갔다. 이미 식사했는데 뭐 하러 가냐고 했더니, 포장해 줄 테니 집에 가서 먹어보라고. 식당에 들어가 포장을 주문하는데, 다른 일행 세 사람이 들어와 자리에 앉았다. 그들이 두 그릇만 주문하니, 주인 왈 '사람 수대로 주문해야 합니다.' '식사하고 왔기에 맛집의 맛을 보려 합니다.' 하니, '그럼 하나는 포장하시던지.' 결국, 그들은 그렇게 주문하더라.

집에 와서 그것을 먹는데, 이게 그렇게 맛있나? 유명한 맛집 것을 먹게 해주고픈 동생의 마음이 없었다면, 기대치가 높지 않았다면 어땠을까? 내게는 집사람이 해준 것에 견줄 하등의 가치가 없는 것이었다.

밥 먹는다는 것, 중요하다. 사회생활에서도 나름대로 의미가 있다. 그러다 보니, 평판 좋은 맛집으로 소문난 식당으로 손님을 모시는 것도 접대다. 예전에 종로에 있는 허름한 고옥의 보신탕집에 건 적이 있었다. 즐기지는 않았지만, 가끔 먹던 음식이었다. 손님을 모시는 처지에서 당시 보신탕이 비싸 고급 접대 음식 중 하나였다. 식당 안쪽에 연로하신 할머니가 앉아 자식들이 장사하는 것을 보고 계셨다. 대를 이어 하는 식당이라 노인네가 감시하시는 건가?

식사 중에 친구가 주인을 불러 2인분을 더 달라고 주문했다. '을'의 입장에서는 '갑'을 대접해야 하니, 비어가는 접시를 넉넉하게 채우려 했다. 그때 할머니가 우리 테이블로 오셨다. 테이블 위와 손님들을 살펴보시더니, '이 정도면 추가 주문은 안 해도 될 것 같네요.' '예?' '마저 드세요. 그리고 혹 모자라면 그냥 더 드릴게요. 음식이 과하면, 맛이 없어져요. 이 정도면 손님들께 적당할 것 같네요.' 연세 많으신 할머니는 당신의 자부심 때문에 가게에 앉아 계셨던 것이다.

식사? 중요하다. 나는 방송 출연을 요란하게 선전하는 집, 원조집, 앱에서 소문난 집 등은 가급적 피한다. 줄 서서 번호표를 받아야 하는 집도 피한다. 다만, 춘천의 한 닭갈빗집은 예외다. 가급적 미리 가거나 늦게 가는 것으로 줄 서는 것은 피했다. 김(KJT) 교수가 재직하는 학교 앞이기도 하고, 아울러 소중한 벗들과의 추억을 되새길 수 있는 의미가 있기에.

오래간만에 좋은 벗을 만났는데, 때가 돼 허기만 채우면 되는데, 국밥 한 그릇이면 어떤가? 소문난 집이 아니더라도 깔끔하고 정성스러운 음식에 식당 주인의 상냥하고 정감 있는 응대까지 있다면야 금상첨화 아닐까?

좀 별나지만, 나는 귀한 벗들에게 줄 수 있는 것 중 집밥을 대접하는 것이 가장 가치 있다고 생각했다. 그런대로 솜씨가 괜찮은 집사람 탓도 있지만, 마음과 정성이 식사의 가치가 아닐까? 우리 집에 한 번이라도 와본 사람들은 집에 다녀간 이후 내게 대하는 태도가 달라졌다. 차린 것은 없지만, 다들 융숭한 대접이라 생각했다. 조직 생활에 부적합한 모난 돌이지만, 그 덕을 참 많이 봤다.

살면서 말빚을 지는 것도 가장 싫어했다. 부모, 형제, 처자식에게는 숱하게 많은 헛말을 평생하고 산 서푼짜리지만, 밖에서는 안 그랬다. '집으로 한 번 모시겠다.'라고 한 것을 아직 지키지 못한 벗(NH)이 있는데, 병마에 망가진 나이기에 차마 연락을 못 하고 있다.

요즘은 집사람도 손님 초대를 꺼린다. 나이 탓이지만, 간단하게 차리면 되지 않냐며 가끔 승강이한다. 당신 잘하는 것 두어 가지만 준비하면 된다고 억지를 쓴다. 내 절대적인 권위가 무너진 지 오래임에도 아직 그러고 있다.

왜? 밖에서처럼 안에서도 말빚을 지지 말지 그랬니? 정작 소중한 내 가족에게는 밖에서 한 것의 백 분의 일, 천 분의 일도 그러지 못했다. 이제서야 때늦은 후회를 하는 나는 서푼짜리다. (2019.11.21.)

야생동물을 보살피는 김(KJT) 형

뒷발 하나가 잘린 고라니다. 그런데도 잘 뛰는 건강한 녀석을 보는 것은 큰 기쁨이다.

'야생동물구조센터'란 곳이 있다. 다치거나 부모를 잃은 어린 야생동물들을 구조하여 치료하고 돌보는 곳이다. 우리 생태계의 구성인자들인 그들을 보살피는 소중하고 귀한 일을 한다. 김(KJT) 교수는 제자들과 함께 구조된 야생동물들을 제 살던 자연의 품으로 되돌려주는 일을 한다. 차에 치이거나 올무나 덫에 걸린 동물, 전선 등에 다친 새들, 먹이를 구하지 못해 탈진한 동물, 큰비에 휩쓸린 어린 동물 등 다양한 원인으로 구조된다.

구조된 야생동물들을 치료하고 양육한 뒤, 자연 적응 훈련을 한 후, 자연에서 제 삶을 영위할 수 있다고 판단되면 구조되었던 지역에 데려가 놓아준다.

김(KJT) 형이 일하는 동물병원에 가면 쉽게 볼 수 없는 다양한 야생동물들이 있다. 어린 새들에게 먹일 쌀벌레도 키우고, 다양한 동물들에게 필요한 먹이들을 갖추고 있다. 솜털도 안 난 어린 새들에게 벌레를 잘게 잘라 정성스레 먹이는 학생들을 보는 것도 흐뭇했다.

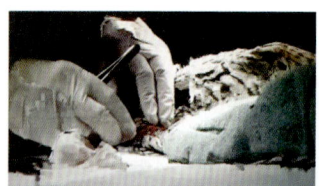  

가끔 들러 김 형과 학생들이 일하는 모습을 지켜보곤 했다. 유독 명절에 구조되는 동물들이 많아 그때가 더 바쁘단다. 고향을 찾는 대이동이라 교통량이 많기에 다치는 동물들도 많은 탓일까? 제자들을 고향에 보낸 김(KJT) 형이 혼자 집도하는 것도 상상이 간다.

언제부턴가 야생동물이 우리와 함께 더불어 살아야 하는 소중한 존재란 인식이 높아졌다. 반면에 과도한 관심도 늘어 곤란한 경우도 많단다. 야생동물들은 당연히 사람을 피한다. 사람들이 자주 다니는 곳에 둥지나 보금자리를 틀지는 않을 것이다. 그럼에도 산행하던 사람들이 어린 새나 고라니 등을 데리고 오는 경우가 종종 있단다. 갑자기 나타난 불청객으로 인해 어미들이 피하거나, 어미가 먹이를 구하러 자리를 비운 것을 생각 못 하고, 어린 새끼들을 데려오는 경우다. 느닷없이 들이닥친 인간들을 피해 멀리서 지켜보던 어미가 새끼들이 강탈당하는 것을 보게 되고, 먹이를 구해 집에 온 어미가 새끼들이 유괴된 것을 알게 되는 것은 참담함이 아닐까?

무엇이든 과하면 안 된다. 자연과 야생에 대해 우리는 모르는 것이 너무 많다. 그들의 영역과 삶에 간섭하면 안 된다. 지정된 탐방로, 통상 다니는 정해진 길로 산행하자. 자연은 있는 그대로 두고 보자. 혹 자연의 신비, 경이로움, 아름다움을 엿보게 되더라도 조용히 빨리 자리를 비켜주시라. 과도한 관심도 해악이 된다. (2019.11.14.)

원칙과 주관이 뚜렷한 이(LYJ) 형

조금은 색다른 일을 하면서 이(LYJ) 형을 만났다. 우리 회사와 접촉이 많은 회사지만, 나와 처음 만나게 된 이(LYJ) 형과는 시작부터 잡음이 많았다. 내게 이(LYJ) 형은 사사건건 시비를 거는 이상한 친구로 보였고, 이 형에게도 마찬가지로 내가 독단적으로 일하는 괴상한 사람으로 비쳤다. 지나고 보니, 내 무식에 기인한 해프닝이었다.

어느 회사든 나름 절차와 기준이 있고, 이(LYJ) 형은 그런 틀이 깨지는 것을 용납 못 했다. 반면에 나는 일의 본질적인 점에 치중하고, 소소한 절차로 지연되는 것을 못 참는 성격이 컸다. 한동안 둘의 충돌이 심해지던 중, 단둘이 저녁 자리를 하게 되었다. 흉금 없이 터놓고 얘기를 하다 보니, 서로의 장단점에 대해 이해할 수 있게 되었다. 이후로는 서로의 견해 차이를 해소할 수 있는 절충점을 찾게 되었으며, 아울러 상대의 단점으로 생각했던 것도 장점이 될 수 있다는 것까지 느끼게 되었다.

이(LYJ) 형에게도 많은 것을 배웠다. 늘 그랬듯, 귀한 벗들의 가르침을 제대로 실천하지 못한 탓에 이 지경이 되었지만……. 큰애가 딸인 남매를 둔 이(LYJ) 형이다. 어릴 때, 딸아이가 동생이 말을 안 듣고 너무 덤빈다고 말하더란다. 그때 이 형이 딸에게 '집에 너희 둘만 있을 때, 네가 혼을 내라.' 얼굴과 명치 등 피해야 할 급소를 알려주며, '그런 곳만 피하고, 때려도 좋다.'고 말했다. 딸의 실행 이후, 둘의 관계는 명쾌하게 정립되었고, 성장하면서도 변함이 없었단다. 나와는 전혀 다른 해법이 남매의 우애와 위계를 확고하고 멋지게 지속시켰다.

딸의 결혼 때도 그는 명확했다. 우리 전통 혼례도 아니고, 서양 혼례의 장점을 취한 것도 아닌 이상한 혼례에 대해 많은 생각과 검토를 거친 후, 그는 양가 상견례에서 폭탄선언을 했단다. 주례, 신부 입장과 예단, 폐백 등 기존 틀을 모두 깨버린 것이다. 신부 입장을 인수인계로 생각한 그에겐 용납되지 않았다. 물론 그의 의도대로 혼사를 치렀고, 딸은 엄마 닮은 이쁜 딸을 낳아 잘살고 있다.

얼마 전, 둘째인 아들 결혼에는 부모 대신 딸과 사위에게 한마디씩 하라고 권했단다. 딸이 아버지의 뜻을 헤아리고 받들어, 남동생의 결혼에 대한 축사와 함께 새로운 가족에 대한 앞으로의 남매간의 조화로운 삶에 대한 마음가짐 등을 진솔하게 말하더란다.

주관과 원칙을 명확히 하고, 실행하는 이(LYJ) 형의 가르침도 배우고 실행했어야 했는데……. (2019.11.20.)

산을 좋아하는 이(LYJ) 형에게 동강 얘기를 자주 들었다. 말로만 말고, 동강을 좀 보여달라고 했던 것을 기억한 이(LYJ) 형이 날을 잡았다. 지난 11월 15일 이(LYJ) 형을 만나 영월로 갔다. 오후 늦게 도착하여 그곳 친지들과 어울려 저녁을 하고 다 좋았다. 다음 날 비가 온다고 앱에 나온 대로, 아침부터 비가 꽤 왔다. 요즘은 왜 이리 예보가 잘 맞나? 괜한 투정이다. 애초에는 이(LYJ) 형이 추천하는 비경들을 보기 위해 산행을 좀 하기로 했었다. 비가 오는 바람에 내가 대안을 제시했다. '차로 갈 수 있고, 사람이 사는 가장 깊은 골짜기로, 동강의 내면을 볼 수 있는 곳'으로 갑시다.

그렇게 찾아간 곳이다. 동강은 석회암 지질이라 강의 양안이 절벽인 곳이 많은 특이한 사행천이란다. 동강의 내면을 엿볼 좋은 기회였고, 실체에 대한 정확한 이해라면 모두 본 것이 아닐까? 그런데도 이(LYJ) 형은 애초 계획대로 산행할 수 있도록 다시 날을 잡겠다고 했다.

그래, 약속한 것은 반드시 지키는 이(LYJ) 형이니, 그 비가 이젠 고마웠다. 보고 싶을 때, 일정 맞춘 만남만으로도 좋은데, 부채를 안 갚고는 못 배기는 이(LYJ) 형이다. 언제든 채권 회수가 가능한 것으로도 내 정신을 갉아먹는 바이러스의 일부가 박멸됨을 느낀다. 이(LYJ) 형, 감사합니다! (2019.12.8.)

소주와 BTS

매우 흥미로운 자료다. 강의하는 교수의 관점과 강의 요지에 공감이 간다.

요즘은 해외에서 소주 1병 가격이 얼마인가?

'90년대 초 런던에서 사각 병 조금 큰 것이 만 원 정도 했던 것 같다. 군 복무할 때, 여주 작은 마을에 있는 미군 부대에서 몇 달 근무했었다. 부대 앞 구멍가게에서 미군들이 혼자 소주 먹는 것을 종종 봤다. 소주만 먹는 사람. 소주와 콜라를 번갈아 먹는 사람. 소주와 김치와 콜라를 먹는 사람. 소주와 라면, 김치, 콜라를 먹는 사람. 워낙 싸고 도수가 높으니, 타국에 나와 저렴하게 먹기는 좋았을 게다. 그때 소주의 위력을 예견해야 했나?

내가 군에 갈 때만 해도 학력을 따졌었다. 입대하고 싶어도 저학력이라 입대할 수 없는 것을 한탄하는 젊은이도 있었다. 당시에도 징집제를 개선하지 않는 것이 의아했다.

이 좁은 땅. 남과 북이 전쟁을 일으킨다면 자멸밖에 없다. 지금은 더욱 그렇지 않은가? 서로 가지고 있는 것만 쏟아 부어도, 남는 구석이 있을까? 정작 경계해야 할 관리 대상은 따로 있지 않은가? 미국은 물론이고 한반도 주변 국가 중 누가 이 땅의 통일과 평화를 원할까?

정작 우리 속에도 남북 간 대치와 위기를 조장하고, 즐기며 이용하는 잡것 무리가 많다. 그럴수록 제정신을 차리고 중심을 잡아야 하는 것 아닌가? 딱 한 걸음만으로 북한을 거치면, 저 광활한 대륙인데, 왜 돌고 돌아가야만 하나?

중동에 석유가 없다면 미국이 전쟁에 참여할까? 전쟁을 일으킬까? 사사건건 간섭할까? 미국의 군수물자 최대 수요처가 우리 아닌가? 그런데도 우리를 옥죄는 저들에게 마냥 끌려다닐 건가? 모든 것을 차치하고, 한일지소미아, 쥐소미아에 목매는 니들은 도대체 어디서 왔고, 어디로 가자는 게냐?

군 복무 면제란 것도 웃기는 얘기다. 정작 BTS는 군 복무를 하겠다는데, 옆에서 쓸데없는 분란만 조장하는 것들은 왜 그럴까? 순수예술과 대중예술? BTS로 인한 엄청난 효과는 이미 확인되지 않았는가? 그런데도 알량한 규정을 따지며, 당사자의 뜻과 무관한 쓸데없는 쟁점을 만들어 떠드는 것들의 저의는 무엇인가? (2019.11.22.)

동네 병원

제주 감귤이 제철인가 보다. 가격도 싸고, 여러 종류가 많이 나왔다. 오래전 일인데, 큰애가 전화했다. 치과 이(LHY) 박사님께 지금 가려고 하는데 퇴근 시간쯤에 도착할 것 같으니, 좀 늦더라도 기다려주십사 부탁해달라고. 학교에서 같이 축구하다가, 친구가 이를 다쳤단다. 선배가 학교 앞 치과를 추천하여 갔더니, 심해서 임플란트해야 한다고 했단다. 제주가 집인 친구는 다친 것도 그렇지만, 큰돈이 들어가는 것도 부모님께 걱정을 끼치는 것이라 답답했을 게다. 그래서 친구를 데리고 아저씨 치과에 가보겠단다. 이(LHY) 박사가 진단한 결과는 '통증은 심하지만, 치아는 괜찮다.'라며 간단한 처치를 하고, 진통제 몇 알을 주셨다.

한 번은 사무실의 백 여사가 집 앞에서 넘어져서 앞니를 부러뜨렸다. 동네 병원에서 상태가 심하다며 한 말이 찜찜했던지 내게 물었다. '치과 하시는 친구분 없나요?' 해서 알려주었고, 다음 날 백 여사가 내게 고맙다며 하는 말이 '이(LHY) 박사님이 가능하면 본인 치아를 유지하는 것이 좋다며 레진 처치를 해주셨고, 보통 3~4년은 유지되므로 떨어지면 다시 하면 된다.'라는 것이었다.

왜 다를까? 진단을 잘못한 것인가? 무식한 환자니, 겁을 줘서 비싼 시술을 강요한 것인가? 설마 명색이 의사인데, 그렇기야 할까? 동네 병원이라면 환자를 내 가족처럼 대해야 하는 것 아닌가?

의사란 직업은 소명 의식이 필요한 것 아닌가? 요즘 초산도 제왕절개로 낳는 경우가 많다고 한다. 처음 겪는 크나큰 고통에 힘든 산모에게 겁을 줘서 수술을 유도하는 것은 아닐까? 게다가 첫애를 제왕절개로 낳은 경우라도 둘째는 자연분만할 수 있다던데……. 당연히 수술하는 것으로 유도하는 것은 아닌가? 주중 하루와 주말은 휴일인 곳도 많고, 더군다나 근무시간조차 정해져 있단다. 이런 상황이다 보니, 수술 일정이 많아, 몇 달 전에 예약해야만 한다니 황당하다. 산통이 언제 올지 모르는데, 초저녁 퇴근 전으로 예약하라고?

길 가다 먹음직스러운 귤이 담긴 상자들을 보며 난 생각이다. 그때, 제주에 계시는 큰애 친구 모친께서 감사하다며 귤을 보내주셨다. 엉뚱하게 내가 감사 인사를 받았다. (2019.12.3.)

진부 김(KCR) 원장님

그제 왕십리역 근처 경찰서에 가는 김에 진부에 갈 생각이었다. 처음에는 살면서 할 필요가 없는 짓인 이형기 프란치스코 바이러스에 대한 고소장을 접수하고, 응어리진 더러운 마음을 풀 생각이었다. 무지의 소치로, 공소시효가 지나 고소장을 접수도 못 하는 꼴이 되었다.

동서울터미널에서 좀 기다렸다가 버스를 타고 갔다.

진부에서 식물원을 하고 계시는 김(KCR) 원장님이다. 우리 풀, 우리 꽃에 대한 애정과 혜안으로 시작하여, 우리 산야의 자생종을 보전하는 뜻을 품고, 실천하시는 분이다. 이분도 『미친놈』이다. 연배가 높으니, '미친 분'이라 해야 하나? '미친 분'? 아니다! 『미친놈』이 내가 존경하는 귀한 분들에게 주는 최고의 찬사다.

터미널로 나오실 동안, 마트에 들어가 간단한 안주와 소주 3병을 샀다. 저녁을 먹고, 숙소에 가서 술상을 폈다. 김 원장님은 소주 3잔이면 되는 분이니, 결국 나만 먹었다. 김(KCR) 원장님께 고소장 얘기는 할 수도 없었고, 내내 속이 뒤틀렸다. 술상을 물리고, 밤새 들락거렸다. 폭음 탓도 있었지만, 날이 맑아 쏟아지는 별을 헤아리며 담배를 피웠다. 새벽녘에는 초여드레 맑은 달과 지붕 바로 위에 걸려있는 북두칠성도 보았다. 가끔 찾는 곳이고, 언제든 반겨주시는 곳이라 어제 경찰서에서 접수조차 못 해 황당했던 것을 조금은 털어낼 수 있었다.

(2019.12.6.)

왼쪽은 멸종 위기에 처한 광릉요강꽃이고, 오른쪽은 솜다리(에델바이스)다. 하나씩 새로 나면서 7포기였던 광릉요강꽃이 재작년 겨울 추위에 한 포기만 남았다.

이제 돈이 없으면 공부도 못 하는 세상, 대학교를 다닐 수도 없는 세상이 되었다. 반면에 학군, 전문 학원, 족집게 과외, 고액 속성 과외 등 돈만 있으면 성적도 살 수 있는 세상이 되어버렸다.

1960~70년대, 그때만 해도 열심히 공부하면 개천에서 용이 났다. 촌놈이 서울의 K대에 다닌다는 것이 부모님에겐 자랑이었을 게다. 그런 그가 유신헌법이란 괴물이 잉태한 긴급조치 9호의 제물이 되어 3년여 옥살이했다. 결국, 일반적인 삶을 살 수 없었다. 어설픈 생활을 하다가, 그가 대안으로 찾은 것이 조상 대대로 해왔던 농사꾼이 되겠다는 것이었다. 할 수 있는 일이 없기 때문이 아니라, 진정한 농사꾼이 되고 싶었다. 남들이 안 하는 농사를 짓겠다는 것이었다.

그렇게 1980년대 초에 진부 산속으로 들어왔다. 당시 모든 것에서 외국 것에 큰 가치를 두던 우리였기에, 원예종도 외래종이 주류를 이루던 때였다. 반면 그는 '우리가 경제적으로 성장하고, 국민 의식 수준이 높아지면, 우리 풀과 나무를 정원에 끌어들일 날이 올 것이다.'란 선견지명이 있었다.

1970, 80년대에 설악산을 찾은 누구나 하나씩은 사는 인기 관광 상품이 솜다리(에델바이스) 액자였단다. 흔치 않은 종인 솜다리를 보이는 대로 싹쓸이를 하는 것을 보고, '왜 재배하지 않을까?'란 생각을 하게 되었다. 그가 솜다리 씨앗을 채취하고자 했을 때, 이미 솜다리는 사람 눈에 띄지 않는 깊은 산속 절벽이나 낭떠러지 모퉁이에나 남아 있었다. 몇 날 며칠을 산속을 헤매다 벼랑 끝에 있는 녀석을 보게 되면 더없이 반가웠다. 오로지 녀석과의 대면을 생각하고 가다가 발을 헛디디면, 그냥 그렇게 한 떨기 꽃잎처럼 허공으로 날아가게 되는 것이다.

사고란 것이 아차 하는 한순간이고, 죽는다는 것도 그냥 그렇게도 온다. 죽음에 직면하여 '두 번 다시 솜다리는 안 찾겠다.'라는 다짐을 하고서도, 그는 또 설악산 구석구석을 헤매어 귀한 씨앗들을 채취했고, 마침내 재배에 성공했다.

솜다리를 시작으로 구절초, 벌개미취, 분홍바늘꽃 등 우리 땅에서 나는 우리 풀의 재배에 성공하면서, 우리 꽃의 가치를 사람들이 알게 했고, '우리 풀 농사'도 돈이 될 수 있다는 것을 보여준 선구자가 바로 그였다. (2019.12.14.)

농사의 농자도 모르는 그가 누구도 해 본 적 없고, 해 볼 생각도 못 했던 솜다리 재배를 한 것이다. 이웃 농민들에게서 농사의 기본을 전수하고, 전문가들을 찾아다니며 공부했다. 말 그대로 주경야독. 벌개미취, 섬백리향, 미선나무, 울릉국화 등을 가꾸었다.

맨땅에서 아무것도 몰랐던 그가 우리 땅의 풀과 나무를 공부한 그의 여정은 '미칠 수 있으니까 청춘이다.' '그냥 미쳐보자.'라는 그의 말대로, 그래서 가능했다. 1986년 아시안게임, 1988년 올림픽 등을 개최하면서 '우리 꽃을 외국 사람에게 보여주자.'라던 그의 취지가 공감을 얻었다. 이렇게 풀꽃 농사가 돈이 될 수 있다는 것이 입증되면서 많은 사람이 풀 농사를 하게 되었다. 유유상종. 『미친놈』을 알아보는 사람도 나름 미친놈이지 않을까? 무주리조트 조성 때, SS사의 회장에게서 제안을 받았단다. 그가 무주리조트를 우리 자생식물로 조성하겠다며, 조경담당 고문을 부탁했다. 그런 귀한 의견 일치와 공감대는 우리 것에 대한 깊은 애정에서 비롯되었으리라. 골프장의 홀을 나리홀, 원추리홀 등으로 칭했듯 콘도도 나리동, 원추리동 등으로 명명했다. 나리동의 모든 커튼은 나리꽃을 디자인해 달 정도였으니, 참 멋진 깨인 사람들이다.

이후 전국적으로 야생화 붐이 일어났고, 많은 농부가 우리 꽃을 재배하게 되었다. 그는 방향 전환을 하게 된다. 농사짓던 자리에 식물원을 조성하리라! 오롯이 식물 유전자원 보존 창고, 공부하는 젊은이들의 배움터, 귀한 우리 종의 종 보전을 위한 곳! 그렇게 식물원 조성을 시작했고, 1999년에 개장했다.

2006년 어느 날 노무현 대통령이 식물원을 방문하겠다는 연락을 했을 때, 외국에 있던 그와 일정이 맞지 않아 미루어졌단다. 퇴임 후에 식물원을 찾은 노무현 전 대통령이 노간주나무를 심은 후에, 식물원 이곳저곳을 유심히 둘러보셨다. '봉하마을'에 대한 구상을 설명하면서, 봉하마을도 이 식물원처럼 우리 꽃과 나무로 가꾸고 싶으니, 도와달라는 말씀에 기쁜 마음으로 8월에 찾아뵙겠다는 약속을 했었는데…….

2009년 5월 23일. 순수한 사람, 자존감이 있는 사람, 치욕을 아는 사람은 꽃이다. 너무 여린 꽃잎은 잠깐 매서운 꽃샘추위에도 날아가는데, 잡것들의 추한 짓거리에…….

노무현 님, 당신이 좋아하시는 꽃에 물이나 주시고, 가꾸시며 지내세요. 29만원, 2MB 등 잡것들이 설치는 이 땅은 내려다보지 마세요.

(2019.12.22.)

그의 식물원 안에 '영원한 속죄'란 소녀상이 있다.

석고대죄하고 있는 저자는 누군가? 을사오적? 이승만? 카르텔을 형성하고 있는 반민족 범죄자들과 왜의 추종자들? 나와 우리?

2021년 7월 7일, 당신이 원하는 뜻을 이루기 위해 식물원을 국가에 기부했다.

당신의 바람대로, 이 식물원이 우리 땅에 살아왔던 다양한 풀과 나무들의 영원한 보금자리로 존속되길 기원한다.

내년 봄에는 그의 명함에 붙어 있는 꽃양귀비 작은 씨앗을 화분에라도 심어 볼 생각이다. (2021.7.22.)

Singaporean 오(Aw UL) 형

제주에서 지내는 이(LYJ) 형 덕에 작년 연말에 보름, 올봄에 한 달을 제주에서 지낼 수 있었다. 제주에서 여유 있는 시간을 갖게 되면서, 제주의 이모저모를 볼 수 있었다.

하루는 낙조를 보러 갔다가, 제주공항에서 비행기가 뜨는 것을 보다가 오(AUL) 형이 생각났다. 출장으로 해외에 나갈 일이 있을 때는 가급적 혼자 나갔다. 못하는 영어라 동행이 있으면 영어 한마디 할 기회조차 없기도 했거니와, 혼자라면 매이지 않고 눈길 가는 대로 맘 내키는 대로 발걸음을 뗄 수 있기에.

영국에 있을 때, 부활절 연휴가 꽤 길었다. 긴 연휴에 날 챙겨야 하는 파트너 부담도 덜어주고, 여행도 하고 싶었다. 이틀을 양해 받아, 열흘 말미를 갖고 여행사에 갔다. 처음엔 말로만 듣던 값싼 유레일패스를 끊을 생각이었다. 유명한 목적지를 찾아가는 것이 아니라, 국경을 넘나드는 기차를 타고 가다가 눈에 들어오는 곳에 내릴 생각이었다. U26의 뜻을 몰랐는데, 26살 이하라야 싸더라. 게다가 국내에서 티켓팅을 해야 저렴한 비용이 적용된단다. 할 수 없이, 10일짜리 유럽의 호수와 산을 둘러보는 버스 투어 여정을 택했다.

동행이 없어, 맨 뒤쪽 바로 앞자리에 혼자 앉았다. 뒷자리 브라질 젊은 여자애들 일행이 시끄러워 도망가야 했다. 앞쪽에 한 자리가 비어 있었다. 자그마한 젊은 여자가 혼자 있기에 인사를 하고 앉았다. 막내 여동생과 동갑인 Miss Aw를 그렇게 만났다. 중국계 싱가포르인이고, 싱가포르 영국문화원에 근무하는 친구였다.

그 벗과 같이 앉아 다니다 보니, 많은 도움이 되었다. 무엇보다 배정된 숙소 룸 넘버도 못 알아듣는 무식한 나를 미스 오(AUL)가 챙겨주었고, 아침에 내 방에 들러 같이 조식을 먹으러 가는 것 등등. 내 엉터리 영어 발음도 잘 알아들었고, 가끔 한자로 의사소통도 했으며, 사고가 비슷하니 표정만으로도 잘 이해해 주었다. 그러다 보니, 다른 외국인들 눈에는 우리가 부부로 보였나 보다. 어쩌다 혼자 가면 '부인은 어딨니?' 하길래 그 얘길 했더니, 자기도 그런 소릴 듣는다며 같이 웃었다.

독일과 스위스, 룩셈부르크 등을 돌아 마지막으로 파리에 도착했다. 빈 시간에 전철 타는 법을 모르는 Aw와 함께 나들이도 했다. 고대 병원 허(HCR) 박사님 가족과 같이 여섯이 파리의 서울식당에 갔었는데, 의외로 찌개와 조림 등 한국 음식을 골고루 잘 먹었다.

파리에서 영국으로 돌아오는 배 위에서, 동생 같은 Aw와 헤어지는 것이 아쉬워 립스틱을 하나 선물했다. 런던에 도착한 후, 내 손을 끌고 중식당으로 가서 몇 가지 메뉴를 주문했다. 아! 나온 음식들이 한식과 비슷한 음식으로 내 입에 맞더라. 한식에 대한 지식이 있었는지? 아니면, 서울식당에서 먹어본 한식을 기준으로 선정했는지는 몰라도 참 맛있었다. 혼자 다닐 때, 만만하다 싶어 중식당에 몇 번 갔었지만 늘 고생했다. 딴에는 신중하게 메뉴판 설명을 꼼꼼하게 보고 짬뽕이라고 생각하고 주문했는데, 가는 면을 기름에 튀긴 이상한 접시가 나오는 등 제대로 입에 맞는 식사를 하질 못했다.

귀국하기 위해 런던으로 왔을 때, 런던에 있던 Aw와 사흘을 같이 다녔다. 당시 뮤지컬 'Miss Saigon'이 유명했는데, 오(AUL) 형 덕에 뮤지컬이란 걸 같이 봤다. 혼자였다면, 기껏해야 술집에서 맥주나 먹었을 텐데, 멋진 벗 덕에 전혀 예상치 못한 경험을 했다. 벗, 좋은 벗은 새로운 삶의 폭과 기회를 주더라. 그 후 몇 번 Aw 형에게서 편지가 왔었다. 비행기를 타고 가다가 내 생각이 나더라며, 싱가포르에 한번 오라고 했으나 기회가 없었다.

저건 어디 가는 비행길까? 아름다운 제주 밤하늘로 솟아오르는 비행길 보며, 그 친구가 생각났다. Aw 형! 지금은 뭘 하누? 결혼은? 애들은? 방콕에 잠시 있을 때, 싱가포르가 가깝게 느껴져서 옛 주소로 편지를 보냈는데, 답이 없었다.

Aw(胡) 형! 꼭 다시 한번 보자꾸나. 싱가포르는 좁아 찾으려면 찾을 수 있을 것 같은데……. (2019.12.15.)

천사

3년 전, 베트남에 6개월 정도 있었다. 베트남에서 귀국하기 전날 늦은 밤이었다. 아침 일찍 다낭으로 가야 했기에, 아이 엄마에게 자는 아이를 깨워달라고 부탁했다. 베트남에 다시 오기 어려울 것 같아 천사를 봐야 했다.

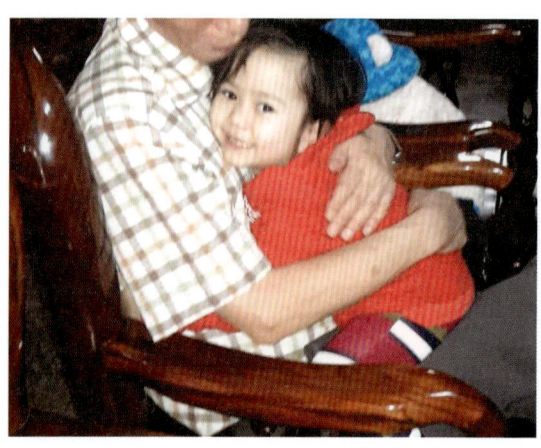

어디 없이 아이들은 귀하고 아름답다. 그 아이들이 커서 이룰 보다 나은 내일을 기대할 수 있기에. 호텔 청소하는 아주머니의 딸이다. 방에 와서 재롱을 떠는 것이 천사가 따로 없다. 볼 때마다, 달려와 안기는 녀석에게 꼬마야, 천사야, 진주야, 우리 손녀, 이쁜아 등으로 그렇게 많이 불렀지만, 정작 녀석의 이름도 모르다니? 참 멍청했다.

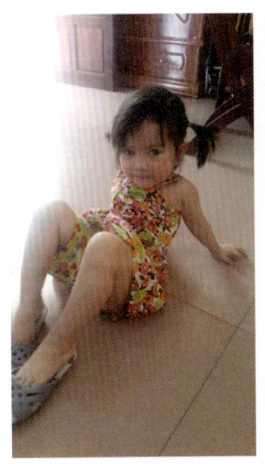  

늘 느끼는 것이지만, 말이 안 통한다는 것이 더 좋은 것 같다. 눈짓, 손짓만으로도 안 되는 것이 없던데. 정작 나쁜 짓은 허울 좋은 달콤한 말에서 나오는 것이 아닌가? 내 말에 녀석이 깔깔대고 웃고, 녀석이 하는 말도 뭔 소린지 다 들렸다. 해맑은 미소와 초롱초롱한 눈, 앙증맞은 손으로 날 이끌던 녀석은 말 그대로 천사다! 멋진 벗이다!

천사야, 늘 건강해! (2019.12.16.)

일 중독자 이(LSI) 형

일 중독자, 일에 빠져 살았던 이(LSI) 형이다. 나보다 먼저 80년대 초에 회사에 들어온 그는 업무상 사용하던 계기에 붙어 있는 네모난 물건에 관심이 있었다. 말로만 듣던 컴퓨터란 생각을 했다.

금성 모니터와 잭을 사서 연결해 보니, 컴퓨터가 맞더란다. 그는 양 검지만으로 키보드를 또닥거리며, 독학으로 프로그래밍을 공부했다. (지금까지 두 손가락만 쓰는데, 열 손가락 쓰는 사람과 견줘도 속도는 진배없다.)

그가 내 부서로 오면서, 같이 일하게 되었다. 자신의 전공과 컴퓨터를 이용한 해법에 탁월한 혜안을 지닌 그는 해외의 선진 사례를 답습하는 등 밤낮없이 일하며 많은 업적을 남겼고, 회사에 크나큰 기여를 했다. 사무실과 집이 멀어, 아침 일찍 차를 가져오는 것이 길이 안 막히기도 했지만, 그보다는 일하기 위해 늘 일찍 출근했고, 길이 텅 빈 늦은 시간에 퇴근했다.

술을 전혀 못 하는 체질이다 보니, 스스로 정한 목표를 이루고자 하는 힘난한 과정에서 스트레스가 많을 수밖에 없었다. 그 바람에 그는 커피와 담배를 입에 달고 살았다. 그런 그를 책상에서 떼어내기 위해, 가끔 저녁 자리에 같이 갔었다. 대부분 술자리를 겸한 자리라 어색하고 불편했으련만 잘 견뎠고, 술 취한 친구들과 어울려 장단 맞춰 놀아주는 것까지도 잘했다. 게다가 늦은 시간에 자리가 파하면, 여동료 셋과 나까지 각자의 집을 돌고 돌아 데려다주었다. 결국, 사무실 밖에서도, 나 때문에 자정 지난 밤늦게 퇴근하게 된 셈이다.

최상위 본사의 회장님이 바뀌면서, 취임하신 새 회장님(KDJ)이 기상천외한 지시를 하셨다. 회장님 휘하의 많은 회사를 감사하는 회장실 직속 감사 본부에 잘못한 것을 들추는 것 외에 앞서가는 훌륭한 사람, 진정한 일꾼을 발굴하라는 지시였다.

외부 기관에서 교육을 받느라 사무실에 출근하지 않던 어느 날, 내게 연락이 왔다. 감사팀이 확인할 것이 있다고 하길래, 영문도 모른 채 교육이 끝나고, 사무실에 왔다. 회장님(KDJ)의 엉뚱한 지시로 나온 감사팀이었고, 신통하게도 우리 인사팀에서 이(LSI) 형을 추천하여 실사를 나왔단다. 감사팀이 담당 과장에게 최종 확인을 하려고, 나를 불렀던 것이다. 얘기를 나누는 와중에 감사팀이 하는 말이 '팀원인 이(LSI) 형도 그렇지만, No 과장이 대상자가 되어도 될 것 같다.'라 했다. '무슨 말씀! 난 이(LSI) 형이 하는 일은 전혀 모르는 사람이고, 내가 이 형에게 한 짓이라곤, 저녁 자리에 데려가서 집에 편하게 간 것밖에 한 짓이 없습니다. 이(LSI) 형은 『미친놈』이라 저러고 사는 사람이고, 난 멀쩡한 쓸모없는 놈일 뿐입니다.'

회장님(KDJ)의 신선하고 파격적인 지시는 이(LSI) 형에게 큰 도움이 못 되고 끝났다. 이왕이면 그렇게 선정된 귀한 일꾼들을 특진이라도 시켰어야 하는 것 아닌가? 회장님과의 오찬과 사례집 발간으로 마무리되어 버렸다. 내가 이(LSI) 형에게 해준 것은 사례집에 실린 '독수리 타법의 달인'이란 짧은 글밖에 없다.

뜻밖의 회장님(KDJ) 지시에 인사팀이 그렇게 잘 써먹었던 이(LSI) 형은 되레 동기들보다 늦게 과장 승진을 했다. 정작 일하는 것과 승진하는 것과는 별개였다. 나 역시 주변머리가 없는 조직 부적응자이다 보니, 그런 그를 홍보할 생각조차 못 하고 살았다. 지금에서야 미안한 생각이 든다.

태생적으로 간 기능이 나빴던 이(LSI) 형이 결국 몇 년 전에 대수술을 받았다. 술은 입에도 못 대는 그가 일 중독에 빠져 자청한 스트레스와 입에 달고 살았던 커피와 담배 탓이다 싶다. 다행히 이제 안정권에 접어들었다.

이(LSI) 형을 보면서, 나 역시 이(LSI) 형과 같은 『미친놈』이 되고 싶었다. 나는 그런 그릇이 못 되었고 바이러스 감염자였으니, 자업자득이다. 이(LSI) 형! 아무쪼록 늘 건강하소! (2019.12.19.)

횡성 이(LKU) 형 부부

번데기에서 막 나온 녀석이다. 내 눈에는 양수를 덮어쓴 아기처럼 흠뻑 젖어 있는 것으로 보였다. 저 작은 번데기 속에 똘똘 뭉쳐 있던 녀석이 그걸 찢고 나와, 햇볕에 몸을 말리는 것이 왜 그리 아파 보이던지! 그러곤 저렇게 화사한 아름다움이 되었다.

곤충에 미쳐 어린 아들딸과 부인을 데리고, 횡성 깊은 산속으로 들어간 이(LKU) 형이다. 어린 남매야 부모 따라왔겠지만, 말없이 그를 따라나선 조신한 부인 이(JO) 여사가 내겐 더 귀하게 보인다. 산속에 곤충들이 살 수 있는 모든 환경을 하나하나 만들고, 이 땅에서 사라져가는 곤충들을 찾아 헤매며 늘 공부하는 그의 힘든 삶에, 든든한 동반자로 함께하는 가족의 힘이란 참 대단한 것이다. 그런 뒷받침이 있었기에 자신의 꿈을 실현할 수 있었으리라!

나비 등 곤충들의 삶에 어떤 영향도 주지 않으려고, 산속 진입로를 포장도 못 하게 했기에, 두 아이는 비가 오면 떡진 흙길을 걸어 다녀야 했다. 그런 순수한 자연 속에 살았으니, 아이들도 건강하게 성장하여 잘살고 있다.

애기뿔소똥구리가 먹을 신선한 소똥을 구하는 것이 어려워지자, 직접 소를 키우는 이(LKU) 형 부부다.

전국을 헤집어 곤충들을 채집하고, 그들이 먹고사는 각 종의 모든 생태를 찾아야 하는 지난한 삶이다. 곤충의 종에 따라서는 온전하게 키우는 데 필요한 먹이 식물과 흡밀 식물을 찾아 심어서 그들이 살 수 있게 해주어야 했으니, 이(LKU) 형이 사는 곳은 모든 구석구석이 곤충들을 위해 주도면밀하게 의도된 것이다.

부인 이(IJO) 여사는 곤충 채집과 채집한 곤충의 표본을 만들고, 녀석들의 이름을 불러주는 동정(同定)을 도맡아 하면서, 역시 공부를 할 수밖에 없었다. 이(LKU) 형이 박사학위를 취득했을 때, 부인 이(IJO) 여사도 이미 박사가 되어 있었다. 나는 이(IJO) 여사의 박사학위에 더 큰 의미를 주고 싶다. SCI 논문도 많이 쓰고 있고, 후배들의 양성에도 애쓰는 두 벗이 더없이 존경스럽다.

지난번 오랜만에 봤을 때, 이(IJO) 여사가 손 수술을 받고 붕대를 하고 있었는데, 이젠 온전해졌으려나? 아무래도 온전해질 것 같지 않다. 곤충들과 함께 하는 삶은 사시사철 쉴 틈이 없다. 겨울에도 멸종 위기종 번식을 위해 매달려야 하는 종이 있다. 연구소에 있는 숱한 녀석들을 보살피는 일이라 한 시도 쉴 틈이 없다.『미친놈』은 아무나 되는 게 아니다! 아무쪼록 두 분, 늘 건강하소! (2019.12.22.)

전주 강(KEJ) 형

어제 전주 강(KEJ) 형에게서 전화가 왔다. 한(HSH) 형과 둘이 점심을 먹고 나서, 날 약 올린다고 전화했단다. '우린 놀고 있는데, 당신은 뭐 하냐?'라며. 어류 전공인 강(KEJ) 박사도 『미친놈』이다. 두 미친놈이 오랜만에 점심을 하면서 내 얘기가 나왔던 모양이다. 미친놈이 될 수 없는 내가 그들의 화제에 올랐다는 것만으로도 감사할 뿐이다!

회장님 휘하에 있는 회사지만 독립된 회사에 근무했었다. 그런데도 업무 영역이 중복되는 것이 있어 만나게 되었다. 강(KEJ) 형도 미친놈의 특성 중 하나인 원칙이 확고하다. 소속하고 있는 회사의 입장과 다른 의견도 펼 수 있고, 눈총받으며 주장하는 사람이다. 내가 속한 조직의 이익에 반할 수 있다는 것은 큰 용기와 의지가 필요한 것인 데다가, 그것이 질타받는 세상이다.

도움이 필요해 부탁하면 낮과 밤을 가리지 않고 달려왔다. 문외한인 나로서는 대면하여 그의 설명을 들어야 했기에 어렵게 부탁했는데, 그는 원거리도 마다치 않고 늘 와주었다. 만만한 그다 보니, 소소한 것까지도 내가 오라고 지시(?)하여 밤길을 와 새벽에 돌아가게 한 무식한 나였다.

같이 있는 두 사람을 생각하니, 으슬으슬한 초겨울 날씨에 따사한 봄바람이 분다. 그래, 연초에 같이 자리 한 번 합시다! 두 사람 모두 술을 안 하는 사람들이라, 봐도 별 재미는 없다. 강(KEJ) 형, 한(HSH) 형! 감사합니다. 조만간 봐요. (2019.12.26.)

며칠 전 강(KEJ) 박사가 책을 보내왔다. 강(KEJ) 박사의 저서 '남북한 어명 사전'이다. 그의 머리말 중 말미의 '추후 이루어질 연구의 기반이 될 것으로 생각하며 위안을 삼는다.'라는 말처럼 자신의 학문적 성과를 후학들과 나누려는 마음 이상으로 중요한 것은 없다고 생각한다.

그렇다! 자신의 모든 것을 후배들에게 전하려는 것은 학자의 기본 책무가 아닐까? 문외한인 내게 생소한 어려운 책이지만, 그의 깊고 고마운 마음을 엿보려 가끔 들추곤 한다. 해도 넘사벽이라, 단지 그의 고마운 뜻을 헤아리고 답하려는 멍청이의 몸짓일 뿐이다.

강(KEJ) 형! 늘 건강하소! (2023.3.26.)

세월호……

기사를 보고, 몇 번이나 덮었다가 다시 봤다. 나도 이렇건만 유가족분들은 어떠할까? 뒤늦은 시작인데, 이런 황당한 꼴을 앞으로는 또 어찌 견디셔야 할까? (2020.1.4.)

제주에서

가끔 주변의 죽음을 알게 된다. 동기, 후배들까지 갑자기 간다. 온 날은 알아도 가는 날은 알 수 없다. 내가 이형기 프란치스코 바이러스로 인한 병마에 고통받으며 느낀 것 중 하나가 빚 청산이다. 벗들과의 만남도 내가 더 줄 것이 없는 만남이고, 감염시킬 위험도 있어 피하는 것이 마땅했다. 몸과 마음이 아프고 힘들다 보니, 그들에게 누가 되지 않기 위해서라도 정리가 필요했다. 헛된 믿음으로 인해 파국을 자초한 내 죄과를 수시로 자각하는 생활에서 도망도 갈 겸, 또 죽기 전에 그들과의 빚 청산을 하려고 내 딴에는 노력했다. 마지막으로, 밥이라도 한 끼 나누고, 내 목록에서 지우고 있다.

이(LYJ) 형이 오랜만에 전화했다. 뜻밖에 제주에서 일하고 있었다. 한번 오라며, 저가 항공에 대해 말해주었다. 값싼 티켓이 많으니, 그걸로 오라고. 이(LYJ) 형 말대로 찾아보니, 바로 다음 날 9천 원짜리 표가 있어 예매하고 도착 시각을 알려줬다.

공항에 나온 벗과 오랜만에 만났다. 술친구 둘이 만났으니, 매일 저녁 술이다. 제주를 떠나기 전인, 사흘째 저녁 술자리에서 지나가는 말로 푸념을 했다. '하는 일 없이, 집에 있는 게 힘들더라.'라고 했더니, 내 속을 모르는 이(LYJ) 형이 '그렇지요. 바쁘게 살다가 한가하니 그래요. 더 있다 가세요. 나도 집에 며칠 다녀와야 하고, 노(NMD) 형 맘껏 지내세요.' 그 바람에 재작년 12월 중순의 나흘 여정이, 보름을 머물다 연말에 올라왔다. 이(LYJ) 형이 공항에 데려다주며, '편하게 지낼 수 있으니, 언제든 오소. 늘 환영합니다.'

이(LHK) 프란치스코 바이러스로 인해 가끔 발작이 일어난다. 나도 이제 바이러스가 되어버렸다는 생각에 고통받으며, 처자식을 보는 것이 힘들게 되어 광기까지 띤다. 작년 4월 초에도 발작이 심했다. 지난번 나를 배웅하며 이(LYJ) 형이 공항 앞에서 했던 말을 빌미 삼아 '가도 되우?' 물었다. 그렇게 또 이(LYJ) 형 집에서 꼬박 한 달을 있다가 왔다. 이(LYJ) 형의 거처인 제주에 머물면서 여유롭게 여기저기 다녔다. 늘 바쁜 걸음으로 겉모습만 보던 곳을 차분하게 볼 수 있었다.

맑은 날도 궂은 날도 나름 분위기가 다르니, 그냥 내키는 대로 목적지를 정해 나다녔다. 올레길도 조금 걸어봤고, 4·3평화공원도 차분하게 둘러봤다. 정권에 따라 평가가 바뀐 탓인가? 노무현 대통령이 사과하고 법정기념일로 선포됐지만, 기념관 속 설명들이 모호했고, 핵심을 잡기가 어려웠다.

'모든 역사는 현재, 그리고 미래의 역사다.'라곤 하지만, 그 점에선 아직도 많이 미흡해, 제주 사람들의 응어리진 한을 풀기엔 아직 너무 먼 것 같다.

하루는 이(LYJ) 형이 고사리를 따러 가자고 했다. 비가 와야 고사리가 많이 나오기에, 제주도에서는 봄비를 '고사리 비'라고 한단다. 꽤 가물다 보니 어쩌다 하나씩 보였으나, 고사리를 찾는 재미가 꽤 쏠쏠했다. 평지 풀 속이나 덤불 속에서 돋아나는 녀석들을 찾으며 무념무상이 되었다. 이(LYJ) 형 말대로 고사리를 따는 것이 수행이다. 고사리가 많을 때는 천 배, 만 배를 하게 된다더니 그랬다. 비가 내린 후에 산에 가보니, 말 그대로 고사리들이 많았다. 가져간 봉지가 채워지는 기쁨과 즐거움이 있다. 육지 것보다 더 맛있는 제주 고사리를 삶아 널어놓으면 잘 말랐다.

4월 말, 한 달을 머물던 제주를 떠났다. 이(LYJ) 형 덕에 제주의 속살도 제대로 보게 되었다. 이제 특별한 일이 아니면, 굳이 제주를 찾을 일은 없을 듯싶다. 따온 고사리를 동생들에게 나눠주며, '내가 따서 삶고 말린 것이니 귀하게 먹으라.'라며 생색도 낼 수 있었다.

이(LYJ) 형 고마워요! (2020.1.10.)

야밤의 뻥튀기

지금 시각 2020년 1월 11일 23:50. 집사람이 음악 강좌를 듣고, 밤늦게 들어오다가 트럭에서 파는 뻥튀기를 봤던 모양이다.

집에 와서 '사 올걸' 하더니, 다시 나가 사 왔다. 아저씨가 마무리하시고, 막 출발하려던 참인데, 집사람 때문에 짐을 다시 풀었단다. 뒷문만 열면 되는 줄 알았는데, 모두 다 한참을 풀어야 했다. '이런 줄 몰랐는데, 죄송해요.' 하니, '기억하시고, 찾아주셔서 고맙지요.' 하시더란다. 한 개 삼천 원, 두 개 오천 원. 마침, 지나던 아저씨도 '맛있어요?' 묻더니, 두 봉지를 사 갔단다. 그래서 덜 미안했다나. 나도 먹어보니, 담백하고 맛이 좋았다. '가끔 오신다니, 당신도 아저씨 보면, 좀 사 오세요.' 한다.

이 시계는 안목 있는 황(HSS) 형이 신혼 초 집들이 선물로 준 것이다. 집사람이 늘 감사하는 애장품 중 하나다.

술을 안 하는 황(HSS) 형은 미식가로 벗들에게 늘 좋을 것들을 권했다. 황(HSS) 형 덕에 피자를 처음 먹어봤고, 메밀국수의 참맛도 제대로 알게 되었다.

오늘 집사람이 늦은 것은 도산대로 옆 클래식 음악 강좌를 다녀왔기 때문이었다. 비싼 강좌는 엄두도 못 내고, 소액 강좌도 내 눈치를 보며 가끔 갈 수밖에 없는 집사람을 보면서 내 속이 뒤집힌다. 이런 것들이 날 집에 있기 힘들게 한다.

강의 전에 잔잔한 음악과 함께 화면에 나오는 매우 엄중한 경고가 있단다. * 자리를 미리 맡아두는 행동은 삼가시길 바랍니다. * 시간은 꼭 지켜주시기를 바랍니다. * 전화기의 전원을 반드시 꺼주시기를 바랍니다. * 빛을 내는 기기로 필기를 할 수 없습니다. * 촬영과  녹음은 금합니다. * 음식과 커피는 강의실 밖에서 드시길 바랍니다. * 아주 작은 소리도 음악이 되는 예민한 곳입니다. * 프로그램 종이 넘기는 소리, 비닐, 볼펜 소리에 유의해 주시기를 바랍니다. * 기침할 때는 손수건으로 입을 가려주시기를 바랍니다. * 예절이 먼저입니다.

이곳처럼 클래식 음반과 서적 매장, 아카데미로만 운영되는 곳은 세계적으로도 드물단다. 의사였던 운영자분의 음악에 대한 철학과 삶을 집사람이 깊이 존경할 만하다. (2020.1.12.)

티 내지 않는 최(CDH) 형

대학 졸업 후에도 자주 봤던 여섯 중에서 이제 셋만 사람이고, 셋은 바이러스다. 세 사람 중 최(CDH) 형은 180cm가 넘는 건장한 체구다. 그런데도 위압감이 없고, 언성이 높아지는 경우도 드물다. 그 역시 빚지는 걸 싫어하는 점에서 나와 약간의 유사점은 있다. 최근에 알았다. 지금까지도 나로 인해, 내 직장의 상사였던 자신의 고교 동창(LYK)에게 마음을 쓰고 있었다. 정작 나는 그에게 더러운 피해를 봤음에도 그는 그렇게 알고 있었다.

어떤 조직이든 지연, 학연, 혈연과 같이 근무했던 근무연 등이 조직 생활에서 많은 영향을 끼치는 것이 우리 사회다. 모난 돌이다 보니, 그런 것들을 의도적으로 피하기도 했거니와, 회사 내 상층부에 있는 사람들도 과도한 잣대로 평가했던 나였다. 승진은 인사위원회에서 중역들이 결정하는데, 내가 근무했던 부서의 특징상 그들 중에 같이 근무했던 사람들이 하나도 없었다. 그러니 무능함은 차치하고, 같이 근무했거나 아는 사람마저 없었다. 내가 과장 승진을 시험으로 했었기 망정이지, 승진과는 거리가 먼 처세였다.

몇 년 후에 없어진 그 과장 승진 시험마저도 은인인 김(KHJ) 형 덕에 통과할 수 있었지만, 한 부서에서 장기 근무를 한 데다 하다못해 동우회 등 어떤 활동도 없었다.

뒤늦게 말단으로 이 회사에 입사했을 때, 최(CDH) 형의 고교 동기 이(LYK)는 이미 선임 부장이었다. 최(CDH) 형은 처음부터 그에게 나를 부탁했던 모양이다. 최(CDH) 형의 유능한 친구(LYK)는 상무, 전무를 거쳐 사장까지 역임했다. 반면에 그는 특정 지역의 대부로서도 큰 영향력을 발휘했는데, 지연으로 묶인 그들의 강한 유대는 무식한 내게 큰 반감이 될 수밖에 없었다. 최(CDH) 형의 친구(LYK)가 사장으로 거명될 때, 회사 밖에서 꽤 심한 잡음이 생겼다. 그때 그가 '노(NMD) 박사, 나 좀 도와주소.' 하며 내게 도움을 청했다. 박사? 난 석사밖에 못 했는데……. 내가 도울 수 있는 사안도 아니었지만, 그가 심적으로나마 편할 수 있도록 작은 도움을 주었다. 결국, 그는 사장이 되었다. 그러나 단순하고 어리석은 나의 그런 대처가 되레 내게 독이 되었다는 것을 나중에 알게 되었으니, 난 참 멍청했다.

*****

회장 휘하에 많은 회사가 있지만, 각 회사는 독립적인 별개의 구조다. 일부 회사 간 사업 영역의 연관성 때문에 이해관계가 크게 상충하기도 했다. 그런 문제를 해소하는 방안으로써, 두 회사의 전무가 교환 근무를 하는 제도가 있다. 이 제도로 우리 부서 수장으로 온 양반이 이(IJH) 전무다. 이(IJH) 형이 우리 회사로 오자, 한 친구가 대학 동문이라는 연으로 얘기를 꺼냈는데, 그가 한 말이 '내가 봤을 때, 우리 부서 부장 승진 우선순위는 노(NMD) 형 같다.'라고 했단다. 그 말이 돌고 돌아 내 귀에까지 들어왔으니, 고맙기도 했고 내심 기대도 했었다.

인사위원회가 있고 난 후, 이(IJH) 형이 불렀다. '사장과 무슨 문제가 있나요? 지금 당장 나가셔도 좋습니다. 휴가든 출장이든 나가시지요.' 되레 이(IJH) 형이 내게 미안해했고, 그의 말대로 사무실을 빠져나왔다. 사장실의 비서도 '친구분이 사장님과 친한 분 맞냐?'고 내게 묻더라. 그들의 얘기로 봤을 때, 사장(LYK)이 나를 어지간히 반대했던 모양이다. 하긴 그것도 자업자득이다만…….

한참 뒤의 인사에서 뒤늦게 부장 승진을 했다. 무엇보다 교환 근무로 온 이(IJH) 형을 무시할 수 없는 여건과 그의 강력한 의지의 산물이었을 게다. 그런 뒤늦은 승진이 창피하기도 했거니와 찜찜한 터라 피했건만, 사무실의 젊은 여직원들이 '승진 턱'을 강요했다. 게다가 평소 그 친구들이 힘들어할 때, 데리고 나가 저녁을 사주었던 '그 집'으로 가야만 된다고 강요했다. 서넛이면 몰라도 비싼 참치 횟집에서 프로젝트에 참여한 다른 친구들도 포함한 40여 명 대가족에게 승진 턱을 내란다. 그녀들의 강압에 어쩔 수 없이 날을 잡았다. 그날 우연히 그 얘기를 들은 이(IJH) 전무가 내게 '같이 가도 되나요?' 하며 동석하게 되었다. 그런데 예산이 고향인 그가 정작 회를 안 먹었다. 그러곤 중간에 먼저 나가면서, 저녁값까지 내고 갔다.

하루는 이(IJH) 전무가 '부서 간부들에게 식사 한 번 사시죠?' 하는데, '아니요. 이 꼴같잖은 승진은 오로지 당신 덕이니, 그럴 필요 없습니다.'라고 잘라 말했다.

늘 그랬듯, 정작 나는 그에게마저 고맙다는 인사도 제대로 못 했다. 해서 그의 회사에서 같이 근무했던 동창(PJK)에게 부탁하여, 나 대신 감사 말씀을 좀 해달라고 부탁했다. 셋이 자리할 약속을 전하자, 이(LH) 전무가 '아니, P(PJK) 형하고 그런 관계였어요? 왜 진작 말하지 않았나요? 허, 참······.' 셋이 저녁을 먹고 난 후, 내가 P(PJK) 형에게 계산을 부탁했더니, 이(LH) 형이 내 등을 떠밀며 나더러 계산하게 했다.

회사 생활을 하면서, 상사에게 선물한 유일한 것이 인제에서 이(LH) 형에게 송이를 보낸 것이다. 그를 상사로 생각한 것이 아니라, 그저 고마운 벗으로 생각했기에 가능했다. 그것도 그가 원래 회사로 복귀한 이후였으며, 그에게 진 빚으로 치면 그것은 선물도 아니었다. 그에게 받은 것은 '돈'으로 갚을 수 있는 것이 아니었다. 그런 까닭에 '다음에, 내 손으로 딴 것을 맛보시라.'란 말을 했던 것이고, 그것이 말빚이 되고 말았는데, 다행히 인제 김(KHJ) 형의 배려 덕에 해묵은 그 말빚을 갚을 수 있었다.

*****

산속 사찰의 말 없는 석탑 같은 최(CDH) 형. 문득 생각나는 것이 있다. 졸업 직전에 최(CDH) 형 덕에 토목기사 자격증을 땄다.

상하반기 두 번 시험이 있는데, 웬만하면 붙는 시험임에도 상반기 때 나는 떨어졌다. 하반기 때도 포기할 생각이었는데, 최(CDH) 형이 응시를 강권했다. 그리고 시험 전날 시험장 앞 여관방에서 내게 중요한 것들을 밤새 가르쳤다. 그렇게 해서 자격증을 취득했고, 그 자격증으로 첫 번 직장에 취업할 수 있었다. 잊고 살았는데, 그랬다.

최(CDH) 형! 살면서 가끔은 언질도 주고, 언질을 줬음에도 말귀를 못 알아들으면 호되게 이끌어줘야 했지 않았나요? 이형기 프란치스코 바이러스의 위험성에 대한 그의 수차례 조언을 묵살한 내가, 되레 그를 원망하고 있다. 에구, 이 서푼아, 멍청아!

　이제야 드는 생각이다. 조직 부적응자인 내가 못 했던 것들이다. 우리 사회에 만연해 있는 것들에 적응하는 방법이 있었다. * 지연, 학연, 혈연과 근무연 등은 중요하다. 잘 이용해라. * 동우회 등 다양한 활동을 통해 인맥을 쌓아라. * 안면이 없어도, 유력한 간부의 애경사에 적극적으로 참여하여 눈도장을 찍어라. * 하급자보다는 상급자를 신경 써라. * 상급자에게 과도한 도덕률을 적용하지 마라. * 상급자를 평가하지 마라. 평가해도 입 밖에 내지 마라. 내야 한다면 거꾸로 얘기해라. '지역의 수장으로 참 의리 있는 분이네요.' 등으로 칭송하라. * 거래는 명확하게 하고, 따질 것은 철저하게 따져라. * 시비를 걸어서라도, 제 밥그릇은 챙겨라. 조직은 시끄럽고 말 많은 놈부터 챙긴다. * 내 맘 같지 않으니, 매사 맺고 끊어라. * 법적인 상식을 갖고, 적기에 대처해라. 실기하면 대책이 없다. * 소소한 것, 허망한 신의란 것 때문에 바이러스에 감염되지 마라. * 바이러스로 인해 인생을 망칠 수 있으니, 특히 조심해라. 이것들을 다 실천할 수 있다면 금상첨화가 될 것이다. (2020.1.16.)

유튜버

　세상이 바뀌었다. 신문과 방송에만 의존했던 뉴스 등 많은 정보가 다양한 채널을 통해 제공된다. 그중에서 유튜브가 많은 장점이 있다.

　유튜버에 따라 특정 영역에 대한 전문적인 것을 주제별로 알려주는 것도 많다. 게다가 광범위한 자료 발굴로 깊이 있게 소개하여, 내용도 좋고 효과도 큰 것 같다. 또한, 유튜버의 관점과 인식에 따라 전하고자 하는 내용이 다르므로, 내게 맞는 것을 택하는 것도 큰 강점이다.

오래전부터 우리 언론의 행태가 문제였지만, 이젠 그 한계를 넘어 버렸다. 언론의 본질마저 왜곡되고 상실되었기에 유튜버를 통한 다양한 뉴스와 그 관점 및 인식의 교류에 가치를 두고 싶다. 좋은 유튜브 자료를 공유하는 것도 큰 의미가 있는 세상이 되었다.

그래도 좀 낫다던 종이 신문과 방송도 모두 마찬가지다. 보던 종이 신문도 끊었다. 쓰레기 처리 등 신문지가 필요한 경우가 있기에 병원이나 약국에서 가끔 얻어 쓴다. 나는 멍청이라 바뀐 세상에 너무 늦게 적응한 것일까? (2022.5.16.)

그레타 툰베리 vs 막럼프

그레타 툰베리 Greta Thunberg
환경운동가
출생 2003. 1. 3. 스웨덴
수상 2019년 골든 카메라상 기후보호특별상
2019년 제15회 레이첼 카슨상

다보스포럼서 기후 대응 두고 '설전'

툰베리 vs 트럼프[AP=연합뉴스 자료사진]

기후변화란 난제는 차치하자. 툰베리를 나이만 보고 어리달 수도 없지만, 잡것이 그녀에게 하는 짓은 많이 치졸하다. 어디 없이 잡것들이 권세를 쥐면 망조가 들 수밖에 없다. 막 나가는 트럼프 때문에 망가지는 미국이 어디까지 가는지 두고 볼 일이다. (2020.2.2.)

노블레스 오블리주(Noblesse Oblige)

단어의 뜻이 잘못 쓰이는 경우가 많다.

언론에서 보고 듣는 '사회 지도층'이란 단어가 그렇다. 이 땅은 권력이나 돈을 가진 자들을 싸잡아 '사회 지도층'이라고 칭한다. 왜? 앉은 자리의 책무도 모르는 잡것들과 천박한 갑질이나 하는 졸부들조차 '사회 지도층'으로 포장해 주는 것들은 또 뭔가? 물의를 일으킨 자들이 내뱉는 말인 '부덕(不德)의 소치(所致)'란 것도 그렇다. 내가 알기로 이 말은 천재지변을 당해 도탄에 빠진 백성들에게 성군이나 할 수 있는 말로 아는데, 황당하고 기괴한 잡것들이 종종 쓴다.

국어 교육이 필요 없다는 잡것도 있듯, 잘못된 국어 교육의 산물이다. 우리말도 제대로 못 하는 '사회 지도층'이라 불리는 잡것들, 실상은 우리 사회에 해악을 끼치는 해충이자 바이러스들이다. 입에 담아서는 안 되는 말을 지껄이며 설치는 잡것들의 꼬락서니를 보는 것도 큰 고역이다. (2020.2.6.)

자신의 삶을 개척한 천(CSK) 교수

자신의 삶을 부단한 노력으로 개척한 멋진 벗 중 하나가 천(CSK) 교수다. 유복하게 자라다가 정작 크면서 곤궁했던 그가 어렵게 공부했음에도 고시에 수석으로 패스하여 공직에 들어갔던 벗이다.

힘든 여정을 끝내고 안착했으므로 자신의 능력대로 잘 살려니 했다. 결혼한 후, 그 결혼생활이 그의 발목을 잡기도 했다.

공무원들의 저녁 자리에서 안줏거리로 나오는 말 중에 '모 국장은 6급급이다.'란 말이 있다.

게다가 장차관들도 씹을 거리인 경우도 있는데, 그것은 큰 불행이다. 그 말을 듣다가, '그럼 넌 차관급 사무관이겠구나!'라는 농을 했었다. 서기관 승진 등 잘 나가던 그가 갑자기 공직에 사표를 내고, 산하단체로 갔다. 워낙 능력 있는 친구였음에도 당시 자신에게 닥친 개인사로 인해 그렇게 한 것 같다. 어디서든 그의 능력은 빛을 발했고, 그곳에서도 조직의 발전을 위해 주도적으로 일했으며, 누구에게나 인정받았다.

또 그렇게 잘 지내려니 했더니, 그가 새로운 전환점을 갖더라. 이번에는 교수가 되었다. 좀 늦은 나이에도 불구하고, 교수 공채에 응모해 합격한 것이다. 자주 보고, 잘 안다고 생각했음에도 그런 기미조차 전혀 알지 못했다. 어떤 역경, 어떤 상황에서도 자신의 삶을 생각하고 꾸준히 노력한 천(CSK) 교수였던 게다.

내가 한 농이 얼추 맞은 건가? 폴리페서들이 '교수는 장관급'이라고 지껄이던데? 자네도 장관급인가? 그건 아니다, 자넨 폴리페서가 아니잖아! (2020.2.6.)

여자축구 벨 감독

"애국가 제창은 존중의 표시…아름다운 나라에서 좋은 선수들과 함께해 감사"

-경기 전 애국가를 따라 부르던데?
며칠 동안 코치와 함께 연습했다. 존중의 표시라고 말씀드리고 싶다. 한국에 와서 많은 분들에게 존중과 따뜻한 마음을 느끼고 있다. 감사함을 표하는 방법이다. 가사를 외우고 있는데 의미가 깊은 것 같다. 앞으로 계속 연습할 예정이다. 입이 아니라 가슴에서 나오는 가사로 부르고 싶다. 아름다운 나라에서 좋은 선수들과 함께 뛰는 게 영광스럽다.

우리 여자축구가 오늘 베트남에 3:0으로 이기면서 조 1위로 PO행을 결정지었다. 2월 3일 미얀마와 경기 때보다 한층 속도감과 박진감 넘친 멋진 경기였다. 경기 후, 벨 감독의 인터뷰에서 그가 훌륭한 사람임을 엿볼 수 있었다. 인터뷰 때마다 늘 우리말로 소감을 전하려고 애쓰는 마음가짐과 자신이 맡은 국가에 존중을 보이려는 자세에 감사드린다.

이런 지도자 밑에서 가르침을 받는 우리 선수들은 행운아들이다. 앞으로 거둘 눈앞의 성과는 차치하더라도 그와 함께 이룰 수 있는 무한한 성장을 기대한다. (2020.2.9.)

코로나19(COVID-19)

올림픽을 계기로 자신의 입지를 다지려는 용감한 쥐베의 무리수가 언제까지 통할까? 저런 지도자가 통하는 나라가 일본이다. 하긴 우리도 비슷한 예가 있었다만……. 방사능도, 코로나19도 덮겠다는데? 계속 그렇게 말아먹어라, 응원하마! 막럼프나 쥐베 같은 지도자를 보면 기부 천사 김장훈 씨가 생각난다. 기부를 생각하면, 먼저 기부부터 하고, 돈을 벌어 갚는다는 그다. 독도지킴이 등 국가관이 뚜렷한 그다. 주변의 슬픔을 아파하고, 자신이 할 수 있는 것은 무엇이든 하는 그다.

이것이 바람직한 정치인, 지도자가 갖추어야 할 자질이자 덕목이 아닌가?

온갖 잡것 군상들을 보면서 김장훈 씨가 대통령이 되면 어떨까 싶다. (2020.3.4.)

쥐베의 민낯

결국 올림픽 연기! 늘 느끼는 것이지만, 참 특이한 족속이다. 올림픽이 뭐라고 자국민과 세계인의 생명까지 위협하나? 잡것 지도자에게 맹종하고, 터무니없는 역사 왜곡과 기만에도 맹목적으로 잘 따른다. 독일과 전혀 다른 것은 무엇 때문일까? 이 땅에도 저런 부류들이 있다. '우리 가문은 왜놈'임을 자처하는 기괴한 것들이 대를 이어 충성하고 있다. 왜놈에게 맹종하는 잡것들의 정체는 뭔가? (2020.3.28.)

누구한테 짖나?

악전고투하고 있는 의료진들은 너희들이 짖을 대상이 아닌 고귀한 분들이다! 짖는다고는 했지만, 개들에게 미안하다. 이런 천박한 것들을 선택하는 사람들은 왜 그럴까? (2020.4.1.)

정은경 본부장

그는 "아직 위기를 벗어난 국가는 없지만 나는 정 본부장이 승리의 노래를 부르는 걸 결코 볼 수 없을 것이라고 생각한다. 정 본부장은 자신에 대해 말하는 걸 싫어하고 SNS를 피하며, 나를 포함한 모든 기자들의 인터뷰 요청을 정중하게 거절해왔다"고 그 이유를 밝혔다.

그는 마지막으로 최근 기자회견 장에서 한 기자가 "몇 시간이나 자느냐"고 질문하자 정 본부장은 "1시간 이상은 잔다"고 짧게 말했다고 칼럼을 맺었다.

sinopark@news1.kr

정은경 같은 수장이 있기에 이 모든 것이 가능한 것이다!

(2020.4.5.)

대구시

무지? 무능? 무례? 삼위일체! (2020.4.8.)

이탈리아 '아미' 안젤라 풀비렌티

방탄 뮤비로 세월호 알게 된 이탈리아 아미 "연대의 뜻 보낼 것"

풀비렌티, 방탄소년단 '봄날' 분석 영상 만들어
은유된 세월호·사회적 영향 설명해 인기 끌어

한국 BTS 행사 초대돼 유족도 만나
"아픔 안고 안전한 세상 위해 싸워"

"보고 싶다"는 가사와 함께 노래가 시작되면, 화면엔 바닷가에 앉아 있는 지민의 뒷모습이 비친다. 그는 주인 없는 운동화를 양손 위에 얹은 채 조용히 바다를 응시한다. 곧이어 나온 회전목마엔 '당신은 절대 혼자가 아닙니다'(You Never Walk Alone)라는 문구가 적혀 있고, 사람 한 명 타지 않은 채 노란 리본들만 바람에 휘날린다. 화면은 잠시 어두워지고, 산처럼 쌓인 옷더미 위에 올라앉은 슈가가 나와 랩을 시작한다. "넌 떠났지만 단 하루도 너를 잊은 적이 없었지 난."

2017년 2월 공개된 방탄소년단의 '봄날' 뮤직비디오는 세월호 참사를 연상케 하는 장면으로 화제가 됐다. 한국의 '아미'(방탄소년단 팬클럽)들은 뮤직비디오에 드러난 세월호 추모 메시지를 분석해 영상 만들기에 나섰고, 수많은 국외 아미들이 이를 통해 세월호 참사가 무엇인지 알게 됐다. 이탈리아 로마에 사는 안젤라 풀비렌티(31)도 그중 한명이다. 그는 그저 참사를 아는 데서 멈추지 않았다. 직접 이탈리아어와 영어로 된 '봄날' 뮤직비디오 분석 영상을 만들고, 한국에 와서 세월호 유가족들을 직접 만나기도 했다. 세월호 참사 6주기를 이틀 앞둔 지난 14일 화상통화를 통해 '로마의 평범한 직장인 아미' 풀비렌티와 이야기를 나눴다.

지난해 9월 안산 단원고 4·16기억교실 등에서 세월호 유족들과 만난 이탈리아 '아미' 안젤라 풀비렌티. 안젤라 풀비렌티 제공

인간의 보편적인 가슴이 이럴건만. 방탄도, 아미도, 안젤라 풀비렌티도 고맙다.

문 대통령과 이번 총선으로 새로 구성되는 국회야! 지금도 늦었지만, 세월호를 조속히 확실하게 마무리해라!

(2020.4.16.)

"방탄소년단 음악에는 '자신과 다른 이들을 사랑하라'는 메시지가 담겨 있어요. 더 나은 세상을 꿈꾸는 많은 아미들이 세월호의 비극을 이해하고 한국 사회에 지지와 연대의 메시지를 보내줄 것이라 믿습니다."

박윤경 기자 ygpark@hani.co.kr

세월호 바이러스들

세월호를 팔아 국회의원이 되겠다는 잡것들을 지지하는 것들은 뭘까? 왜 이 지경까지 왔나? 정작 코로나19는 정직한 것 아닌가? 지껄이진 않으니!

차선이 아니라 차악이라 해도 투표는 해야 한다. 바이러스들의 종식을 위하여! 그리고 기껏 그런 바이러스들을 선택한다면, 최소한 수치와 치욕을 느껴야만 한다. (2020.4.14.)

'공존'이란 제목의 벽화

작품: '기도하는 손은 달라도 마음은 하나' (2020.5.1.)

노무현과 노회찬, 두 분이 그립다!

경향신문

의석수 확대에만 매몰 … 예고된 '총선 후과'에 고개 숙인 민주당 🔊 본문듣기 설정

기사입력 2020.04.29. 오후 11:02
최종수정 2020.04.29. 오후 11:03

😡 31   💬 14   요약봇   가   [↗]

· 오거돈 이어 양정숙 잇단 악재…이틀 만에 두번째 공식사과
· 꼼수 위성정당 경쟁·후보 부실 검증 '리스크' 뒤늦게 터져
· 후속대책에도 '사후약방문' 평가…'시스템' 재점검 필요성

민주당은 29일 더불어시민당 양정숙 비례대표 당선인의 부동산 명의신탁 의혹에 대해 부실 검증 책임을 인정하며 공식 사과했다. 오거돈 전 부산시장이 지난 27일 성추행 파문으로 사퇴한 지 이틀 만에 다시 대국민사과를 한 것이다. 꼼수 위성정당, 후보 부실 검증 등 의석수 확대에만 집중했던 총선 리스크가 뒤늦게 터져나오는 상황이다.

꼼수에 꼼수로 맞장구? 기본과 원칙은 차지하고, 한 가닥 자존감도 없니? 잡것들아! 그래서 두 분이 그립다. (2020.4.30.)

학문의 자유?

교내에 막강한 힘까지 지녔구나? 학문의 자유? 좋다. 다만, 쥐베와 딱 어울리니, 이민 가거라. 대환영 받을 게고, 네 학문에 전념할 수 있을 것이다. 귀화해 조상 찾기도 해라! 네 가문의 순수 혈통을 되찾으려므나. (2020.5.4.)

바보 노무현 님

이제는 그런 오해를 하는 사람이 별로 없다. 2008년에 김대중은 밝혔다. "노무현 대통령과 나는 이상하게 닮은 점이 많다. 전생에 형제 사이였나 보다." 2009년 노무현이 세상을 떠나자 김대중은 "내 몸의 절반이 무너져내린 것 같다"며 괴로워했다. 노무현의 영결식 때 김대중의 슬피 우는 모습을 보며 많은 사람이 따라 울었다. 최근 귀가 솔깃한 증언이 나왔다. "2002년 광주경선에서 노무현이 1위를 할 수 있도록 김대중이 간접적으로 지원했다." 올해 4월17일 <에스비에스>(SBS)에 출연한 박지원의 주장이다. "민주당의 가치관과 정통성은 노무현에게 있다"고 김대중은 생각했다는 것이다.

'바보'로 불렸던 노무현 님. 사악하고, 염치나 자존감이 없는 자들이 설치고 판치는 세상에서, 노무현 님은 진정 고귀하고 아름다운 분이다. (2020.5.19.)

잘했다!

연합뉴스
프랑스 한국전쟁 참전용사들, 깜짝 마스크 선물에 '울컥'
김용래
입력 2020.05.24. 05:30 수정 2020.05.24. 07:22

💬 1139

"전쟁 발발 70년 지났지만, 한국인들은 우리를 늘 생각"
프랑스 최대일간지·공영방송 '마스크 받고 감동' 사연 잇단 보도

연합뉴스
한국 마스크 지원에 울컥한 伊참전용사 유가족.."잊지 않겠다"(종합)
전성훈
입력 2020.05.31. 08:31

💬 625

현지 언론에 기고.."6·25 참전용사 잊지 않는 고마운 나라"
참전부대 "한국처럼 뜻깊은 선물 준 나라 없어..어려운 시기 큰 도움"

프랑스 6·25 참전용사들에게 감사 인사하는 문 대통령 사진은 2018년 10월 15일 프랑스를 국빈방문한 문재인 대통령이 파리 개선문 광장에서 열린 공식환영식에서 프랑스의 한국전쟁 참전 용사들과 인사하는 모습 [연합뉴스 자료사진]

한국전 참전용사 직계가족인 이탈리아의 미켈레 산토로씨가 현지 언론에 기고한 글. ['오세르바토리오 시칠리아' 웹사이트]

　　　적어도 우리는 그렇다. 고마운 것을 잊지 않고, 보답할 줄 안다. 작은 것이지만, 꼭 필요할 때 구할 수 없는 것이 무엇보다 귀한 것 아닌가? 참 잘했다! (2020.5.24.) (2020.5.31.)

천사 홍정복

한국일보

[똑똑, 뉴구세요?] LA폭동 당시 흑인들이 지켰던 한국인 '마마'를 아시나요

이유지
입력 2020.06.13. 18:02

💬 78

"피부색 관계 없이 존중"…흑인들이 엄마처럼 따른 홍정복씨

무장 강도에 피살…"살인마 찾아 대가 치르게" LA 울린 죽음

당시 한인타운 대부분이 파괴되고 타버리는 등 쑥대밭이 됐죠. 그때 흑인들이 직접 나서서 보초를 서면서까지 지켰던 한 한인 상점이 있어 지금까지도 언급되고 있는데요. 이 가게의 주인은 바로 인근 주민들에게 '마마(Mama)'로 불렸던 홍정복씨입니다. 어떤 사연이 있는 걸까요. 서로를 존중하는 법을 잊은 듯 증오와 분노가 만연한 오늘, 홍씨를 다시 기억에 새기려 합니다.

차별 없는 친절에 '마마'라 불려… 가게는 LA폭동서 홀로 살아남아

아시아계 미국인 관련 잡지 코레암 저널이 흑인들의 요청으로 이뤄진 한인상점 주인 홍정복씨의 지역사회장 장례식을 다루며 그를 기리는 사진을 실었다. 코레암 저널(KoreAm Journal) 캡처

'천사'의 정의는 무얼까? 홍정복 님과 같은 아름답고 고귀한 분! 이런 분을 알게 해준 기사에 감사드린다. (2020.6.13.)

용인 이(LTJ) 원장님

　용인 백암면에 우리나라 첫 식물원을 만든 분이 이(LTJ) 원장님이다. 도시계획을 전공하고, 직장 생활을 했던 그가 식물원을 만든 것이 의아했다. 처음에는 고향에 20만 평의 땅을 사서 낙농을 할 계획이었다. 드넓은 초지를 조성하여 소를 키웠으나, 대규모 낙농이 쉽지 않았다. 그러다가 나무를 좀 심어봤는데, 제대로 살지를 못했다. 전문가로 알려진 사람들을 찾아다니며 도움을 구했지만, 별 효과가 없었다. 나무뿐 아니라, 씨받기하여 파종한 풀들도 제대로 키울 수 없었다.

　우리 땅에 사는 나무와 풀을 키우기가 쉽지 않음을 알게 되면서 시작한 공부였다. 숱한 시행착오와 실패 속에서, 각 종의 생태 특성을 파악하여 온전하게 키울 방법을 하나하나 체득하는 과정에서, 식물에 깊은 관심을 두게 되면서 참 힘들고 어려운 여정을 시작하셨다. 식물원이라는 개념 자체가 없던 시대였다. 자생식물들을 모아 키우는 과정에서 많은 실패 속에서 체득한 각 종의 생태 환경을 파악하고, 그 종이 살 수 있는 환경을 조성하다가 느낀 것이 '식물원'이었다. 뜻을 같이하는 벗 이(LYJ)과 함께 영국을 시작으로 유럽의 모든 식물원을 찾아다닐 계획을 실행했다. 그렇게 하나둘 찾아다니다 보니, 식물원에 대한 이해와 인식이 생겼다. 유럽에는 오래된 '식물원'이 보편적이란다. 그리고 유럽의 침략과 지배받은 나라에도 식물원이 있더란다. 지구촌 구석구석 식물원을 찾아다녔다. 우리 땅에 사는 식물을 시작으로 호주와 아프리카 식물원, 중남미 식물원 등을 조성하면서, 지금 그의 식물원에는 16,000여 종의 식물이 살고 있다. 공학도가 식물의 가치를 인식하는 과정도 쉽지 않았을 터인데, 40여 년을 식물원 조성에 애쓴 것을 어떻게 봐야 할까? 식물의 가치, 종 확보와 종 보전, 연구와 함께 교육의 장으로서 이바지하는 식물원을 만드는 데, 몸 바친 지난한 삶을 담담하게 돌아볼 수 있는 그다.

넓은 식물원의 풀과 나무들 하나하나에 눈길을 주며, 그의 삶을 어렴풋이나마 느낀다는 것이 조금은 외람된 것 같다. (2020.6.23.)

파렴치한 셀프영웅 백선엽

결과적으로 셀프 영웅화에 <조선일보>를 위시한 보수언론의 역사 만들기 장기 프로젝트가 결합해 전쟁영웅 백선엽을 창조해낸 셈이다. 친일 전력에 동양 최대 사학비리인 선인학원 연루, 아들 명의로 서울 강남역 초역세권에 시가 2천억원 상당 빌딩 소유, 부인 명의로 시가 200억원의 이태원 자택 소유. 이런 흠결을 눈감게 만든 것이 그의 한국전쟁 공적이었으나, 이제 그마저도 믿기 어렵게 됐다. 그가 영웅이 된 가장 큰 이유는 부끄러움 없이 그 누구보다 오래 살아남았다는 사실 자체에 있는지 모른다. 영웅 백선엽은 없다.

vino@hani.co.kr

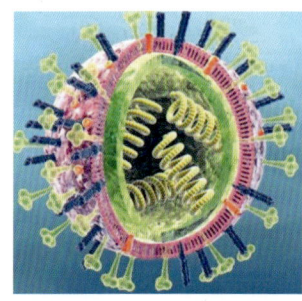

　　최소한의 염치는커녕 자존감도 전혀 없는 전형적인 행태다. 이승만이 엮어준 탓인가? 청산하지 못한 과거의 잔재가 곳곳에 있다. 게다가 저것들은 강력한 바이러스라 대를 이어 세를 확장하고 있나?

　　우리와 달리 나치 부역자들을 가차 없이 단호하게 처단했고, 지금도 하고 있는 프랑스가 부럽다. (2020.7.20.)

백영심 간호사

아프리카 봉사 30년째…"환자 돌보는 일에 인생 걸만해요"

중외재단 '성천상' 선정 백영심 간호사
아프리카 말라위에서 의료봉사 30년째
"나이팅게일 탄생 200돌 맞아 의미 더해"

아프리카의 최빈국인 말라위에서 30년째 의료봉사를 해 와 '오지의 나이킹게일' '동반자 시스터 백'으로 불리는 백영심(57) 간호사가 20일 '제8회 성천상' 수상자로 뽑힌 소감이다. 성천상은 제이더블유(JW)중외제약의 창업자인 고 성천 이기석 선생의 생명존중 정신을 기려 제정한 상이다. 중외학술복지재단의 성천상위원회는 이날 "역대 처음으로 간호사를 수상자로 선정했다"며 "마침 나이팅게일 탄생 200돌 기념으로 세계보건기구(WHO)에서 정한 '세계 간호사의 해'여서 더 뜻깊다"고 밝혔다.

올해 '성천상' 수상자 백영심 간호사는 말라위에서 '시스터 백'으로 불린다. 사진 중외학술복지재단 제공

"환자 곁을 지키고 돌보는 일이 간호사의 당연한 소명입니다. 코로나19 격리병동에 뛰어들어 고군분투하고 있는 간호사들이야말로 진정한 영웅이지요. 이처럼 큰상까지 또 받으니 사람들이 아프지 않도록 돕는 일에 남은 인생 전부를 걸 만합니다."

 꽃보다 아름다운 천사들을 알려주는 이런 기사에 감사드린다.
 기사 속에 포함된 고귀한 분들과 기업도 알게 되었다. 그래, 우리에게도 이런 멋진 기업들이 많이 있구나! (2020.7.21.)

노회찬 님

한겨레 ✓PiCK
'유머의 정치인' 노회찬의 외로웠던 싸움 🔊본문듣기 설정
기사입력 2020.07.19. 오후 5:00
최종수정 2020.07.20. 오전 8:52
😀 753   💬 503   요약봇 가

[시간의 극장] 한겨레 아카이브 프로젝트-⑩ 노회찬

노동운동 하며 엘리트의식 벗어
"불판 갈자" 통쾌한 비유 퍼뜨리며
2004년 비례대표로 국회 첫 입성

떡값 검사 명단 공개로 고초
검찰의 기소로 결국 의원직 상실
경기고 동문들은 왜 그를 욕했을까

노회찬은 2005년 8월18일에 삼성에서 '떡값'을 받은 검사의 명단을 공개한다. 이종찬 기자가 찍었지만 지면에 실리지 않은 사진을 이번에 공개한다. 한겨레 자료사진

그는 어떤 시대를 살았나. 노동자 김지선의 이야기로 시작하자. 1978년에 노회찬은 군복무를 하던 삼수생이었다. 그해 2월에 동일방직 사건이 있었다. 회사와 한편을 먹은 남성 노동자들이 똥을 퍼 왔다. 고무장갑을 끼고 민주노조를 요구하던 여성 노동자들한테 똥을 발랐다. 항의하는 사람들이 무더기로 해고당했다. 노동자의 언론도 노동자의 정당도 없던 때였다. 이 사건을 보도해주는 매체가 없었다. 해설 김태권

   온갖 잡것들이 득세하여 판치는 세상에서 고귀한 『미친놈』 중 한 분인 노회찬 님! 어찌 그렇게 허망하게 가셨나? 그가 그립다. 지금처럼 어수선할 때, 그는 뭐라고 말할까? 그의 명쾌한 촌철살인이 무엇보다 아쉽다. (2020.7.21.)

우리나라 기부왕들

머니투데이

"천사처럼 쓰고 싶다"..1조 재산도 아낌없이, 한국의 기부왕들

한민선 기자
입력 2020.07.25. 06:30

한국인 노벨과학상 수상자를 배출해달라며 이수영 광원산업 회장이 한국과학기술원(KAIST)에 676억원 상당을 기부한 사연이 알려지며 화제가 되고 있다. 이 회장처럼 평생 모은 재산을 아낌없이 베풀어 '노블레스 오블리주'를 실천하는 인물은 누가 있을까. 거액의 재산을 후손에게 물려주지 않고 사회에 환원한 '한국의 빌 게이츠들'을 적

1조 이종환, 4400억 조창걸, 2000억 이준용…기업가들의 '통 큰 기부'

왼쪽부터 이종환 삼영화학그룹 회장, 조창걸 한샘 명예회장, 이

이종환 삼영화학그룹 회장은 대표적인 '한국의 기부왕'이다. 100세를 눈앞에 두고 있는 그는 한 언론 인터뷰에서 '돈을 버는 데는 천사처럼 할 수 없어도 돈을 쓰는 데는 천사처럼 하겠다'는 자신의 기부 철학을 밝혔다.

그는 1959년 삼영화학공업 주식회사를 세운 뒤 2000년 1조원의 사재를 털어 관정이종환교육재단을 설립했다. 세계 100대 자선재단 순위에서 90위에 속하는 아시아 최대 규모 장학재단이다.

가구업체 한샘의 창업주인 조창걸 한샘 명예회장은 2015년 자신이 보유한 한샘 주식 절반인 260만주(당시 종가 기준 약 4400억원)를 한샘드뷰재단에 내놓기로 약속했다. 조 명예회장은 2015년 60만주, 2017년 100만주를 기부했으며 나머지 주식의 재단 증여도 순차적으로 진행될 예정이다.

이준용 대림산업 명예회장도 재단법인 '통일과 나눔'의 통일나눔펀드에 개인자산 전액인 약 2000억원을 기부하겠다고 밝혔다. 이와 더불어 이 명예회장은 1995년 대구 지하철 공사현장 폭발사고(20억), 2017년 경북 포항 지진(10억원), 2020년 코로나19 지원 (20억) 등 도움의 손길이 필요한 일에 꾸준한 기부를 이어왔다.

"장미를 나눠주니 내 손에 장미향이 남았다" 연예계 '기부 천사'들

원쪽부터 원로배우 신영균, 배우 장나라, 가수 션 /사진=머니투데이 DB, 인스타그램, 트위터

연예계 스타들도 자신의 재산을 사회에 환원하며 선한 영향력을 전하고 있다.

원로배우 신영균씨는 2010년 명보극장(명보아트홀)과 제주 신영영화박물관 등 500억원 규모의 사유재산을 한국 영화 발전에 써달라며 쾌척했다. 모교인 서울대에도 시가 100억원 상당의 대지를 발전기금으로 기부했다. 그는 한 언론 인터뷰에서 "나중에 내 관 속에는 성경책 하나 함께 묻어 주면 된다"며 앞으로 남은 재산도 환원하겠다고 밝혔다.

배우 장나라는 정확한 액수를 밝히지는 않았지만 이미 2009년에 130억이 넘는 금액을 기부했다. 대부분의 광고 수익을 기부하는 그는 '사람들에게 장미를 나눠주니 내 손에 장미향이 남았다'는 가족 생활 신조로 선행을 실천하는 것으로 알려졌다.

'기부 천사'로 유명한 가수 션도 빼놓을 수 없는 인물이다. 그와 아내 정혜영과 각종 재단에 개인으로 기부한 금액은 55억원이 넘는다. 그는 한 방송 프로그램에서 "한 단체에서만 아이 400명 정도 후원을 한다. 총 1000명 정도 후원을 한다"고 밝혀 놀라움을 안겼다.

이밖에 가수 하춘화도 45년 간 200억원이 넘는 기부를 했으며, 가수 조용필도 매년 수억원씩 기부하며 2013년 미국 경제지 포브스 선정 '아시아 기부영웅 48인'에 이름을 올렸다.

한민선 기자 sunnyday@mt.co.k

우리에게도 이런 고귀한 분들이 많이 계셨구나! 빌 게이츠를 부러워만 했는데……. 저분들이 하시는 말씀도 아름답고 향기롭다! 이런 귀한 분들을 알게 해준 기자에게 감사드린다. (2020.7.26.)

성영철 포스텍 교수

후학들을 위해 기부하는 성영철 교수! '학문의 자유'를 지껄이는 Y대 뭐시기니와 같은 추악한 것들이 있는 반면에 저런 귀한 분도 있구나! 인재 양성에 큰 기여가 될 것이다.

하버드가 그렇단다. 선배들의 지원을 바탕으로 후학들이 학업에 전념할 수 있고, 그들이 사회에 나가 취득한 것을 다시 학교로 보답하는 선순환이 보편화되어 있단다. 뉴저지에 사는 벗(UH)에게 '딸(UY)이 하버드에서 장학금을 받아 다행'이라 했더니, 해줬던 얘기다. 이제 벗의 딸(UY)도 받은 것을 갚는 것에 곧 동참하게 되리라.

최근 우리 속의 고귀한 분들을 알려주는 기사를 자주 접하면서 감사했다. 우리에게도 아름다운 분들이 많다는 것을 알게 되었다. 말없이 선행을 베푸는 분들이지만, 많이 알려주면 좋겠다. 온갖 파렴치한 잡것들이 득세하고 판치는 이 땅이지만, 그런 분들로 인해 그래도 살 만하다고 느낄 수 있기에. (2020.8.21.)

명쾌함과 적확함

2020년 8월 4일, 21일, 24일의 장도리 만평. 이런 흑역사를 지울 수 있는 날이 오기는 하려나? (2020.8.24.)

우리에겐 왜 긴즈버그가 없냐고?

경향신문 PiCK

[정인진의 청안백안靑眼白眼]우리에겐 왜 긴즈버그가 없냐고?
입력 2020.09.28. 오전 3:00
수정 2020.09.28. 오전 3:04

[경향신문]
미국 연방대법관 긴즈버그가 타계하자 우리나라의 언론도 일제히 그에 관한 기사를 실었다. 그에게 붙여진 '진보의 아이콘'이라는 칭호에도 불구하고 보수 성향 언론사들도 관련 기사를 크게 내는 게 좀 신기해 보였는데, 어떤 기사는 연방대법원 청사 앞에 모여든 추모객들의 사진을 실으면서 그 아래에 "우린 왜 이런 대법관이 없나"라고 썼다. 쓴웃음이 나온다.

물론 긴즈버그 같은 대법관이 나오지 않는 것이 온전히 사회의 책임만은 아니다. 연대보다 경쟁에 친하고 사회적 불평등을 능력의 차이에 따른 결과로 여기며 내 손의 권력이 시험성적에서 나온 것으로 믿는 전문가 집단에서, 기득권과 엘리트 의식을 떨치고 나설 용기 있는 위인이 먼저 있어야 하는 것이다. 우린 그렇지 못하다. 우리 사회가 긴즈버그를 가지지 못한 또 다른 이유다.

한때 떠돌던 말이다. 한 법관이 재판 중에 엄마에게 전화해 판결을 어떻게 해야 하냐고 묻더란다.

우스갯소리로 들리지 않는다는 것이 문제다. 족집게 과외 등 엄마가 모든 것을 알아서 키워 만든 법관이고, 커서도 그 넓은 치마폭에 묻혀 있기 때문일까? 공인은 평가받아야 하고, 평가되어야 한다고 본다. 그래서 그 자리에서 했던 모든 것이 기록되어야만 한다. 인명부에 첨부된 그런 각 개인의 기록으로써 평가받아야 한다. 특히 제삼자를 재량하고, 재단하여 처벌할 수 있는 사법 체계에 있는 자들의 행적은 정확하게 기록되고, 공개되어야만 한다. 전관예우란 말 자체가 당연시되는 우리 사회에서 꼭 필요한 것이다. 누군가의 인생을 좌우지할 수 있는 권한을 행사하는 자들을 평가하는 시스템이 우리에게 있는가? 기존 자료를 체계적으로 정리하고, 새로이 생성되는 자료를 누적하면서 개인별 행적을 확인할 수 있어야 한다. 그것을 토대로, 각 평가지표에 따라 분석 및 평가를 해야 한다.

지금도 일부 조직 내부에서 자체 평가를 한단다. 다만, 그것이 패거리 집단 간 암투를 위해서나, 방해되는 제거 대상을 처리할 명분을 찾기 위한 수단으로 활용되는 용도란다. 제 입맛대로 법을 씹고 뱉는 것들, 원하는 것을 위해 작당하여 말아먹는 것들을 체계적으로 관리하고, 응징할 수 있는 체계를 구축해야만 한다. (2020.9.29.)

귀한 인재들

외부인의 잣대와 평가로써 인정받는, 장한 그들이 있어 우리를 즐겁게 한다. (2020.9.23.)

거대 여당의 횡포?

주요 대학병원장들이 "의대생들에게 의사 국가시험 응시 기회를 달라"며 지난 8일 '대리 사과'에 나선 가운데 더불어민주당이 조심스레 재응시에 대한 여론을 타진하고 나섰다. 여전히 청와대 및 정부와 국민 여론 모두 '재응시 허용'에 부정적이지만, 의대생들이 직접 사과에 나선다면 달라질 수도 있다는 게 여당의 기류다.

주요 대학병원장이 지난 8일 서울 광화문 정부서울청사에서 대국민 사과 성명을 발표하고 의대생들이 의사 국가고시에 재응시할 수 있도록 허락해달라고 호소하고 있다. 이날 발표에는 김영훈 고려대 의료원장, 김연수 서울대 병원장, 윤동섭 연세대 의료원장, 김영모 인하대 의료원장이 참석했다. 연합뉴스

참 가관이다! 주요 대학병원장이란 것들의 대리 사과? 뭘 사과하는 게냐? 제일 먼저 해야 할 말이 뭐니? '잘못 가르쳤습니다.'가 아니니?

거대 여당? 엎드려 절 받고, 시험을 보게 해 주겠다? 그러면 포용력이 있고, 너희가 말하는 국민 화합이 이뤄진다고 생각하는 것이니? 원칙과 기본은 무의미한 것이니? 오직 돈 잘 버는 것만을 위해 의사가 되려는 철없는 애들이 제멋대로 개겨도 받아주는 것이 아량이니?

거대 여당이 된 시작부터 온갖 꼴값을 다 떨더니, 갈수록 가관이구나. 에라, 이 변함없는 더불어패거리당 잡것들아! (2020.10.12.)

상계동 슈바이처 - 김경희 원장님

"진료비는 천원만" '상계동 슈바이처' 별이 되다

입력 2020.10.23. 오후 6:28
수정 2020.10.23. 오후 10:02

불우한 이웃 진료에 평생 바친 '상계동 슈바이처'
김경희 은명내과 원장 별세…향년 101
1941년부터 2004년 은퇴 때까지 '봉사'
빈민촌 개업해 '진료비 1천원만' 받아
전재산 모교 연세대·세브란스병원에

고 김경희 원장. <한겨레> 자료사진

진료비를 1천원만 받아 '상계동 슈바이처'로 불렸던 김경희 은명내과 원장이 22일 오후 6시25분 별세했다. 향년 101.

1920년 서울에서 구한말 궁의(한의사)의 손자로 태어난 그는 배재고보 3학년 때인 1936년 폐결핵으로 죽을 고비를 넘긴 뒤 '헐벗고 굶주린 사람들을 위해 일생을 바치겠다'는 기도를 했고 평생 그 약속을 지켰다. 1941년 세브란스의전 2학년 때부터 서울 답십리 조선보육원 아이들을 치료했고 광복 이후 일본과 만주 등에서 귀국한 무의탁 동포들도 무료로 진료했다. 휴전 뒤 일본 교토대 의학부 대학원에서 박사학위를 받고 귀국한 그는 1973년부터 10여년 동안 답십리·청계천·망원동·한강뚝방 판자촌 등 서울은 물론 전국의 빈민촌을 돌며 무료 진료 봉사를 했다. 1984년 대표적인 빈민촌인 상계동에 '은명내과'를 열고 89년 전국민의료보험 시행 때까지 '천원 진료'를 해 널리 알려졌다. '은명'은 부친(김은식 장로)과 모친(서명신 권사)의 이름에서 따온 것이다.

김경희 원장님, 이런 천사도 계셨구나! (2020.10.24.)

청년들의 죽음과 이소선 님

경향신문 PiCK

"전태일도 몰랐는데, 내가 이소선처럼 싸울줄이야"

입력 2020.11.07. 오후 6:26
수정 2020.11.07. 오후 6:27

😢 7   💬 11

1970년 11월 13일, 향년 22세

[경향신문]
전태일의 죽음은 이소선이라는 인물을 만들어냈다. 이소선은 이후 41년을 운동가로 살았다. 이소선은 "더 이상 죽으면 안 된다"고 했지만 청년들은 계속 죽어나갔다. 이제 그들의 부모가 이소선이 갔던 길을 걷는다. 2020년의 이소선들이다. CJ 제일제당 진천공장에서 사망한 김동준의 어머니 강석경, CJ E&M에서 사망한 이한빛의 아버지 이용관을 만났다.

CJ 제일제당 진천공장에서 사망한 김동준의 어머니 강석경씨가 <알지 못하는 아이의 죽음> 북토크에서 발언을 하고 있다. / 선재 제공

 전태일 외침 이후 50년. 어린 자식을 허무하게 잃은 부모들이 또 이소선 님과 같은 아픈 삶을 살고 있는 것이 현실이다. 명색이 대기업이라는 것들의 젊은이를 죽음으로 내모는 이런 행태가 언제까지 가려나? 명색이 대기업인 것들이 탐욕스러운 멧돼지들인가? 달리 갖다 쓸 말이 없어, 애꿎은 멧돼지에게 미안하다. (2020.11.12.)

철저한 삼권분립?

참된 민주주의? 너희들이 생각하는 민주주의는 그런 것이니?

힘이 없을 때, 그렇게 분탕질하며 외치던 개혁은 어디 갔니? 그래도 조금 낫다 싶어 쥐여준 180석이 가진 힘으로 제대로 한번 말아먹어 볼 생각조차 못 하니? 표를 구걸할 때만 국민이고, 얻고 나면 깔고 뭉개도 되는 것이 국민이니? 이 잡것들아!

정작 너희들이 뜻을 헤아리고 모셔야 할 주체는 국민이지, 상대 당이 아니다. 가장 기본적인 '피눈물을 쏟는 고통과 애절함'은 너희들이 필요할 때 가끔 써먹는 일회용 화장품이니? 아니면, 가면이니?

(2020.12.11.)

간호사님들, 감사합니다!

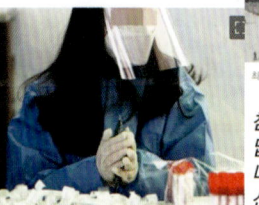

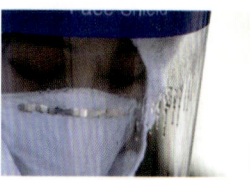

지금까지도 힘든 여정을 겪었건만, 게다가 끝도 앞도 안 보이는 까마득한 길에 서 계신 분들인데……. 의료진 여러분! 특히 간호사 여러분! 여러분의 희생과 헌신에 깊이 감사드립니다! (2020.12.18.)

대구 키다리 아저씨

[Pick] 10년간 '10억 기부'…키다리 아저씨가 남긴 마지막 말

입력 2020.12.23. 오후 6:20
수정 2020.12.24. 오후 3:26

매년 거액의 성금을 익명으로 기부해왔던 '키다리 아저씨'가 올해를 마지막으로 기부를 마무리한다고 밝혔습니다.

어제(22일) 오후 대구 동구 신천동 대구사회복지공동모금회 사무실에는 한 통의 전화가 걸려 왔습니다. 수화기 너머 "함께 저녁 식사를 하자"는 말을 건넨 남성은 매년 이맘때 연락을 줬던 키다리 아저씨였습니다.

2012년 1월 처음 대구모금회를 찾아 익명으로 1억 원을 전달한 이 남성은 '10년간의 익명 기부'를 자신과의 약속으로 삼았습니다. 이후 2018년까지 매년 1억 2천여만 원을 전달해 '키다리 아저씨'라는 별명을 얻었고, 지난해엔 "나누다 보니 적어서 미안하다"는 메모와 함께 2천여만 원을 전달하기도 했습니다.

키다리 아저씨는 아버지를 잃고 일찍 가장 역할을 하게 됐고 결혼 후엔 단칸방에서 가정을 꾸렸지만, 수입의 3분의 1을 소외된 이웃과 나누는 것을 잊지 않은 것으로 알려졌습니다. 작은 회사를 경영하던 중 어려움이 찾아와 사람들이 기부 중단을 권유했을 때도 기부금에 대해선 "이 돈은 내 돈이 아니다"는 생각으로 나눔을 이어왔습니다.

지금까지 키다리 아저씨가 기부한 금액은 10억 3천 5백여만 원에 이릅니다. 그는 마지막으로 "나 혼자만의 노력으로 세상을 바꿀 수는 없다. 앞으로 더 많은 키다리 아저씨가 탄생해 함께하는 사회가 되었으면 한다"는 말을 남겼습니다.

그런데 올해 키다리 아저씨 부부는 5천여만 원어치 수표와 메모가 든 봉투를 내밀며 어렵게 뜻을 전했습니다.

"이번으로 익명 기부는 그만둘까 합니다. 저와의 약속 10년이 되었군요. (중략) 저도 나누는 즐거움과 행복함을 많이 느끼고 배우고 고맙게 생각하고 있습니다. 감사합니다."

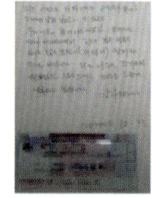

이런 고귀한 분을 알려줘 고맙다. (2020.12.24.)

전주 '얼굴 없는 천사'

한겨레 PiCK
전주 '얼굴 없는 천사' 올해도 왔다…21년째 선행
입력 2020.12.29. 오후 3:22
수정 2020.12.29. 오후 3:31

박임근 기자

👍 110 💬 44

코로나19와 절도사건 속에서도 이어져
상자에 7012만8980원·새해 메시지 전달

전주시 노송동주민센터 직원들이 얼굴없는 천사가 두고 간 성금을 집계하고 있다. 전주시 제공

상자 속에는 7012만8980원(5만원권 1400장, 500원 138개, 100원 동전 575개, 50원 24개, 10원 128개)과 함께 "지난해 저로 인한 소동이 일어나서 죄송합니다. 코로나로 인해 힘들었던 한해였습니다. 이겨내실 거라 믿습니다. 소년소녀가장 여러분 새해 복 많이 받으시고 건강하세요"라는 글이 적힌 종이가 들어 있었다.

'얼굴없는 천사'가 2000년부터 2019년까지 20년째, 21차례에 걸쳐 기부한 액수 6억6850만4170원을 더하면, 전체 누적액은 7억3863만3150원으로 늘었다. 전주시는 "얼굴 없는 천사와 천사시민들이 베푼 온정과 후원의 손길을 어려운 이웃들에게 잘 전달할 것"이라고 밝혔다.

앞서 지난해 12월30일 고교 친구사이인 30대 중반 2명이 노송동주민센터 뒤편에 얼굴없는 천사가 두고 간 기부금 6016만3510원을 훔쳐 달아난 사건이 발생했다. 이들을 수상하게 여겨 차량번호를 적어둔 주민의 제보로 범인들은 4시간여 만에 붙잡혔다. 지난 6월 항소심에서 이들은 징역 1년6개월과 1년을 선고받았다.

전주시는 얼굴없는 천사의 뜻을 기리고 아름다운 기부문화가 확산하도록 노송동주민센터 화단에 "당신은 어둠 속의 촛불처럼 세상을 밝고 아름답게 만드는 참사람입니다. 사랑합니다"라는 글귀가 새겨진 '얼굴없는 천사의 비'를 2009년 12월 세웠다. 주민들은 얼굴없는 천사의 선행을 본받자는 뜻에서 숫자 천사(1004)를 본따서 10월4일을 '천사의 날'로 정하고 불우이웃을 돕고 있다. 박임근 기자 pik007@hani.co.kr

    21년째, 그 긴 세월을 한결같이! 더없이 아름답고 고귀한 분을 알게 해준 이 기사도 고맙다. 10월 4일, 천사(1004)의 날! 이런 분들을 알게 될 때마다 드는 자괴감은 뭔가? 더없이 추한 바이러스의 삶이라서?

(2020. 12. 24.)

끝 모를 코로나19와의 사투

한겨레   PiCK
방호복 못 벗은 1년 '끝모를 사투' "공공병원이 언제까지 버틸는지…"

입력 2021.01.18. 오전 5:02
수정 2021.01.18. 오전 7:53

최하얀 기자

[코로나19와 싸운 1년] ①비상등 켜진 의료대응
서울의료원 의료진이 전하는 코로나 1년

종합상황실 모니터로 24시간 체크
1년간 확진자 2400여명 치료받아
요양병원 집단감염에 부담 가중
식사보조, 대소변처리에 욕창 치료…
"경증 환자 있는 생활치료센터에는
파견인력 월800만원…정부에 배신감"

'깜빡깜빡.' 지난 14일 찾은 서울 중랑구 서울의료원 본관 7층 코로나19 종합상황실에는 대형 모니터가 줄지어 세워져 있었다. 12개의 병실 화면으로 분할된 모니터에는 환자 움직임이 감지될 때마다 곳곳에서 빨간색 줄이 깜빡였다. 옆으로 누워 휴대전화를 보던 한 젊은 남성이 반대편으로 휙 돌아눕자 어김없이 빨간 줄이 들어왔다. 방호복 차림의 간호사들이 병실 안 쓰레기통을 비우는 화면에도 빨간 줄이 깜빡인다. 이날 서울의료원에 입원 중인 코로나19 환자는 211명에 이르렀다. 의료진은 24시간 환자들의 상태를 살피는 모니터에서 눈을 떼지 못했다. 혹여라도 환자가 쓰러지거나 호흡곤란을 일으키면, 부리나케 방호복을 챙겨 입고 격리병동(8~13층)으로 가는 엘리베이터를 타야 하기 때문이다.

1년간 쉼없이 달렸고, 앞으로도 달려야 하는 의료진들은 '공공병원은 힘들어도 그냥 버터라' 하는 식의 정부 태도에 힘이 빠질 때가 많다고 전했다. 안 간호사는 기존 코로나19 전담병원 간호사 급여보다 최근 인력 부족을 해소하기 위해 중앙사고수습본부가 급히 모집해 파견한 간호사 수당이 2~3배에 이르는 상황이 해결되지 않으면 "이탈 의료진이 늘고 현장이 무너질 수 있다"고 말했다. 이어 그는 "얼마 전 생활치료센터에 파견된 간호사들은 저희처럼 힘든 환자들을 치료하지 않으면서도 저로서는 상상도 못할 한달 800만원을 받는다는 얘기를 듣고 정부에 배신감이 느껴졌다"고 말했다.

아울러 의료진들은 민간과 공공병원을 구분하지 말고 코로나19 환자를 위해 적극 문을 열어야 더 큰 유행에 대응할 수 있다고 입을 모았다. 최재필 과장은 "재난을 넘어서려면 사회적 연대가 가장 중요하다"고 말했다. 인터뷰를 하는 와중에도 최 과장 책상 위 전화는 10~15분 단위로 계속 울렸다. 갈 곳이 정해지지 못한 환자를 받아 줄 것을 요청하는 경우가 적지 않았다. 어떤 요청에 최 과장이 수화기 너머로 답했다. "아 네, 저희가 받을게요. 저희 전원 협력실로 바로 소견서 보내주세요."

14일 오후 서울 중랑구 서울의료원 정문에서 병원을 찾은 시민들이 발열검사뒤 받은 36.5도 아래라는 표식을 병원을 나서면서 출구 쪽면에 붙이고 있다. 김봉규 선임기자
bong9@hani.co.kr

14일 오전 서울 중랑구 서울의료원 코로나19 종합상황실. 김봉규 선임기자
bong9@hani.co.kr

공공병원이란 미명하에, 왜 이분들에게만 무한 책임과 헌신을 강요하는가? 정부의 기능이 무엇인가? 무능으로 치부할 수도 없지 않니? 적어도 최소한의 예우는 해드려라! (2021.1.18.)

세월호 7년 - 무혐의?

세월호 참사 7년…청와대 앞에서 '무혐의' 들은 유가족들

청와대 앞 피켓 든 지 434일, 숙식 76일째. 7년 지나서 '무혐의'? 욕이 나온다.

엄마 품의 저 아기도 이제 초등학교에 다닐 텐데. 헛짓에 7년? 도대체 누굴 비호하나? 무능과 무책임? 너무 참담하고 암울하다. (2021.1.20.)

이민진의 '파친코'

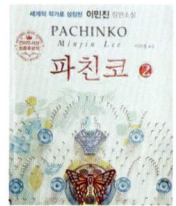

한 가족의 이야기가 전 세계의 이야기가 될 수 있음을 증명한 책이 바로 《파친코》다. 처음부터 끝까지 눈을 뗄 수 없는 이민진의 소설은, 교차하는 문화와 세대를 숨 막힐 정도로 강렬하게 그려냈다. 놀라운 성취와 우아함, 진실이 가득한 책이다.
— 에리카 와그너《더 타임스》편집자 겸 비평가)

운명을 예측할 수 없는 도박 같은 재일교포의 삶

'파친코'는 운명을 알 수 없는 도박이라는 점에서 재일교포들의 삶을 상징하는 좋은 은유라고 할 수 있다. 뜻밖의 횡재를 할 수도 있지만 일시에 모든 것을 잃고 파멸할 수도 있기 때문이다. 파친코 운영은 경제적인 풍요로움을 안겨줄 수는 있으나 야쿠자와의 연관성 때문에 폭력적 이미지가 강하다. 그럼에도 불구하고 재일교포들은 파친코 사업에 뛰어든다. 편견으로 점철된 타국에서 '파친코'는 재일교포들에게 돈과 권력과 신분의 상승을 가져다줄 수 있는 유일한 수단이었기 때문이다.

이렇듯 《파친코》는 단순한 도박 이야기가 아니라, 한국의 근현대사가 얼마나 비극으로 점철되어 있는지를 새삼 깨닫게 해주는 작품이다. 최대의 피해자는 국민이지만, 아무도 국민이 당하는 고난에 책임지는 사람은 없었다. 나라를 잘못 운영해서 나라를 빼앗기고, 국민을 일본이나 중국이나 러시아로 떠나보낸 우리의 무능한 정치가들은 그들의 비참한 삶에 대해 아무도 책임을 지지 않았다.

《파친코》는 "역사가 우리를 망쳐놨지만, 그래도 상관없다"라는 말로 시작된다. 그것은 곧 어려운 시기에 문제가 많은 나라에 태어났지만 그래도 희망이 있다는 것을 의미하는 것이리라. 역사가 우리를 망치고, 정치가들이 나라를 망쳐도 국민들은 고난을 극복하고 살아남을 것이라는 것이다. 그래서 《파친코》의 궁극적인 메시지는 희망과 극복이다.

— '작품 해설' 중에서

우연히 파친코를 접했다. 처음에는 내용도 모르면서, 제목에서 쪽발이가 연상되어 거부감이 컸었다.

이민진 작가에게 깊은 경의를 표한다.

국내와 해외의 서평을 살펴보니 차원이 달랐다.

국내 서평의 내용은 차치하고, 순서를 보니 가관이다? 그것이 책의 품격을 떨어뜨렸다. 그래도 번역은 잘 됐기를 바란다. (2021.1.24.)

이민진 작가! 1976년, 7살에 이민 갔다는 그녀다. 그럼에도 우리 자신에 대해 정확하게 잘 알고, 말하고 표현한 것이 경이롭기까지 하다.

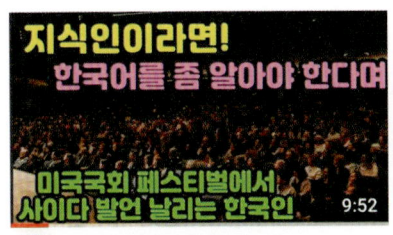

'한국인이란?' 물음에 나 역시 쉽게 답하지 못하겠다. 그녀의 말에 깊이 공감하고, 깊이 되새겨볼 만한 말이다. (2021.1.30.)

나로서는 이해하기 어려운 이민진 씨다. 쪽발이들의 역사 인식과 왜곡을 적확하게 짚는 그녀의 말! 파친코에 직접적인 언급이 없음에도, 그녀의 글 속에서 우리조차 잘못 느끼는 것을 외국인들이 헤아린다는 것도 경이롭다.

그녀의 글 속에 숨겨진 큰 뜻이 아닐까? 쪽발이만 욕할 수 있나? 우리 속에 건재한 왜놈 부역자들이 나날이 세를 늘리고 활개 치고 있다. 파친코를 쓰는 데 30년이 걸린 긴 여정이 그런 담백함으로 빛을 발하는구나! (2021.2.9.)

기재부 나라?

수하인 차관은 '준비를 충실히 하겠다.'라고 하고, 다음 날 수장인 장관은 '재정은 화수분이 아니다.'라고 토를 단다. 총리에게 대놓고 항명은 못 하겠고, 뒤돌아 뭉개고 있다. 차라리 '능력이 안 된다.'라거나 병을 핑계 대서라도 옷을 벗는 품격을 보일 수는 없니? 도대체 저런 잡것들의 실체를 뭐로 봐야 하나? 저런 잡것들을 왜 못 자르나?

노무현 전 대통령이 퇴임 뒤 쓴 글 '참여정부는 관료주의에 포획되었나'는 "관료들은 정치권력 못지않은 막강한 권력"이라는 말로 시작한다. 이런 대목도 있다. "이거 하나는 내가 좀 잘못했어요. (…) 예산안을 가져오면 색연필 들고 '사회정책 지출 끌어올려' 하고 위로 쫙 그어버리고, (…) 지금 생각하면 무식하게 했어야 되는데 바보같이 해서…."

손실 보상은 민생은 물론 방역 성공에도 절대적 요인이다. 자영업자들이 더 못 버티겠다며 방역지침을 거부하기 전에 길을 터줘야 한다. 곳간을 채워온 건 이럴 때 쓰라는 것 아니었나. 이 절박한 민심을 관료적 타성에 밀려 외면한다면 그야말로 '이 나라는 관료들의 나라'일 것이다.

문 대통령은 누구보다 노무현 전 대통령을 잘 알지 않느냐? 노무현의 탄식을 깊이 새겨야 하지 않았나? 저런 '잘난 수하들'을 단죄하지 못하고 방치하나? 무능인가? 도대체 넌 뭐니? (2021.1.27.)

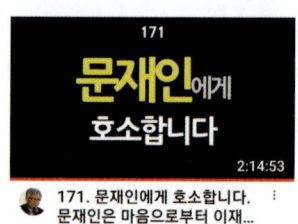

세월호 - 북한 테러 가능성?

경향신문

[단독]세월호 유족 사찰이 북한 테러 가능성 때문이었다?

입력 2021.01.29. 오전 6:00
수정 2021.01.29. 오전 6:00

허진무 기자

'무더기 불기소' 세월호 특수단 결정서 보니
1. 국정원 사찰 "침몰 원인 불명확…가능성 배제 못해" 수용
2. 감사원 감사 축소 의혹 "청와대 압력 있었다는 증거 부족"
3. 해수부 실장 특조위 조사 방해 혐의 "정상 참작" 기소유예

검찰 세월호참사 특별수사단(특수단)이 박근혜 정부의 유족 사찰 의혹을 불기소하며 "북한의 테러 가능성 때문에 유족 동향을 파악했다"는 국가정보원 주장을 받아들인 것으로 나타났다. 세월호 특별조사위원회 활동을 방해한 해양수산부 고위 공무원의 범죄 혐의를 사실로 인정하면서도 기소유예했고, 청와대의 감사원 감사 축소 의혹은 감사원 잘못을 지적하며 불기소했다.

폭설도 막을 수 없어라. 남은 이들의 간절함 서울과 수도권 일부 지역에 많은 눈이 내린 28일 오전 청와대 분수대 앞에서 4·16세월호참사 가족협의회 관계자 등이 정부의 성역 없는 진상규명 약속 이행 등을 촉구하는 시위를 하고 있다. 연합뉴스

이젠 '북한'까지 끌어대냐? 침몰하는 배를 생중계하며 바라보고만 있었는데, 책임질 자가 아무도 없다? 궁색한 헛소리를 받아들이고 포용하는 것들이 나라를 말아먹고 있다.

유가족 분들의 맺힌 한(恨)을 도외시하는 이 정부. 멍청한 내가 느끼는 이 심정이 자식 잃은 부모의 만분의 일이나 될까? (2021.1.29.)

무재칠시(無財七施) : 재물이 없어도 베풀 수 있는 일곱 가지

첫째, **안시(眼施)**로 호의를 담은 눈으로 사람을 보는 것처럼 눈으로 베푸는 것

둘째, **언시(言施)**로 말로써 얼마든지 베풀고 있으니, 사랑의 말, 칭찬의 말, 격려의 말, 양보의 말, 부드러운 말

셋째, **심시(心施)**로 마음의 문을 열고, 따뜻한 마음을 주는 것

넷째, **화안시(和顏施)**로 얼굴에 화색을 띠고, 부드럽고 정다운 얼굴로 남을 대하는 것

다섯째, **신시(身施)**로 남의 짐을 들어준다거나 몸으로 베풀어 돕는 것

여섯째, **좌시(坐施)**로 자리를 내주어 양보하는 것

일곱째, **찰시(察施)**로 상대의 마음을 헤아려, 미리 알고 도와주는 것

법정 스님의 오관(五觀)

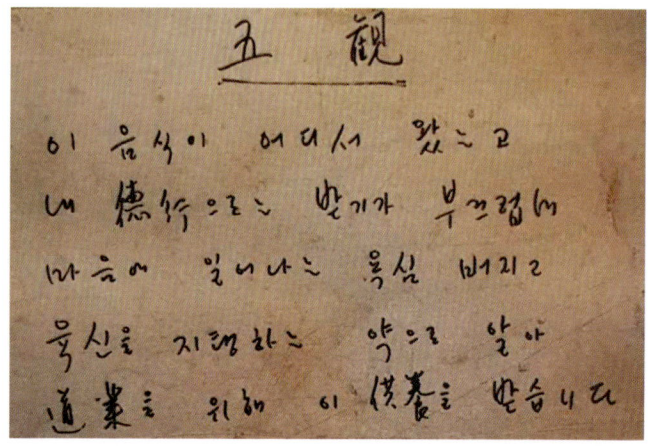

(2021.2.2.)

헐버트와 김동진 님

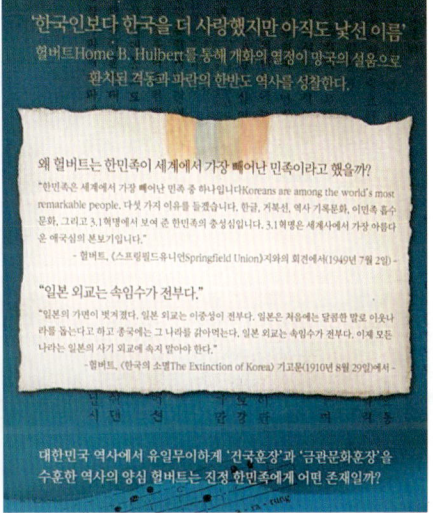

23살에 조선을 만나
63년 동안 한민족과 영욕을 함께한
교육자, 한글학자, 언어학자, 역사학자, 언론인,
아리랑 채보자, 선교사, 황제의 밀사, 독립운동가

　헐버트의 삶의 궤적을 찾는 헐버트박사기념사업회 회장이신 김동진 님의 저서다. 오랜 세월 귀한 자료들을 찾아 책에 담은 김동진 님께 감사드린다. '파란 눈의 한국혼 헐버트'를 통해 뒤늦게 알게 된 헐버트이지만, 내 자식들과 주변의 벗들과 함께 새기고 기릴 것이다.

(2021.2.2.)

교수와 학문의 자유

미 역사학자 "위안부는 매춘' 주장은 학문적 자유로 용납 안돼"

강건택

입력 2021.02.09. 11:11 수정 2021.02.09. 11:12

💬 10

더든 교수 "매춘부는 위안부 관련 표현될 수 없다..피해자 시각서 배워야"
"미 아시아학계, 몸서리치고 있어..해당 저널과 하버드에 수십명 항의서한"

2016년 12월 동북아역사재단에서 열린 학술회의에서 발언하는 알렉시스 더든 교수 [서울=연합뉴스 자료사진]

(뉴욕=연합뉴스) 강건택 특파원 = 일본군 위안부 피해자는 성노예가 아니라 '자발적 매춘부'라는 취지의 하버드대 교수의 논문에 미국의 역사학계가 경악을 금하지 못하고 있다.

다수 학자는 마크 램지어 하버드대 로스쿨 교수의 해당 논문을 비판하면서 하버드대 등에 항의 서한을 보내는 것으로 전해졌다.

'위안부는 매춘부' 논문에 하버드 교수들 "비참할 정도로 결함"

입력 2021.02.07. 오후 11:20 수정 2021.02.07. 오후 11:22

최현준 기자

😠 813   💬 305

하버드대 교내신문 <크림슨> 보도

하버드대 교내신문 <크림슨> 홈페이지 화면 갈무리. (이미지를 누르시면 크게 볼 수 있습니다)

하버드의 자정 능력을 지켜보자. 자신의 강의에서 '할머니 역사(halmoni history)'라는 표현을 선호한다는 더든 교수에게 감사할 뿐이다. (2021.2.8.)

이덕일 역사TV에서 국내 잡것들의 업적을 잘 알려주고 있다. 램지어는 왜놈의 돈으로 하버드에서 자리를 차지한 모양이다.

그런데 저것에게 부화뇌동하는 이 잡것들은 어떤 관계일까? 저것들도 왜놈 돈으로 호의호식하기에 저런가? 하긴, Y대 교수 류가는 왜놈에게서 100억을 받아냈다는 말도 있다. 그러니 사회적 논란이 있어도, 큰 돈 벌어오는 유능한 영업사원을 내칠 수 없는 것이 이 땅의 대학인가? 대놓고 그렇게는 말할 수 없어, '학문의 자유'라 말하나?

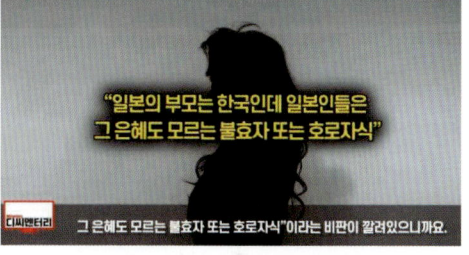

코벨 박사 같은 분은 바라지도 않는다. 그런 학자를 기대하기는 아직도 요원하다.

저런 기괴한 잡것들을 배출한 가문의 자부심은 뭘까? 문중에 독립운동하신 분은 없고, 왜놈 밑에서 독립군을 때려잡은 순사들이 주류를 이루는 명문간가? 하긴, 왜놈에게 빌붙었던 잡것들이 국립묘지에 안장될 수 있는 곳이 우리나라다.

저것들의 가족은 어떤가? 부모와 형제, 자식과 손주들만 봐도 작지 않은 무리를 이룰 텐데? 죄과와 오욕은 감추고, 대물림하지 않는 것이 인지상정 아닌가? 저것들은 되려 위업으로 알기에 당당하게 대물림하는 것인가? 가문의 영광인가? (2021.3.21.)

애국가 작사자, 도산 안창호

"안창호 애국가 작사 밝혔으니 이제 판소리로 만들어야죠"

[짬] 창작판소리연구원 임진택 원장

임진택 원장은 지금 준비 중인 창작판소리 <안중근>에 이은 다음 작품은 <도산 안창호>가 될 것이라고 했다. 강성만 선임기자

"애국가 작사자를 도산 안창호(1878~1938) 선생으로 바로잡는 일은 넓은 의미의 친일 청산입니다. 친일·친나치 행각을 한 안익태의 애국가 곡조를 버리는 게 친일잔재 청소라면 친일파 거두 윤치호(1865~1945)가 애국가 작사자 행세를 하는 것은 친일 적폐입니다. 작사자를 바로잡아야 애국가가 세상의 존중을 받고 국민 자존심도 세울 수 있어요."

문화운동가이자 판소리 명창인 임진택(71) 창작판소리연구원장이 지난해 말 펴낸 <애국가 논쟁의 기록과 진실-문화운동가 임진택의 애국가 바로잡기>(한국학중앙연구원 출판부)는 뜻밖에 애국가 작사자 규명에 초점을 맞췄다.

친일 매국노들이 뒤집어놓은 것이 어디까지인가? 애국가의 경우 기존의 곡조를 바꾸는 것에 우려와 반대를 표한단다. 반만년 역사 속에 불과 70여 년 귀에 익었다는 것이 이유라면 어불성설 아닌가? 민족과 국가의 정체성을 확립하는데, 반드시 바로잡아야 할 일이 아닐까? 애국가에 대한 것은 그 무엇보다 시급하고 중요한 것으로 생각한다. (2021.2.9.)

왜(倭)에 대한 북한의 언급

북한, 日 독도영유권 주장에 "적반하장 날강도 행위..천년숙적"

김경윤
입력 2021. 02. 11. 19:58

조선중앙통신 논평 "땅 찬탈하려는 섬나라 족속 책동 용납 안 해"

(서울=연합뉴스) 김경윤 기자 = 북한이 최근 일본 정부의 독도 영유권 주장을 놓고 "날강도적 행위"이자 "천년숙적"이라며 강한 비판을 쏟아냈다.

(PG) [제작 이태호, 최자윤] 사진합성, 일러스트

조선중앙통신은 11일 논평을 내고 "전범국인 일본이 독도 관련 자료들을 날조해내며 재침 책동에 미쳐 날뛰는 것은 악독한 식민지통치로 지울 수 없는 아픈 상처를 입은 우리 민족에 대한 참을 수 없는 모독이며, 도적이 매를 드는 격의 파렴치한 날강도적 행위"라고 비판했다.

통신은 "일본이 자위대 무력 질량적 증대와 함께 파렴치한 독도 강탈 책동에 계속 매달리고 있는 것은 재침 야망을 실현하기 위해서"라며 "선조들이 물려준 살붙이와도 같은 땅을 또다시 찬탈하려 드는 섬나라 족속들의 책동을 절대로 용납하지 않을 것"이라고 강조했다.

   속이 시원하다! 쪽발이 행태에 대한 대응은 이렇게 해야 하지 않나? 왜놈 수준에 맞춰 알기 쉽게 대꾸해 주고, 단호하게 대처하여 받은 대로 응징할 것임을 주지시켜야 한다.

   왜 우리는 왜놈의 저런 도발에 북한처럼 강력하게 대응하지 못하나? 이런 것은 좀 배워라. (2021.2.13.)

백기완 선생님 영면

'재야의 거목'이 스러졌다. 민중예술·민족문화의 보고(寶庫)이자 평생을 반독재 민주화와 노동운동, 통일운동에 앞장서온 '거리의 투사' 백기완 선생이 15일 오전 4시 타계했다. 향년 88세.

백기완 선생님, 영면하소서……. (2021. 2. 15.)

동북아역사재단?

'동북아역사재단'이란 잡것이 있다. 잘못된 교육과 인식의 폐해는 실로 크다. 나 역시 어릴 적 잘못 배운 것이 뇌리에 박혀 벗어나는 것이 힘들었다. 그러다가 '동북아역사재단'이란 것에 미혹되어 꽤 긴 기간 동안 열렬한 팬이었다. 그러나 정작 그 실체를 알고 나니, 화가 났고 허망하기 이를 데 없었다.

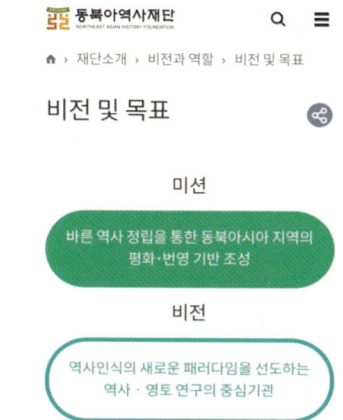

　미션과 비전은 왜가 주입한 식민사관을 계승 발전시키고, 아울러 중국의 동북공정에 앞장서 부응하는 것이란다. 그래서 기관명이 동북아역사재단이라니, 참 정교하다.

　환단고기 위서론 등 그들의 주장은 학술적인 문제가 아니고, 교묘한 말로 논지를 흐리게 하면서 기존 주입식 교육을 상기시키게 하는 묘한 매력이 있었다. 그런 점에서는 참 영악하고 의지가 강한 자들이다. 그런 강점을 지녔기에, 세를 확장하여 카르텔을 형성한다.

(2021. 2. 22.)

생전 장례식

　나 같은 놈에겐, 속죄의 기회가 될 수 있지 않을까? 고려해 봐야겠다.

(2021. 2. 27.)

133

바이러스의 제물

'커밍아웃' 후 육군 강제 전역
지난달 28일 이후 연락 끊겨

[경향신문]

김씨는 사망 전날 작성한 유서에 "너무 지쳤어요. 삶도, 겪는 혐오도, 나를 향한 미움도. 오랫동안 쌓인 피로가 있어요. 미안해요"라고 적었다. 그로부터 나흘 전에는 자신의 페이스북 계정에 "우리는 시민이다, 시민. 보이지 않는 시민과 보고 싶지 않은 시민을 분리하는 것 그 자체가 주권자에 대한 모욕"이라는 게시물을 남겼다. 변희수 전 육군 하사(23)가 3일 오후 자택에서 숨진 채 발견됐다.

지난달 24일에는 트랜스젠더 김기홍씨가 사망했다. 그는 제주퀴어문화축제 공동조직위원장이자 제주평화인권연구소 활동가로 성소수자 인권 증진 활동을 했다. 김씨는 지난해 2월, 경향신문 기고를 통해 변 전 하사에게 "함께 살아가자"는 연대의 편지를 보냈다. 김씨는 "드러낸 그 자체로 저의 희망"이라며 "여러 사람이 연대하고 있으니 꼭 살려는 모습으로 삶을 만들어 보여달라"고 썼다.

정치인, 종교인이란 다양한 탈을 쓴 바이러스들이 창궐하는 이 땅이다. 용기 있게 자신을 드러냈던 젊은이들이 삶을 마감하는 것을 보면, 한편으론 화도 난다. 추악한 잡것들을 왜 무시하지 못했니? 잡것들의 사악한 혓바닥 정도는 웃으며, 타파해야 하지 않았니?

너희들의 순수한 자존감을 폄하하는 것은 절대 아니다. 그나마 한 조각 있던 자존감마저 바이러스 감염으로 상실한 나도 살고 있다. 종종 '개값 치를까?'란 생각마저 하는 멍청한 나도 견디고 있건만······.

속 타는 것보다 담배 타는 것이 낫고, 막힌 속 뚫는 데는 물보다 술이 낫다. 늙은 나도 담배와 술로 버티건만, 구름 타고 이슬 먹는 것으로······. 거기서라도 추악한 것들 털고, 잘 지내렴. (2021.3.4.)

이제서야 무죄

"이제서야 아버지의 죽음 무죄, 기쁘지만 한편으론 서럽다"

입력 2021.03.16. 오후 6:41
수정 2021.03.16. 오후 8:00

제주 4·3 '수형 행불인' 335명 전원 무죄
사법사상 유례없는 판결에 법 안 안팎 환호와 눈물
"오늘은 아버지 제삿날…'4·3 무죄' 써 올리고 싶다"
"법이 두려웠고 법이 고맙다"…"큰절 올리고 싶다"

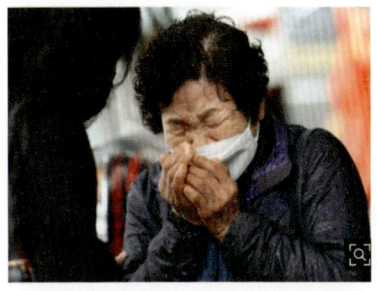

1948년 제주4·3 당시 감옥에 끌려갔다가 행방불명된 이시전(당시 33살)씨의 딸 이임자(79)씨가 16일 오전 제주시 제주지방법원에서 4·3 수형인 335명에 대한 재심에서 무죄 선고를 받은 뒤 법원 앞에서 오열하고 있다. 이날은 고인이 된 아버지 이시전씨의 생일이자 제삿날이었다. 제주/박종식 기자 anaki@hani.co.kr

"저승에서 온 330여 영혼을 대신해 묵례를 올리겠습니다."

16일 오전 제주지방법원 제201호 법정에서 열린 재심 청구소송에서 무죄가 확정되자 4·3 당시 행방불명된 고 박세원씨의 아들 박영수씨가 일어나 재판부에 묵례를 올렸다.

제주4·3 당시 불법적인 군사재판을 받고 억울하게 수형 생활을 하다 행방불명된 이른바 '수형 행불인' 335명(일반재판 생존자 2명 포함)의 재심 청구소송 선고공판이 이날 오전 10시부터 오후 6시까지 13~21명 단위로 18차례에 걸쳐 진행됐다. 재판부는 내란죄와 국방경비법 위반 혐의 등으로 징역형을 받았던 335명 모두에게 무죄 판결을 내렸다. 대한민국 사법사상 유례가 없는 재심 청구소송 규모였고, 335명 전원 무죄 판결을 받은 것도 전례가 없는 일이었다.

재판장 장찬수 부장판사는 "국가가 완전한 정체성을 갖지 못했을 때 피고인들은 목숨마저 빼앗겼고 자녀들은 연좌제에 갇혔다. 지금까지 그들이 무슨 생각을 하면서 삶을 살아냈는지 과연 국가는 무엇을 위해, 그리고 누구를 위해 존재하는지, 몇번을 곱씹었을지 우리는 알지 못한다"며 "오늘의 이 선고로 피고인들과 그 유족들에게 덧씌워진 굴레가 벗겨지고, 고인이 된 피고인들이 저승에서라도 오른쪽 왼쪽을 따지지 않고 낭푼(양푼)에 담은 지실밥(감자밥)에 마농지(마늘장아찌)뿐인 밥상이라도 그리운 사람과 마음 편하게 둘러앉아 정을 나누는 날이 되기를, 살아남은 우리는 이러한 일이 두번 다시 일어나지 않기를 바란다"고 말했다.

 늦었지만, 이제라도 다행으로 생각해야 할까? 잘못을 바로잡는 것이 이렇게 힘들다. 우리에게도 이런 판사가 있구나! 장찬수 재판장께 감사드린다. 아직도 '빨갱이'를 팔아서 득세하려는 자들이 많고, 또 그것이 통한다. 그런 색칠에 앞장서는 자들이 많음에도 속아 낼 수가 없다. 좁은 땅, 그 속에서 쪼개기와 편 가르기를 일삼는 허접한 쓰레기들을 왜 뿌리 뽑지 못하나? 우리는 그럴 역량이 충분하다고 보는데……. (2021.3.17.)

명예 회복?

"천안함, 좌초였다면 양심선언 안나왔겠나… 명예회복 나설 것"

유용원 군사전문기자 김은중 기자
입력 2021.03.22 03:00 | 수정 2021.03.22 03:00

최원일 전 천안함 함장이 지난 19일 오전 본지와 인터뷰를 하고 있다. 30년 군 생활을 마치고 최근 전역한 그는 "나는 영원한 천안함장으로 남을 것"이라며 "천안함 용사들의 명예 회복을 위해 인생 2막을 살겠다"고 했다. /장련성 기자

"천안함이 (북한에 의한 폭침이 아니라) '좌초'였다면 누구 하나 양심 선언 하지 않고 가만히 있었겠나. 수십년 전 학교 폭력도 논란이 되는 시대인데 비밀이 있을 수가 없다."

2010년 천안함 폭침 사건 당시 함장이었던 최원일(53·해사 45기) 예비역 해군 대령은 지난 19일 본지와 가진 인터뷰에서 이렇게 강조했다. 지난달 28일 전역한 그는 그동안 언론과의 인터뷰를 극구 사양해왔지만 "이제 할 말은 해야겠다는 생각이 든다"고 했다. 그는 "참고 견디면 역사가 나중에 진실을 밝혀줄 것이라고 하는데 나는 죽고 난 뒤가 아니라 살아있을 때 명예를 회복하고 싶다"고도 했다.

[왜냐면] '천안함 어뢰설'은 당연해졌는가 / 이승헌

입력 2021.03.24. 오후 9:11
수정 2021.03.24. 오후 9:18

2010년 4월24일 인양되는 천안함. 뱃머리가 바지선에 안착되고 있다. 자료사진

함장이었다는 자가 '양심선언과 명예 회복'을 말한다. 차라리 토막 난 함정 절단면에 온전하게 매달려 있던 '특수 형광등의 우수성'이나 말하지 그러냐? (2021.3.25.)

세월호 의인 김동수 님

한국일보

'세월호 의인' 김동수씨 부인이 "사실은 나도 지겹다"고 한 이유

인현우
입력 2021.04.16. 11:30

0

세월호에서 20명 구한 김동수씨 부인 김형숙씨 "남편, 7년 전 4월 16일에서 한 발자국도 못 나와"
"배상 적게 받은 생존자들도 자기 책임인 듯 느껴"
"이해 바라는 것 아냐, 그저 지켜봐 달라"

2014년 4월 16일, 침몰해 가는 세월호에서 소방 호스를 몸에 감고 안산 단원고 학생을 비롯해 20여 명을 구한 화물차 기사 김동수씨는 '파란 바지 의인'이자 '영웅'으로 불렸다.

하지만 정작 본인은 7년이 지난 지금까지도 여전히 그날의 트라우마에서 벗어나지 못했다. 마지막 순간에 자신의 딸과도 비슷한 나이의 학생들을 모두 구하지 못했다는 죄책감에 시달리고 있다.

김형숙씨는 "다들 세월호가 지겹다고 말하는데 나도 그 말이 공감이 된다. 다 본인이 겪어보지 않으면 모른다. 나도 그렇게 살아왔기 때문이다. 이해해 달라고 하지 않는다"고 했다.

이어 "저희 딸이 항상 하는 말이, '우리 아빠를 이해하지 말자. 있는 그대로 받아들이자'다. 그냥 저희 모습 그대로 저희 이번 세월호 참사의 피해자들을 그냥 4월 16일 하루만이라도 실컷 아파하고 분노하게 그냥 지켜봐 주시면 안 될까. 그렇게 공감해 주셨으면 좋겠다"고 했다.

인현우 기자 inhyw@hankookilbo.com

세월호 참사 당시 '파란 바지 의인'으로 불렸던 김동수씨의 아내 김형숙씨가 13일 오전 제주지방법원 정문 앞에서 열린 기자회견에서 남편이 병원 치료 과정에서 고통을 받고 있다고 설명하고 있다. 제주=뉴시스

    의인마저 트라우마에서 벗어나지 못하는 것을 우리가 이해할 수 있을까? 아이들을 모두 구하지 못했다는 죄책감을 헤아릴 수 있나? 부인과 따님의 말이 너무 아프다. (2021.4.17.)

홍익인간과 신축12적

교육이념에서 홍익인간 사라지나…

#홍익인간 #독립운동가 #역사관

교육기본법 개악 시도 및 문재인 정권의 독립운동가 역사관 탄압 규탄 범국민대토론회
민 의원은 개정 이유에 대해선 "교육기본법 제2조가 어렵고 복잡해 누구나 알기 쉽도록 바꿔야 한다고 봤다"며 "민주공화국이라는 헌법 정신에 충실하고 싶었다"고 설명했다.

초등학교 2학년 아이들도 헌법정신은 몰라도 '홍익인간'은 안다! 뜬금없이 뭔 짓인가? 저의가 뭔가? 고조선도 단군도 역사다! 신화가 아니다. 가장 기본적인 역사 인식도 없는 것들이다.

이것들은 언급할 가치도 없지만, 신축12적? 부적합한 말이다. 과찬이다. 그 말에 현혹되어 '가문의 영광'으로 생각하고, 더 설치면 어쩌나? 찾아봤더니, JN대 사회학 박사던데, 박사라? 궁색한 말로써 모면하려는 꼴조차 비굴해 보인다. 혹시 전국구로 이름을 떨치려는 수작이었나? 그랬다면 한 건, 제대로 했다. 나 같은 무지렁이도 잘난 널 알게 되었으니, 축하한다!

한때 '야, 이 국회의원 해먹을 놈아.'란 욕이 있었다. 저것들에게 딱 어울리는 말이 아닌가? (2021.4.17.)

윤여정 님

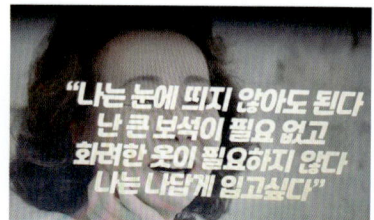

 윤여정 상식파괴 요구에
헐리우드 스타일리스트가 보...

윤여정 님! 멋진 수상 소감뿐만 아니라 입었던 옷까지 의미가 크다. 내면의 우아함만으로도 더없이 향기로운데, 덧붙일 것이 무엇이랴!

(2021.5.1.)

식민사학 고발 - 이덕일 소장

몇 년 전 영상인데, 전반적인 내용을 담은 강의다. 왜 숭례문이 국보 1호가 되었고, 얼마 전까지 유지될 수밖에 없었는지 등등.

 식민사학을 고발한다 -
이덕일소장...

이 땅의 뿌리 깊은 식민사관과 그에 매몰된 주류 식민 사학자들의 근원을 말한다. 거기에 더해 한겨레와 경향마저도 점거한 그들의 저력까지 알게 되었다. 그래도 그동안 고군분투하신 분들이 있어 변화는 있다. 나 같은 문외한도 이제 눈을 뜨게 되었으니! (2021.5.7.)

신흥무관학교 설립자 이석영 님

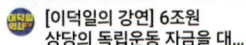

동생 이회영의 권유로 1910년 8월 29일 국권 피탈을 당한 그해 12월에 6형제와 식솔 40여 명이 만주로 이주하셨다.

전 재산으로 신흥무관학교 설립·운영하시며, 독립투사를 양성하신 귀한 분을 이제야 알게 되었다. 학교에서는 이런 고귀한 분에 대한 어떤 언급도, 교육도 없었다. 우리 교육이 크게 잘못됐다. (2021.5.11.)

세월호 특검 출범

이번에는 제대로 하려나? 그래야만 한다. 유가족 분들의 아픔이 조금은 치유되고, 아이들의 죽음이 의미와 가치를 갖게 되기를 바란다. (2021.5.14.)

BTS와 사우디

BTS 공연 후 2년, 지금
사우디에 어마무시한 변화가...
TV노노노 · 조회수 9.8만회 · 3일 전

2년 전 BTS의 공연을 사우디가 허용했던 것도 그렇지만, 사우디의 저런 변화가 신기하게 느껴진다. BTS가 그런 변화를 촉발하고, 더구나 순기능으로 작용했다니!

영상 말미에 전하고자 하는 말에 깊이 공감한다! (2021.5.17.)

광주 '해 뜨는 식당'

11년째 기적 같은 밥 한 그릇…광주 '1000원 백반' 모녀 '시민대상'

입력 2021.05.20. 오후 4:33
수정 2021.05.20. 오후 4:50

 강현석 기자

[경향신문]

광주 대인시장에서 1000원에 백반을 내는 '해 뜨는 식당'을 운영하고 있는 김윤경씨. 2010년 식당을 열었던 어머니가 세상을 떠나자 김씨가 대를 이어 11년째 식당을 운영하고 있다.

광주 대인시장 '해뜨는 식당'의 1000원짜리 백반. 밥과 된장국, 3가지 나물 반찬이 기본으로 나온다. 이날은 기부받은 물김치와 돼지고기볶음이 추가됐다.

이날은 따로 담은 물김치가 추가됐다. 이 식당의 반찬은 김치나 나물 등 3가지가 원칙이다. 하지만 반찬이나 고기, 생선 등을 기부하는 사람이 있으면 추가 반찬을 낸다. 식사를 마친 손님들이 마시는 '봉지 커피'도 기부로 들어온 것이다.

2010년 광주 대인시장에서 1000원 백반 식당을 처음 열었던 고 김선자 할머니. 경향신문 자료사진

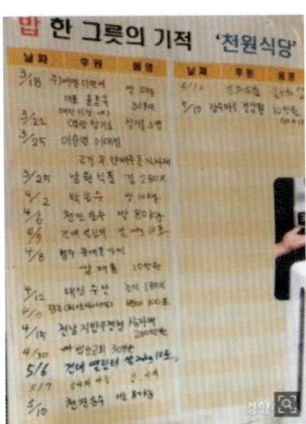

광주 대인시장에서 1000원에 백반을 내는 '해 뜨는 식당'을 지탱하는 것은 평범한 시민들의 기부다. 식당은 기부자들의 이름을 적어두고 있다.

143

1000원을 받고 백반을 파는 이 식당은 윤경씨의 어머니 고(故) 김선자씨가 2010년 8월 처음 시작했다. 김씨는 "젊은시절 어려울 때 주변의 도움으로 다시 일어설 수 있었다. 그때 빚을 죽기 전에 갚겠다"며 시장 골목에 식당을 열었다. 당시에도 한 달에 수십만원씩 적자가 났지만 김씨는 2남4녀인 자녀들이 보내주는 용돈까지 식당을 운영하는 데 썼다.

암으로 투병하면서도 식당일을 놓지 않았던 어머니는 "'1000원 백반'을 계속 운영해달라"는 유언을 남겼다. 김윤경씨(48)는 어머니와의 약속을 6년째 지켜내고 있다. 모녀는 식당을 유지하기 위해 일상도, 이윤도 포기했다. 대신 식당에는 따뜻한 밥 한끼를 찾는 사람들의 발길이 11년째 이어지고 있다.

고 김선자 님!
진정 '해 뜨는 곳'이다!
어디에나 천사들이 있지만,
유독 전라도에 많은 것 같다.

(2021.5.21.)

'해뜨는 식당'은 코로나19 대유행으로 위기에 빠지기도 했다. 후원은 줄었지만 다른 무료 식당들이 문을 닫으면서 손님이 크게 늘었다. 김씨가 보험설계업을 병행하면서 보태고 있지만 운영비를 충당하기는 쉽지 않았다.

이 같은 소식이 알려지면서 최근 비어가던 식료품 창고에 기부자들이 보내온 물품이 다시 쌓였다. 일부러 찾아와 밥을 먹은 뒤 1만원이나 5만원을 내는 시민들도 있다. 김씨는 "식료품 창고가 비어가면 '내일은 밥을 지을 수 있을까' 하는 생각에 불안하다. 지금까지 식당을 운영할 수 있었던 것은 후원해준 시민들과 식당일을 거들어준 자원봉사자들 덕"이라고 했다.

모녀는 올해 광주시 시민대상 '사회봉사 대상' 수상자로 선정됐다. 35회째인 광주시민대상에서 모녀가 함께 상을 받는 것은 처음이다. 시상식이 열리는 21일에도 '해뜨는 식당'은 1000원 백반을 차린다. 김씨는 "오전 일찍 식당에 나와 밥과 반찬을 준비해 뒀다가 점심 전에 서둘러 돌아올 계획"이라며 "기다리시는 분들이 많아 일요일과 공휴일만 빼고 문을 연다"고 말했다.

라카이코리아

라카이코리아 뉴욕 타임스퀘어 광고 영상
라카이코리아 · 조회수 158회 · 2일 전

응? 갑자기 일본이?ㅋㅋ 뉴욕 타임스퀘어에 한복이 한국거...
channel CKOONY · 조회수 3.6만회 ·

늘 맘에 두고 감사하게 생각하는 『미친놈』이지만, 너무했다!

뉴저지에 사는 이(NH) 형에게 카톡(21:44)을 보냈다. '저 현장에서 인증 사진을 찍어 보내라.'라는 지시문을 내렸다. 뒤늦은 통화(22:08)에서 '나는 뉴저지다. 여긴 전철도 없다. 지금 나다니지도 못한다. 불가능한 일이다.'라며 내 무식을 트집 잡더라. 그려, 내가 많이 무식하지. 라카이코리아! 그대들을 존경하게 만드는구려! 모두 늘 건강하세요! (2021.5.29.)

생명

(2021.6.3.)

'롤링스톤' 표지의 BTS

BTS, 미 '롤링스톤' 표지에…RM "남성성 꼬리표는 낡은 관념"

입력2021.05.14. 오후 2:15
수정 2021.05.14. 오후 3:32

서정민 기자

770 33

아시아인 그룹 표지 장식은 54년 역사상 처음

<롤링스톤>은 "전원 아시아인으로 구성된 그룹이 표지를 장식한 것은 54년 역사상 처음"이라며 "이 그룹의 힘과 영향력을 보여주는 것"이라고 설명했다. <롤링스톤>은 1967년 창간된 미국의 대표적인 대중문화 잡지로, 수많은 대중음악 스타가 표지를 장식해왔다.

'비티에스의 대성공―7명의 젊은 슈퍼스타는 어떻게 음악산업의 규칙을 다시 쓰고 세계에서 가장 인기 있는 밴드가 되었나'라는 제목의 <롤링스톤> 기사는 이들의 결성 과정부터 음악 작업 방식까지 다양한 내용을 다뤘다.

<롤링스톤>은 "비티에스의 마법에 가까운 카리스마, 장르를 넘나들며 매끈하면서도 개인적인 이야기를 담은 음악, 무해한 남성성" 등을 언급하며 "이 모든 것들이 마치 더 밝고 희망적인 어떤 시대에서 온 것처럼 느껴진다"고 분석했다.

이에 대해 리더 RM은 "당연하게도 유토피아는 없다. 밝은 면이 있으면 언제나 어두운 면도 있는 법"이라며 "소수자들이 우리를 보며 조금이라도 에너지와 힘을 얻었으면 하는 게 우리의 바람"이라고 강조했다.

아름답고 멋진 친구들이다! (2021.6.3.)

재팬부: 강제노역 손배소 각하

"일본 돈으로 한강의 기적"...우리 법원 맞나

입력 2021.06.08. 오전 12:36
수정 2021.06.08. 오전 12:48

693 574

강제노역 손배소 각하, 대법 판결과 배치

"일 기업 패소해 강제집행 땐 국제적 역효과 초래" 주장까지

민변 등 "비본질적·비법률적 판단"

피해자 "가슴을 치고 통탄할 일

7일 서울중앙지법 재판부가 강제노역 피해자들의 손해배상 소송을 각하한 것은 일제의 불법 행위에 책임을 못 묻는다는 내용뿐 아니라 대법원 전원합의체 판결을 거슬렀다는 점에서도 주목받는다. 특히 일본 기업들에 강제집행이 이뤄지면 일본은 물론 미국과의 관계도 훼손될 수 있다며 매우 이례적인 '사법 외적' 판단까지 밝혀, 법조계 일각에서 비상식적이라는 비판이 나온다.

일제강점기 시절 일본에 끌려가 강제노역을 당한 피해자와 유족들이 일본기업 16곳을 상대로 제기한 손해배상 청구소송 1심에서 패소한 7일 오후 서울 서초구 서울중앙지방법원에서 강제노역 피해자 고 임정규씨의 아들 임철호(왼쪽)씨와 일제강제노역피해자회 장덕환 사무총장, 강길 변호사가 판결이 내려진 뒤 법원을 나서면서 소감을 말하고 있다. 김명진 기자
littleprince@hani.co.kr

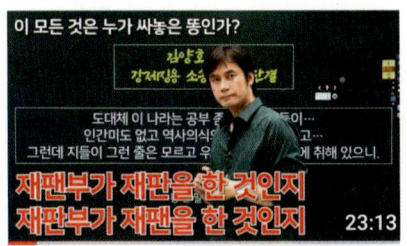

이건 특이한 잡것이다. 역사학과 외교학까지 능통한 걸출한 판사? 게다가 국가의 미래까지 걱정한다.

전혀 생각지 못한, 새롭고 특이한 유형이다. 저것의 실체는? 왜 이제야 본색을 드러냈을까? (2021.6.8.)

늙으니 자꾸 외면하게 된다. 그것이 누구고, 뭔 소릴 지껄였는지, 들춰보는 것도 힘들더라. 시시비비를 따질 힘도 없어, 그저 답답하기만 했는데, 그나마 황현필 씨가 조금 풀어줘서 고맙다.

이 땅에서 어떻게 저런 것들이 본색을 드러낼까? 저것도 자식은 있을 터인데, 아니 부모는 있을 것 같은데? 누구처럼 알에서 난 것인가? 그렇다면 다행이다. 부모가 있다면, 그 부모부터 뒤져봐야 답이 나올 것이다. 어떤 씨앗이 어떤 밭에 뿌려지면, 저런 것이 생길 수 있나? 자식이 있다면, 그 자식은 제 부모를 어떻게 생각할까?

어? 뉴스에 이상한 것이 떴다. 조금 전에 김 모 판사가 극단적인 선택을 했단다. 유서도 없이 자택에서 목을 맸단다. 다른 뉴스가 또 있다. 김 모 판사가 제 조국으로 이민했단다. 처자식을 데리고, 조부모의 유골도 수습하여 갔단다. 왜 이런 헛꿈을? 저걸 아직 사람으로 봐줬나? 정작 저런 것들은 이런 질타에 자부심을 느낄 것이다. 내 업적을 칭송하고 있구나! 앞으로 내가 할 일이 많구나! 라며 결의를 다졌을 것이다. 그래, 앞으로도 참 쪽발이다운 네 참모습을 보여다오. 활약을 기대한다.

저런 잡것들 때문에 인명사전을 만들어야 한다. 저것들의 행적을 낱낱이 적시하고, 대대손손 그 영예를 칭송할 수 있도록 견고한 명석을 깔아주어야만 한다. 그래서 역사는 현재고, 미래다. (2021.6.11.)

알에서 깬 사마귀도 대를 이어온 제 근원과 본색, 삶의 본분을 따르건만…….

간송해례본 - 전형필 님

1929년 부친이 세상을 떠났고 1930년 와세다대학교를 졸업하고 귀국하였다. 간송은 부친이 물려준 막대한 재산을 상속받았는데 논 800만 평이 넘는 거대한 재산이었으며 해마다 2만 석의 쌀을 수확할 수 있었다. 간송은 조선의 중요한 서화를 수집하면서 안목을 키워나갔고 스승 오세창의 지도와 조언을 받아 문화재를 수집하기 위해 노력했다. 인사동에 소재하는 한남서림(翰南書林)을 인수하여 경영하면서 고서적과 서화, 화첩 등을 수집하였고 한국의 중요한 문화재가 일본인에게 넘어가는 것을 막았다. 그의 막대한 재산은 국내 문화재를 구입하는데 사용되었다. 또한 전국의 거간꾼과 국내, 일본의 수장가를 찾아다니며 문화재를 구입하였고 경매를 통해 문화적 가치가 높은 다수의 문화재를 수집하였다.

수집한 문화재를 보존하기 위해 1938년 개인 박물관인 보화각(葆華閣:현 간송미술관)을 세웠다. 1940년 경영난에 빠진 보성(普成)고보를 인수하여 교주(校主)가 되었으며, 1945년 광복이 되자 보성중학교 교장직을 1년간 맡았다. 1954년 문화재 보존위원이 되고, 1956년 교육공로자로 표창을 받았다.

그가 막대한 돈을 들여 수집한 문화재 중에는 1942년 일본인 몰래 안동에서 기와집 10채를 살 수 있는 거금 11,000원을 주고 구입한 《훈민정음(訓民正音)》해례본을 비롯하여 수많은 고서적·고서화·석조물·자기 등이 있으며, 10여 점 이상이 국보로 지정되었다. 그가 소장한 문화재 중 신윤복의 화첩도 유명하다. 1962년 문화포장, 1964년 문화훈장 국민장, 2014년 금관문화훈장이 추서되었다.

스승 오세창 님의 가르침과 그 가르침을 실행한 전형필 님!
사제간의 귀한 만남이 고귀한 꽃을 피우고, 열매를 맺었다.

(2021.6.10.)

이한나 님, 영면하소서

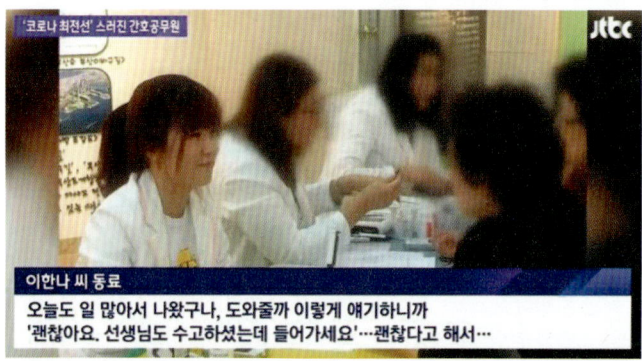

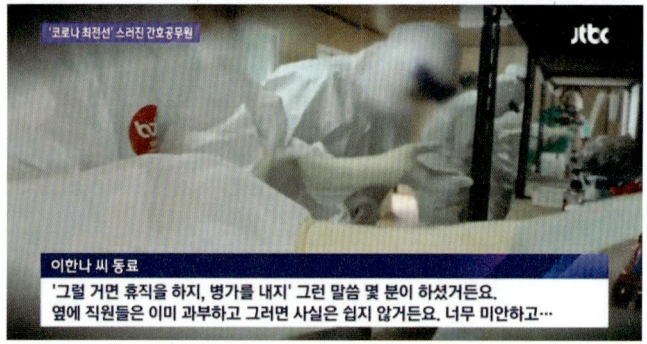

　　코로나 대처에 모범이 된 이면에는 고된 일에 시달리며 고통받는 많은 분이 있다. 그분들의 희생으로 이루어진 것인데? 이런 분들의 무한 희생만 강요하는 이 정부는 뭔가? 그동안 코로나로 극한에 처한 공무원들과 의료진들을 언급했던 것이 한두 번이었나? 그동안 무엇이 바뀌었나? 참 욕 나오는 무능한 정부다. (2021.6.12.)

사진작가 김동우·현효제 님

독립운동가들의 흔적과 후손들을 찾아다니는 사진작가 김동우 님. 전 세계 참전용사를 찾아다니며, 사진과 기록을 남기고, 사진을 액자에 담아 감사 말씀과 함께 전달하는 사진작가 Rami Hyun(현효제) 님. 자신의 귀한 뜻과 재능을 아름답게 쓰는 분들도 있구나!

두 분, 감사합니다! (2021.6.14.)

김동식 구조대장님

안타까운 하루였습니다. 이천 물류센터 화재현장에서 후배들 먼저 내보냈던 선배 소방관은 끝내 돌아오지 못했습니다. SBS는 어제 (18일)까지 그의 귀환을 기다리면서 이름과 얼굴을 공개하지 않았지만, 이제 유족과 동료들 동의를 얻어 김동식 구조대장의 숭고한 희생을 기리고자 실명 보도합니다.

부디 영면하소서! (2021.6.20.)

노무현 님이 그립다

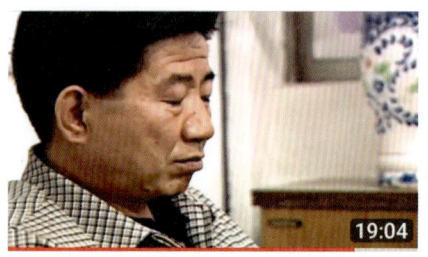

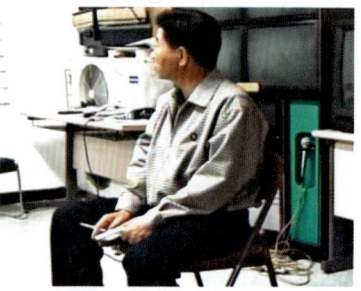

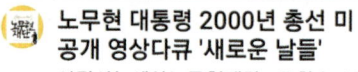

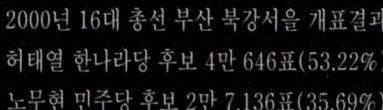

    180석 거대 여당인 더불어패거리당 잡것들의 요즘 행태를 보다 보니 너무 한심하다. 해야 할 것도, 할 수 있는 것도 모르는 것들이다. 그래서 노무현 님이 더욱 그립다! (2021.6.22.)

칼럼니스트?

중앙일보

[중앙시평] 콤플렉스 민족주의와 역사 청산

입력 2021.06.29. 오전 12:40
수정 2021.06.29. 오전 11:12

43   25   가

지배수법에 악용되는 '반일감정'
중요한 건 친일 아닌 일제부역 여부
이젠 콤플렉스 민족주의 벗고 보편적 인류애의 개인으로 설 때

일본의 제국주의 옹호, 친일이 진정한 역사 청산이며 회복?
이덕일 역사 TV · 조회수 5.5천회 ·

김규항 작가 『고래가 그랬어』 발행인

김구는 한국인이 가장 존경하는 인물 중 한 사람이다. 나는 그렇지 않은 축에 속하는데, 오래전 『백범일지』를 처음 읽으며 받은 충격 때문인 것 같다. 감옥살이의 고통스러움을 한껏 토로하며 그는 적는다. "아내가 나이 젊으니 몸을 팔아서라도 맛있는 음식을 들여주었으면 좋겠다는 생각까지도 난다."

이 기괴한 것은 또 뭔가? 꽤 유명한 칼럼니스트란다. 카르텔의 굳건한 힘 때문인가? 전후 맥락 없이 가져온 짧은 말로 당당하고 떳떳하게 난도질한다. 글 속에 동지를 불러와 옹호하는 강한 연대 의식과 치밀함도 있다. 이 잡것이 '진보 논객'으로도 불리고, 어린이 교양지 편집인이란 것도 놀랍다.

어린이 교양지? 이젠 손주들이 보는 것에도 관심을 기울여야 하는 세상이 되었구나. 어린애들은 쉽게 오염되는 반면, 그 후환은 더욱 크다. (2021.7.1.)

미군은 점령군?

'이덕일 역사TV'와 '황현필 한국사'는 명쾌한 강의다. 고군분투하는 그들께 늘 감사하고 있다.

상대방의 말에서 맥락 없이 일부를 가져와 난도질하는 것들을 천박하다고 한다. 그런데 무식까지 더해 설치는 석열이를 뭐라 칭해야 할까? 김구 선생님의 '참전국 지위 상실'에 대한 탄식을 이해할 수준은 되려나? 미국과 왜를 숭배하며, 맹목적으로 추종하는 행태가 역겹다. 이런 것을 고려한다면 유권자들의 선택은 자명할 터! 제대로 판단하고 선택하자! 우리 역사를 더 깊은 퇴행에 빠지게 하지 말자!

(2021. 7. 8.)

또 세월호를……

경향신문

철거 통보받은 '세월호 기억공간'…"추모에도 유효기간 있나"

입력 2021.07.14. 오후 9:10
수정 2021.07.14. 오후 10:26

오경민 기자

서울시 일방 결정에 유족·시민사회 "세월호 지우기" 반발
일상과 추모공간 분리 않는 미·독서 '비극 기억법' 배워야

[경향신문]

서울 광화문광장에는 24평짜리 기다란 목조건물이 있다. 세월호 참사 5주기를 나흘 앞둔 2019년 4월12일 개관한 '기억·안전 전시공간(기억공간)'이다. 이후 매년 4월16일이면 세월호 참사를 기억하는 추모객이 이곳을 찾았다. 광화문을 왕래하는 모두가 볼 수 있게 '기억과 빛' 간판과 노란 리본을 건물 벽면에 내건 기억공간은 지난 2년3개월간 이곳을 지켰다. 14일 기자가 찾은 기억공간은 파란색 공사용 울타리로 둘러싸여 있었다. 서울시는 오는 26일 이 건물을 철거하겠다고 지난 5일 4·16세월호참사가족협의회에 통보했다.

사면초가 서울시가 광화문광장 재구조화 공사를 하면서 철거를 통보한 세월호 기억공간이 14일 울타리에 둘러싸여 있다. 우철훈 선임기자 photowoo@kyunghyang.com

　　아픈 분들의 가슴에 또 못을 박는다.
　　서울시의 행태, 참 추하고 더럽다. (2021.7.15.)

제인의 골든 버저

그녀가 결국 별이 되었다. 귀하고 아름다운 사람이 일찍 하늘나라로 가는가? (2021.7.15.)

사학계만?

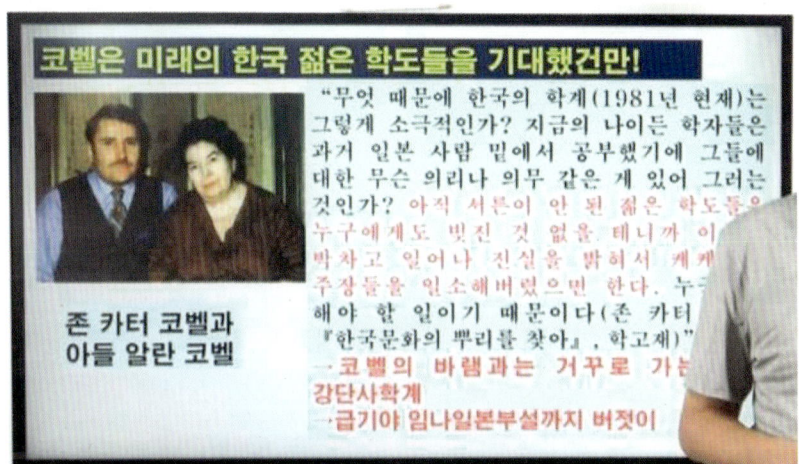

식민사학 교수에게 아무런 반론이나 이견도 없이 세뇌되어 카르텔의 행동대장으로 성장하는 것이 성공 비결인 이 땅이다.

비단 역사학계만의 문제가 아니기에 암울하고 답답하다.

어디 없이 구석구석 박혀 있다. 문재인 대통령의 역사 인식 수준은? 수하 중에 제대로 된 것이 하나만 있었어도 이렇지는 않을 것이다. (2021.7.21.)

창원여중 박영지 선생님의 쉽고 명쾌한 논문 발표다. 늘 어린 친구들 눈높이에서 수업하여 그런 것 같다.

좋은 선생님 밑에서 올바른 가르

침을 받을 수 있는 학생들은 큰 복이다. 여중 학교의 선생님이란 것도 의미가 있다. 태극기의 의미만 듣고도 진지해지는 창원여중 학생들이란다. 그 아이들은 이 선생님 덕에 온전한 역사관을 갖고 커갈 것이다. 나중에, 이 아이들은 어머니가 되면, 자기 아이들에게 바른 교육을 잘할 수 있을 것이다. (2021.6.30.)

앎과 삶의 태도

살면서 어설프게 지레짐작하고, 아는 체하며 살았더라. 전문가들이 옆에 많이 있었음에도 좀 더 깊이 묻지도 않았고, 물어볼 생각도 못 했다. 그런 나였으니, 굳이 자신의 전문 지식을 내게 줄 생각도 없었다. 간혹 어떤 말을 꺼내도 받을 생각조차 못 했으니, 진전이 없었다. 공통 주제를 찾다 보니, 자식이나 잡다한 얘기에 한정된다.

이제야 젊은이들을 보면, 네 얘기와 벗의 얘기를 공유하라고 권한다. 아울러 벗의 전문적인 얘기도 귀담아듣고, 먹고사는 문제와 동떨어져도 시간 내서 조금은 깊이 공부를 해보라고 권한다. 세상만사가 같은 이치가 아닐까? 폭넓은 시선과 깊이를 찾으려는 노력은 중요하다. 매사에 그렇게 진지하게 애쓰는 것에서 앎과 아량, 배려와 혜안이 생기는 것은 아닐까? 갈 날이 코앞인 늙은이가 뒤늦게 깨달은 것이다.

(2021.7.27.)

섬백리향 작은 나무에서 허물을 벗었다. 이른 새벽이니, 조금 전에 나온 모양이다. 누워서 허물을 벗는구나. 몇 번이나 저런 성장통을 겪을까? 내게도 저런 기회가 있었다면, 잘못 산 인생의 업보가 조금은 경감됐으려나?

(2021.8.3.)

김연경 주장

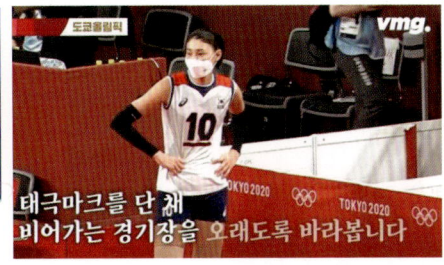
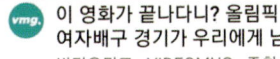

대선에 나가겠다는 잡것들을 보며 드는 생각이다. 가장 기본적이고 근원적인 것조차도 아무 생각이 없는 것들이 설친다. 이번 올림픽에서 김연경 선수를 보면서도 느낀 것이다.

자기가 처한, 맡은 자리에 대한 중차대함을 아는 사람. 애국심이 충만한 사람. 팀원들을 다독여 각자의 역할에 최선을 도출할 수 있는 리더십을 지닌 사람. 곤경에 처해도 조직을 이끌어 타개하는 사람. 말없이 자신의 뜻한 바를 관철하는, 진중하고 냉철함을 지닌 사람. 팀원들이 조직원으로서 이바지하며, 공동 목표를 달성하게 이끄는 사람. 과정이 힘들어도 끈기와 집념, 패기와 웃음으로 단합하게 하는 사람. 결과에 승복할 수 있고, 승자에게 축하할 수 있는 사람. 자신의 위치에 대한 가치와 역할, 책무를 아는 사람. 이것이 지도자와 한 조직의 수장이 갖추어야 할 핵심 자질 아닌가?

반면에 잡것들도 공통점이 있다. '나 아니면 안 된다.'라는 몽상가. 입이 가벼워 걸핏하면 헛소리하는 자. 앉겠다는 자리의 역할과 책무도 모르는 자. 비방과 색깔, 지역으로 좁은 땅을 난도질하는 자. 기본적인 인성이나 심성은커녕 역사 인식조차도 천박한 자. 편협한 시선으로 제 실속만 챙기는 당찬 머저리. 주변 잡것들의 갈채에 혼미하여 하늘을 날며 설치는 머저리. 지가 뱉은 말도 뒤집는 식언이 일상인 것.

그런 것들이 이 나라를 맡겠단다!

나는 주변에 김장훈 씨나 김연경 씨를 대통령으로 추대해야 한다는 얼간이다. 정작 그들은 생각지도 않건만. 그래, 난 얼간이다! 당신은? 잡것들을 가릴 최소한의 평가 기준은 있는가? 다른 시선이나 관점으로도 평가할 수 있는 작은 여유나 아량은 있는가? (2021.8.9.)

575돌 한글날

옥스퍼드 영어사전에 한글 단어 26개가 추가 등재되었다.

세종대왕님과 김구 선생님께서 흐뭇해하실 것이다. (2021.10.9.)

염치와 자존감

[박찬수 칼럼] 노회찬과 곽상도, 부끄러움에 관하여

입력 2021.10.06. 오후 4:28
수정 2021.10.06. 오후 6:54

선거를 코앞에 두고 '불법' 정치자금 4천만원을 받은 걸 스스로 용서하지 못해 세상을 뜬 그를 두고 <제이티비시(Jtbc)> 뉴스에서 손석희 앵커는 "노회찬은 '돈 받고 스스로 목숨을 끊은 사람'이 아니라 적어도 '돈 받은 사실이 끝내 부끄러워 목숨마저 버린 사람'입니다"라고 말했다. 가슴이 저린 건, 누군가를 죽음으로 몰고간 그 부끄러움을 요즘 정치권에선 찾아보기 힘들다는 사실이다.

지난 주말, 노회찬 전 국회의원의 삶을 다룬 영화 <노회찬6411>을 시사회에서 봤다. 너무나 갑작스레 우리 곁을 떠난 진보 정치인 노회찬의 모습을 다시 마주하는 건 쉬운 일이 아니다.

모두가 동의하지 않을지는 몰라도, 노회찬의 죽음은 용서받을 수 없는 '불법행위'를 저질렀기 때문이 아니다. 부끄러움과 책임감 때문이었다. 영화 마지막에 스크린에 흐르는 유서에 그는 이렇게 썼다. "2016년 3월 두 차례에 걸쳐 경공모로부터 4천만원을 받았다. …나중에 알았지만 다수 회원들의 자발적 모금이었기에 마땅히 정상적인 후원 절차를 밟아야 했다. 그러나 그러지 못했다. 누굴 원망하랴. 참으로 어리석은 선택이었으며 부끄러운 판단이었다. 책임을 져야 한다.…무엇보다 어렵게 여기까지 온 당의 앞길에 큰 누를 끼쳤다. 잘못이 크고 책임이 무겁다. 법정형으로도, 당의 징계로도 부족하다.…국민 여러분 죄송합니다."

고귀한 자존감, 그래서 노회찬 님이 그립다. (2021.10.7.)

헝가리

헝가리는 우리와 민족적인 공통점도 많고, 언어도 유사하단다. 멋진 구상을 전하는 국토전략TV의 자료가 흥미롭다. (2021.10.20.)

프란치스코 교황

북한에도 기꺼이 가시겠다는 프란치스코 교황! (2021.10.29.)

이재명 사퇴?

아무래도 이재명은 안 되겠다! 최소한의 상식이나 예의, 품격조차 장애물인 자들과 어떻게 겨루나? 명철한 두뇌와 푼수 아내에 대한 절절한 사랑을 가진 자. 29만원을 흠모하는 자. 입에 거품 물고 막말하는 자. 노회찬을 그립게 하는 푼수. 이런 쟁쟁한 상대들과 감히 맞설 생각을 하는 이재명? 차원이 다른데, 경쟁이 되나? 게다가 언론이란 것들도 저 지경이니!

저런 막강한 상대들과 대적하기엔 이재명이 너무 여린 것은 아닐까? 안타깝지만 저런 잡것들에 현혹당해 찍어주는 다수가 있으니……. 아무래도 이재명은 안 되겠다. (2021.10.27.)

요소수

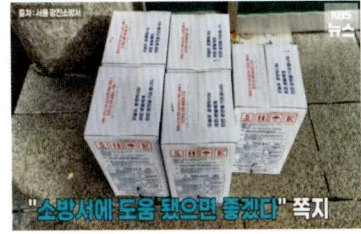

11월 9일, '소방의 날'? 119! 시급한 사람들을 상대로 사기 치는 것들도 많다는데. 전국에서 남모르게 소방서에 요소수를 기부하는 날개 없는 '천사'가 많으시단다. '요정'이란 호칭을 쓰는 분들도 있던데, 그것도 좋다. 참 귀한 분들이다. (2021.11.9.)

블랙 코미디

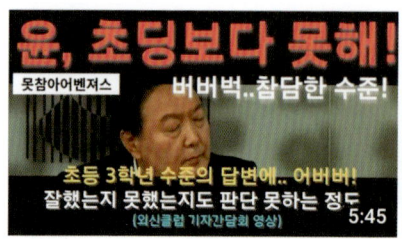 

 (ㅋㅋ 이건 심하다) 경험도 없는데 외교 어떻게 할래?...   이재명을 취재했던 미국기자. 윤석열과 회견 후 고개를 저은...

웃을 수도 없다. 자문하거나 자평이라도 할까? 무식함의 기본적인 자질과 덕목을 모두 완벽하게 갖추었다. 동굴 속에서 혼자 도를 닦고 승천하겠다면 적어도 해악은 없겠건만……. (2021.11.16.)

 이게 없는데 대통령이 되겠다고? 이 녀석, 어쩌면...   이재명 정말 쎄다!! 종전선언 반대하는 윤석열 뼈 때렸다!...

종전 선언 반대?

왜놈들에게 종속된 것들이 너무 많다.

우방? 그게 뭔지는 아는가? 태극기와 성조기를 들고나와 피를 토하듯 하는 태극기 부대도 기괴하다. 국익이 우선일 수밖에 없음에도 미국에 맹종하고, 목매는 것들에게 무엇을 바랄까? 게다가 빨갱이 타도를 입에 달고 사는 것들이 자기들 패거리의 색깔을 빨간색으로 한 것은 왜일까? 그 핑계로 표를 빌어먹는 것들이라서……. (2021.11.21.)

기레기? 쓰레기자!

'기레기'는 '기러기'가 연상된다. 예로부터 '기러기'는 '하늘과 지상을 왕래하는 신의 사자'로 해석되었고, 겨울철새다. 반면, '기레기'는 텃새이니, 많이 잘못됐다. 대체할 용어? '쓰레기 기사를 쓰는 기자'이니, '쓰레기자'가 적합하지 않을까? (2021.11.22.)

기러기목 오리과의 흑기러기속과 기러기속에 속하는 새의 총칭.

쇠기러기
오리과.

목	기러기목
과	오리과
종수	2속 14종
생식	난생
서식장소	갯벌·호수·습지·논밭

반장 선거?

윤석열, 프롬프터 오작동에 생방송 '2분 침묵' /...

저 잡것이 왜관초등학교 5학년 반장 선거에 나온다면? 유아진이 같은 아이들과 대적할 수 있을까? 종전 선언을 반대하고, 왜놈들에게 빌붙는 행태에 표를 주는 초등학교 친구가 있을까? 역사란 것이 참 희한하다. 2MB가 강산을 뒤집고, 그녀가 순실이와 놀았다. 이 모든 것은 문재인 탓이다. 어쩌다 저런 것에게 현혹되는 세상으로 망쳐놨니? 제발 좀 자성해라! (2021.11.23.)

유아진(11, 왜관초 5학년)의 손편지

"그분은 우리나라를 지키기 위해 군복무중에
실종되어 가족의 곁으로 돌아가지도 못하고"

"사랑하는 가족과 함께 할수 있는
지금 제가 행복하다고 생각합니다"

아름답고 기특한 유아진의 손편지다. 1950년 8월 실종된 엘리엇 중위의 유해 발굴을 칠곡 군수에게 부탁했다.

전쟁의 아픔을 느끼고, 참전 용사들에게 감사할 줄 알고, 보답하려는 마음을 행동으로 실천한 아름다운 소녀의 얘기다. 늘 느끼는 것이지만 이 땅의 지혜로운 우리 어머니들의 모습을 엿보게 된다. 아진아, 고맙다! (2021.11.23.)

댁이나 잘하세요

무슨 자격으로 '국민'을 들먹이는가?
부모나 자식, 형제가 죽임을 당했던가?

그럴 자격이 없음에도, 걸핏하면 '국민'을 팔아먹는 황당한 자들이 너무 많다. 시쳇말로 '너나 잘하세요.'가 떠오른다. 대부분 늙으면 자괴감과 수치심이 더 크지 않나? 그래서 말이 줄어들지 않나?

댁은 어찌 그 모양인가? (2021.11.25.)

누구나 나름 제 삶의 방식이 있다손 쳐도……

서울대 장학기금 이순난(90) 할머니

The JoongAng

[단독]"물티슈 4등분해 썼다" 서울대에 8억 유증한 90세 할머니

정희윤
입력 2021.11.25. 05:00 수정 2021.11.25. 05:03:07

259 186

93세 해녀 할머니 기부 보고 결심

이씨는 지난해 제주도의 93세 해녀 할머니가 한 대학교에 1억원을 기부했다는 기사에 감명을 받았다고 한다. 그 감동이 기부로 실천되기까지 약 3개월밖에 걸리지 않았다. 지난달 22일 이씨는 서울대 발전기금에서 유언공증을 진행했다. 두 아들에게 나눠줄 일부와 본인이 살아생전 쓸 돈만 남기고 거주 중인 아파트와 예적금 등을 기부하기로 했다.

서울대를 기부처로 정한 이유에는 배움에 대한 이씨의 소망도 녹아있었다. 학교라는 곳을 다녀본 적이 없다는 이씨는 "서울대는 최고로 똑똑한 학생들만 가는 학교이니 여기서 국가에 이바지할 인재를 키워주면 한다"고 했다. 기부금이 잘 쓰일 수 있는 곳인지도 중요한 기준이었다. 이씨는 "제대로 관리하는 양반들이 있어야 한다"며 "아들이 서울대 발전기금 사이트를 보더니 잘 돼 있다고 해서 여기로 결정했다"고 덧붙였다.

서울대와 특별한 연고도 없이 '이순난 장학기금'의 주인공이 된 이씨는 "소원을 풀었다"고 했다. 기부를 결심한 이후 "아파서 해결을 못 하고 (세상을) 떠나면 어떡하나"라는 걱정을 매일 했다고 한다. 이씨는 "얼마 전에 갑자기 쓰러져서 병원에 입원했는데 그때도 내가 '기부는 어떡하냐'고 헛소리를 했다더라"며 웃었다. 이씨는 지난 23일 오세정 서울대 총장으로부터 감사패를 받았다.

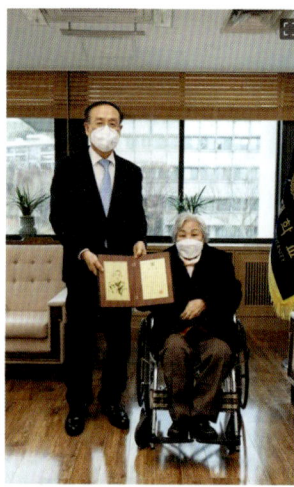

서울대는 11월 23일(화) 관악캠퍼스에서 오세정 총장, 김영오 학생처장이 참석한 가운데 이순난 여사에게 감사패를 전달했다. ⓒ서울대 발전기금

이순난(90)씨는 물티슈를 4등분해서 쓴다. 한달 수도요금은 3000원을 넘지 않는다. 아끼는 게 습관이자 삶이었던 그가 거의 전 재산인 8억5000만원을 서울대에 내놨다. 지난달 서울대 발전기금을 통해 유증(유언에 의한 증여)하면서다.

　　평생 장사로 돈 모아 가족을 부양하셨다는 할머니! 계기가 된 제주 93세 해녀 할머니의 기부도 그렇고, 우리 사회에 이런 고귀한 분들이 참 많다. 그저 머리 숙여 감사드릴 뿐이다. (2021.11.25.)

입법 독주?

경향신문
이재명표 법안, 12월 정기국회 겨냥 '속도전'…야당은 견제, '입법 독주' 논란 휩싸일 수도
입력 2021.11.25. 오후 9:13

언론이란 것이 무엇인가?
잡것들의 핑곗거리 대변자?

하지만 입법 드라이브가 여야 합의를 최대한 존중하고자 하는 국회 운영 방식과 동떨어지고, 여당 독주로 비춰져 부정적 여론을 자극할 수 있다는 지적도 있다. 국회 국방위원회 간사인 기동민 의원은 전날 간담회에서 "이 후보의 민주당이 막 밀어붙이는 거 아니냐 하는 (여론의) 공포가 있을 것 같다. 조금 더 정제된 논의가 필요하다"고 말했다.

여야 합의? 제대로 된 건설적인 국회 운영이란 것이 있었나? 여당 독주란 것은 또 뭔가? 여야란 것들이 도긴개긴으로 자신들의 기득권과 이해타산만 따지는 것들 아닌가? 정작 해야 할 입법은 '합의'를 따지며 뭉개고, 지들 입맛에 맞는 것은 뒷구멍으로 장단 맞춰 잘도 해 처먹는 것들이다. 국민이 요구하는 법, 국민에게 꼭 필요한 법일수록 '합의'가 안 되어 관철되지 못했다며 쇼를 벌인다.

유럽 민주주의 국가에서 다수 의석을 차지하기 위해 연정을 하는 이유는? 자신들만의 힘으로는 부족하기에 자신들의 뜻을 관철하기 위한 여건을 조성하는 차선책 아닌가?

국민을 씹어먹는 '국씹는당'과 대의는 없는 패거리들이 내부에서 이전 투서하는 '더불어패거리당'의 양당 체제다. 해야 할 입법을 감행하는 것이 여당의 독주라면 찬사를 보내야 하는 것 아닌가? 그런 짓은 생각도 못 하는 더불어패거리당이라 그런가? (2021.11.26.)

경북대 의대 교수

이덕희 경북대 의대 예방의학과 교수 [경북대병원 유튜브 캡처]

시리즈 오늘의 뉴스

의대 교수 "일본 확진자수 급감, K방역 치명적 오류 보여준다"

중앙일보 ⊙ 9만 팔로워
2021.11.25. 13:01 965 읽음

최근 일본에서 신종 코로나바이러스 감염증(코로나19) 확진자 수가 급감해 그 이유에 관심이 쏠리고 있다. 아직 정확한 이유는 밝혀지지 않은 가운데, 국내 한 예방의학 전문가가 "일본의 확진자 급감은 'K-방역'의 치명적 오류를 보여주는 사례"라고 주장했다.

이 기괴한 교수가 'K-방역의 폐해는 코로나19에 대해 국가가 앞장서서 과장된 공포를 조장하고, 이를 방역 성과로, 적극적으로 활용했다는 점'이라고 했다.

세계가 K-방역에 찬사를 보내지 않았나? 어떤 국가든 재앙에 대처할 때 모든 역량을 동원한다. 올림픽 개최에 목맨 왜놈들의 행태에 분노했던 세계다. 이 석학으로 인해 경북대 의대가 세계적인 명문 의대로 우뚝 설 수 있는 토양이 형성되었다. 코로나와 동일체가 되어 꿰뚫고 있는 인물로 보인다. 가르침을 삼위일체(바이러스-교수-제자)로써 전수해라. 그리고 식민 사학자들처럼 견고한 아성을 만들어 카르텔을 형성할 수만 있다면, 경북대 의대를 세계가 칭송하는 명문대로 만들 수 있을 게다. 경북대 의대생들이여! 앞으로는 바이러스가 인류의 일상이 될 것이라던데, 위대한 석학인 이 기괴한 교수와 함께 멋진 바이러스로 잘 살그래이……. (2021.11.27.)

김구 선생님의 기쁨

요즘 김구 선생님이 많이 흐뭇해하시지 않을까? 그토록 원하시던 바람을 후손들이 하나하나 실천하고 있으니! 우리 민족은 김구 선생님의 이 말씀을 깊이 새겨야 할 것이다.

김구 선생의 소원「내가 원하는 우리나라」낭독문

윤여정 님의 짧은 말 속에 모든 것이 담겨 있다. 위대함이란 것이 이런 것 아닐까? 진솔함 속에 내비친 자부심과 그 근원을 찾아 세종대왕께 감사할 줄 아는 것은 고귀하다.

청룡영화상 윤여정 배우 모두 발언 [풀영상]

영국에서 우리 젊은이들의 술 문화까지 즐기고 있단다. '김치'부터 '369게임'까지 이어졌단다. 나도 들어는 봤는데, 해 본 적은 없는 게임인데……. (2021.12.1.)

현재 영국에서 난리난 한국 술게임

언론의 기능?

경향신문

먹통·사과·철회…신뢰 금간 방역
패스

입력 2021.12.13. 오후 8:59

 이유진 기자

96   33

[경향신문]
단속 첫날 QR 인증 오류로 혼선
정부, 과태료 처분 등 안하기로

시스템 장애요? 줄지어 선 손님들 코로나19 백신 접종을 증명해야 식당·카페 등을 이용할 수 있게 된 13일 서울 종로구 한 식당을 찾은 시민들이 방역패스 시스템 장애로 대기하고 있다. 연합뉴스

오늘도 지면을 채울 먹잇감이 없었나? 1, 2면에 걸쳐 이런 기사를 쓰는 것은 왜일까? 세계에서 극찬하는 K 방역에 대해 온갖 쓴소리를 해대고, 믿고 기다리기보다는 남과 비교해 험담을 쏟던 것들이다. 지금도 또 이러나?

2년여 넘게 단순 반복적인 업무에 매달려 있는 수많은 사람의 헌신은? 극한 상황에서 묵묵히 일해왔고, 하고 있고, 게다가 기약도 없는 일을 하고 계신 분들의 고됨과 막막함, 아픔을 생각해 본 적 있나?

잠깐의 불편? 그래서 이렇게 지껄이나? 물론 한 치 오차 없이 잘 이뤄졌으면 더없이 좋았을 게다. 해도 '아' 다르고 '어' 다르지 않으냐? 굳이 미안해하는 분들에게 못질까지 해야 하나? 쓰레기자라 해도 너무 심한 것 같다.

젊은 여기자 같은데, 이런 기사를 보면 화가 치민다. 여성이라 더욱. 초등학교와 중고교에 다니는 아이 중에 유독 참한 여학생이 많은 이 땅! 축복받은 우린데! (2021.12.14.)

아리랑

많은 자료를 짜임새 있게 엮어서 이해하고 느끼기 쉽게 해준다. 추하고 더러운 진실을 들추는 것도 중요하지만, 이렇게 멋진 분들을 소개해 줘 고맙다. (2021.12.14.)

 한국인이 한복입고 아리랑 열창하자 눈물 보이는...

적확한 비유

애국가와 태극기를 이용한 재미있는 비유다. 미국과 일본을 추종하는 얼빠진 것들이 봤으면 좋겠다만, 새삼스레 헛된 기대를 왜 하나?

(2021.12.18.)

 한국이 뭘 했길래 위치가 바뀔 한반도 주변 4강

김정은이를 봐라!

정작 자존감이 없는 것은 미국과 왜를 우러르고, 떠받드는 우리 속의 황당한 잡것들이 아닌가? (2021.12.18.)

 중국, "북한, 통일 생각 버려라"엄포놓자, 북한, "핵은...

고귀한 박춘자 할머니

경향신문

"나누니 기분 좋더라" 그 후 30여년, 다 주고 행복 얻은 천사 할머니

입력 2021.12.26. 오후 8:42
수정 2021.12.26. 오후 9:50

조해람 기자

👍 26   💬 12

남한산성 '김밥 할머니' 92세 박춘자의 기부 인생

[경향신문]

박춘자 할머니가 지난 23일 경기 성남시 중원구 성남작은예수의집에서 경향신문과 인터뷰를 하고 있다. 김창길 기자

■ '김밥 꼬맹이'가 '기부 천사'로

열 살 무렵부터 경성역에서 일본 순사 피해서 김밥 팔아 "생각만 해도 눈물 나는 시절"

"어릴 적 나처럼 다리 다친 애 돕는 광고에…저기다 싶었어" 30여년 전 3억여원 첫 기부 "그때? 말도 못하게 좋았지"

가난했던 어린 시절의 중력은 벗기 힘겨웠고 삶은 줄곧 신산했다. 김밥부터 홍합탕, 다방, 소라탕까지 안 해본 장사가 없다. 쓰는 돈 없이 일만 하니 돈이 모이긴 했다. 달동네였던 경기 성남시 구시가지에 마련한 집의 가격이 올라 목돈을 만질 때도 있었다. 그러나 그는 모든 재산을 자신보다 낮은 곳에 베풀었다. 지금도 새 옷 대신 헌 옷을 산다. 욕심을 모르고 그저 "나누면 기분이 좋다"고 말한다. 지난 23일 성남시의 장애인 공동생활시설(그룹홈) '작은예수의집'에서 평생 모은 재산 6억3000여만원을 기부한 박춘자 할머니(92)를 만났다. 이 집도 박 할머니가 기부한 집이다.

1929년 일제강점기에 태어난 박 할머니에게 어린 날은 "생각만 해도 자꾸 눈물이 나는" 시절이다. 두 살배기 박 할머니를 어머니 없이 돌보느라 아버지는 생업도 제대로 하지 못했다. 다리가 부러졌는데도 약 살 돈이 없어 된장을 발랐다. 어린 박 할머니는 따가워서 울고, 아버지도 따라서 울었다. 서러운 가난은 악착을 남겼다. 열 살

무렵부터 온갖 장사를 했다. 돈을 모아야 했다. 오전 11시40분, 경성역(현 서울역)에 열차가 들어오는 시간이면 늘어선 승객들에게 김밥을 팔았다. 불법 장사를 막으려고 순찰을 도는 일본 순사들을 피해 외투 안에 엉성하게 만 김밥을 숨긴 채 "아줌마 김밥 사세요"라고 속삭이며 팔았다.

집과 가게를 마련했고, 땅값이 올라 큰돈을 만졌지만 허투루 쓰지 않았다. "내가 힘들어서 울기도 하고 참 고생 무진장하며 살았는데, 돈? 돈이 많아도 내가 쓰면 안 돼. 내가 돈 없어서 얼마나 고생했는데 불쌍한 사람 줘야지." 부러진 다리에 된장을 바르던 시절부터 "커서 돈을 벌면 나처럼 불쌍한 사람에게 줘야겠다"고 생각했다.

방을 하나 빌려 살던 아이들은 마구 울었다. 그나마도 곧 비워줘야 하는 방이었다. 상가를 사서 형편이 풀렸던 박 할머니는 "울지 마, 걱정 마라. 우리 집에 가자"며 아이들을 데려왔다. 3억원을 들여 집을 마련하고 생활비를 댔다. 정부의 보조금이 나오지 않던 시절이었다.

곡절 끝에 결혼을 했지만 아이를 낳지 못한다는 이유로 이혼했다. 성남시 중앙시장 인근에 다방을 열었지만 사업이 어려워져 접었다. 시장에서 멀지 않은 곳엔 당시 한창 인기를 끌던 유원지 남한산성이 있었다. 옷가지를 다 뒤져 마련한 차비로 서울에 가 친구에게 돈을 빌렸다. 남한산 중턱 버려진 움막에 자리를 잡고 어릴 적 팔던 김밥을 다시 팔았다. 시장에서 산 홍합과 소라도 지고 올라와 탕을 끓이고, 도토리를 주워 묵을 했다. 은행 갈 시간도 없어 걸레에 돈을 싸두면 누구도 훔쳐가지 않았다.

다리를 다친 이에게 기부금을 전하는 초록우산어린이재단의 TV 광고를 우연히 본 건 30여년 전이었다. "어머, 저기다 싶었지. 나는 그런(도와주는) 사람도 없었는데 세상이 바뀌었구나 했어." 장사해 번 돈과 집을 팔아 받은 3억3000만원을 쾌척했다.

■ 11명 장애인의 엄마

'남한산성 김밥 할머니'로 불리는 박 할머니는 11명 장애인의 '엄마'이기도 하다. 40여년 전 다니던 성당 신부가 거리에 버려진 발달장애인 아이들을 데려왔다. 좁은 이제는 정부 지원금도 나오지만 박 할머니는 그때 만난 장애인 11명 중 4명을 여전히 돌본다. 변을 본 옷을 직접 빨고, 요리부터 보약까지 해 먹이다 보니 가족이 됐다. 고령인 지금은 직접 궂은일을 하는 경우가 거의 없지만 이들과 함께 지내는 세월은 현재진행형이다.

고귀한 분을 알게 해준 기사다.
박춘자 할머님!
아름답고 향기로운 삶!
늘 건강히 지내십시오!

(2021.12.27.)

박 할머니의 나누는 삶은 아흔을 넘긴 지금도 계속된다. 지난 9월 LG복지재단으로부터 받은 의인상 상금 5000만원도 이곳저곳에 모두 기부했다. 지난 5월에는 살고 있던 집의 보증금 일부인 2000만원을 기부하고 시설로 거처를 옮겼다. 내 손에 남는 것 없이 그저 나누는 일에 그는 별다른 이유나 거창한 철학을 붙이지 않는다. "나는 돈을 두고는 못 살아" "(첫 기부 때) 말도 못하게 좋았지" "나눠주면 좋아, 기분이 좋아" 정도가 그의 소감이다.

데려올 때만 해도 울고 보채기만 하던 장애아들은 어느덧 중년의 나이로 성장했다.

조해람 기자 lennon@kyunghyang.com

독일 학계의 '한민족' 연구

독일 역사학계의 고조선과 한민족에 대한 세계사적 관점의 넓고 깊은 연구 결과를 소개한다.

고대사 전반을 바탕으로, 한민족과 고조선 문명에 관한 연구, 언어를 통한 세계사적 관계 등 광범위한 연구 내용이 담겨 있다. 독일 학계의 이런 연구는 일본과 중국의 행태와 극명하게 다르다는 점에서 경이롭다.

중국이나 일본이 국가적인 사업으로 역사 왜곡을 하는 이유는 무엇일까? 열등의식에서 비롯된 것이라 본다. 지난 과거의 국가 태동과 흥망성쇠를 굳이 왜곡, 조작하여 얻는 것이 무엇일까? 치기 어린 짓거리로 포장된 역사를 만들어 내세우는 가치가 무엇이길래 그럴까? 인접한 나라들이지만, 너무 다른 민족성은 어디서 기인할까? 오랜 역사 속에서 핏줄과 인종, 민족 간의 교류와 섞임도 있었을 것이다. 그런데도 왜놈이나 되놈과는 전혀 다른 우리가 존속될 수 있었던 근원과 원천은 무엇일까?

반면, 우리 속에 뿌리 깊은 식민 사학은, 어떻게 대를 이어 충성하는 왜놈의 앞잡이가 되었나? 주변과 다른, 우리가 지닌 보편적인 가치 중 하나인 자성과 반성을 저것들에게 기대할 수 없는 것은 왜일까? 주류라는 강단 사학자들의 행태는 어떻게 대를 이어 왜놈들에게 충성하는가? 저것들도 자식이 있고, 부모와 다른 생각인 자식들도 있을 것인데, 어떻게 변함이 없을까?

왜놈들에게 빌붙어 받은 재화에 대한 반대급부로써 충성한다? 그리고 그 혜택을 받은 자식들마저도 효성이 깊어, 부모에게 반기를 들 수 없다? 그래서 그것들의 핏속에 각인되었고, 대를 이어가며 더 강화됨으로써 존속을 넘어 발전까지 하게 된 것인가?

내가 나쁜 짓을 하며 뒤집어쓴 오욕만큼은 자식에게 물려주기를 싫어하는 것이 보편적인 것 아닌가? 비록 애비의 삶은 잘못됐지만, 너희들은 그러지 마라! 너희들이 착하게 살아, 내 죄과를 조금이나마 덜어줘서 고맙다. 이것이 일반적인 부모가 아닌가?

학문? 학자란 무엇인가? 우리나라에서 돈을 뿌리며 의뢰한 것도 아닐 터인데? 독일의 학자들은 왜? 어떻게? 저런 연구를 할 수 있는 것일까? 내게 그들은 이상하고 신기하기까지 한 사람들이다. (2021.12.31.)

영국 학계

영국 학계에서도 이런 자료를 공개했다.

한민족이 동아시아의 뿌리가 되는 민족, 언어학적 연구 등 다양한 내용과 몽골과의 연관성도 역방향이라는 견해. 왜 그들은 고조선을 연구했을까? 영국에도 왜놈들의 돈이 많이 유입되었을 터인데? 어떻게 이런 연구 결과를 발표했을까?

이처럼 독일이나 영국, 미국 등의 학계에서 우리 역사에 관한 연구 결과를 내는 것을 어떻게 봐야 하나? 물론 우리가 듣기 좋은 연구 결과를 냈다고 하는 말은 아니다. 학문에서 연구 과정을 통해 밝혀진 새로운 사실과 오류를 논하는 것은 당연할 것이다. 또한 정치적인 관계나 의도, 학풍이나 사제간을 통한 세습과 함께 돈으로 사고팔 수 있는 것이 아니라는 것도 당연할 것이다.

그래서 이 땅의 추한 잡것들이 더 괘씸한 것이고, 그것들을 처단할 수 있는 날이 점점 더 요원해지는 것이 안타까울 뿐이다. 그러나 적지 않은 분들이 노력하고 있다. 또한, 어린 학생들이 우리 역사 바로잡기와 알리기에 적극적으로 동참하는 것을 보며 감사하고 있다.

학자란 속성과 진정한 학자란 뭘까? 돈이면 안 되는 것이 없다는 자본주의 속에서 별난 사람, 오지랖 넓은 사람이 되어버린 귀한 분들께 찬사를 보내는 나도 우스꽝스럽긴 하다. (2022.1.7.)

침묵하는 언론?

자국 대통령의 중동 행보를 외유라 야유하고, 해외 언론에서 연일 보도하는 것도 눈 감고 있는 것이 이 땅의 언론이다. 쓰레기자들이 들끓으니, 구더기가 끼는 것도 당연하다만, 왜 이런 작태를 수수방관하고 있나? 180석이나 줬건만 정작 해야 할 일은 않고, 헛짓으로 허송세월하고 있다. 국민의 요구는 무시하고, 당내에서도 다양한 패거리가 작당하여 엉뚱한 짓만 저지르고 있다. 무능하고 한심한 정부와 손잡은 막강한 다수 여당의 본색은 그런 것이니? (2022.1.22.)

무승부? 전문가?

도긴개긴이라고 서로 우기겠지만, 토론 과정을 보면 극명하게 갈리지 않나? 객관적인 평가는 불가능한가? 전문가들이 무승부라 했다고? 어떤 전문가들인가? 초등 5학년만 돼도 알 텐데?

경향신문 PiCK
20대 대선 첫 TV토론 성적표, 후보들 "내가 1등"… 전문가들 "무승부"
입력 2022.02.04. 오후 9:10
수정 2022.02.04. 오후 10:31
박광연 기자 박순봉 기자

😠 70   💬 133

[경향신문]
이재명, 민생경제 논의 이끌어갔지만 대장동 논란 방어 자세 일관
윤석열, 안보관 강조하며 보수층에 호소…디테일에 미숙함 드러내
안철수·심상정, 존재감 드러냈지만 토론판을 주도하는 데엔 한계

둘은 차치하자. 안철은 맛이 간 지 오래됐고. 그런데 심상은 어쩌다 저 모양, 저 꼴이 됐나?

그래도 깨인 민중 대다수는 정확하게 분석하고 평가할 수 있지 않을까? 집단 지성의 맑고 밝은 눈과 냉철한 머리를 믿어 보자! 이재명이 당연히 당선될 것이다! (2022.2.5.)

'이슬람'의 진짜 이야기

[나깨좋] 당신이 몰랐던 이슬람의 진짜 이야기

이슬람에 대한 왜곡과 오류를 쉽게 설명한다. 선교와 사제, 헌금이 없단다. 우리의 왜곡된 시선은 어디서 나온 것일까? (2022.9.27.)

국토전략TV

 [속보] 우크라이나 함락 직전상황러시아군 키예프 수…

 [긴급속보] 스웨덴 핀란드 참전하나 한국참여 중립국…

    과하지 않은 담백한 어조로 해박한 정보를 제공해 준다. 깊이 있고 폭넓은 자료로써 늘 생각하게 하는 점도 좋다. 이 같은 유튜버가 큰 기능을 할 수 있다고 본다. 언론이란 개념도 이미 바뀐 것 아닐까? 쓰레기자 언론들과는 질적으로 다른 크나큰 가치를 지닌 것에 감사를 표한다! (2022.2.26.)

국민의 선택을 믿는다!

    윤석열이 하도 무식하여 언급을 자제했었는데, 점점 더 도를 넘는구나! 뼛속까지 왜색에 물든 것도 제 아비 탓이런가? 저것과 그 패거리들이 망발과 도발을 계속할 수 있는 빌미를 제공한 문재인 정부의 큰 패착이다. 무엇보다 잡것 수하들을 처리하지 못한 죄가 크다. 하나 둘도 아니고, 수많은 잡것을 왜 키웠나? 대통령은 고매한 인품을 요구하는 자리가 아니다. 임명권자의 뜻과 국민에 대한 책무를 소홀히 하는 자라면, 게다가 반기를 드는 것들이라면 과감히 잘라야 했다.

    지금도 마찬가지다. '재정 파탄' 운운하며 반기를 들고 설치는 것을 왜 그냥 두는가? 문 대통령이 적잖은 것을 이루었다고 하지만, 인사에만큼은 엉망이라 실망하는 것이다. 그래서 아직도 저런 잡것들이 설칠 수 있는 것이다. 대통령? 이재명의 말처럼 대리인인 머슴으로 제 역할과 책무를 하는 자리일 뿐이다. 대통령이 모든 일을 다 한다고? 신도 그렇게 못한다. 각 조직의 수장들이 임명권자의 뜻을 따르고, 일사불란하게 한 몸처럼 움직여야, 그 조직이 발전하고 성장할 수 있다. 그런데 왜 저런 잡것들을 내치지 못하고, 마냥 챙기고만 있니?

어떤 조직이든 마찬가지다. 행정 조직도 시작은 기안자인 말단 공무원이다. 직급이 높은 자의 결재를 득하는 과정에서 상사의 높은 안목과 능력을 받아, 더욱 성숙해질 수 있을 때, 그 조직은 발전할 수 있다. 그런 건강한 조직에서 자란 능력 있는 말단 공무원이 고위직으로 성장할 수 있어야 한다. 공무원 조직에 회자되는 '장관급 사무관'이란 말처럼 '실무관급 부총리'구나. 그것도 과하다. 하는 짓이 '9급 초임급 부총리'가 어울린다.

 이재명과 윤석열 2차 TV 토론 종합판...준비된 자와 모르는 자   윤석열, 유사시에 또! 일본군 한반도 들어 올 수 있다고?!...

더불어패거리당? 180석을 쥐고도 아무 짓도 하지 않고, 되려 헛짓이나 일삼았다. 상대와 야합하여 뒷구멍에서 협잡하여 기득권을 나누는 잡것들일 뿐이다. 그래서 문재인 정부의 패착이 컸기에, 이 상황조차도 이해는 된다. 이재명이 백 점짜리란 것이 아니다. 보기에 51점일 수도 있다. 설사 차악이라 하더라도, 제대로 선택해야 하는 것 아닌가? 쓰레기 언론들의 집단행동을 방치하고, 나아가 조장까지 하는 이 상황에 대해 정부는 뭘 하고 있나? 그래서 니들이 욕을 먹는 것이고, 초등학교 2학년 반장 선거 깜냥도 안 되는 잡것이 뻔뻔하게 헛소리를 할 수 있는 정치판이 되었다.

물론 며칠 안 남은 선거에서 이재명이 되리라고 본다. 이 땅은 저런 잡것들이 아니라, 위대한 백성들이 목숨 바쳐 지키고, 가꾸며 다듬어 온 나라다. 이민진이 파친코의 첫 문장이 '역사는 우리를 망쳐놨지만 그래도 상관없다. History has failed us. But no matter.'이다. 2MB와 박그네도 선택했던 우리다. 퀘타(Quetta), 론나(Ronna)는 차치하더라도 테라(Tera), 기가(Giga) 시대에 2MB를 뽑았고, 우주 시대에 그네를 탔다. 이미 엎질러진 잘못된 선택은 어쩔 수 없다만, 이젠 그래선 안 된다. 더구나, 지금 '선진국'으로 대접받는 우리의 지금은 매우 중요한 전환기다. 또다시 실수해서는 안 된다.

우리 민족은 위대하다! 국난에 처했을 때마다, 정작 나라를 구한 주역은 우리 백성이었다. 무능한 임금은 도망가고, 탐관오리들에게 수탈만 당했음에도, 분연히 떨쳐 일어나 나라를 구하는 민족이다. 그리고 그 근간은 '우리들의 어머니'다. 힘들고 버거운 삶 속에서, 삯바느질과 막일 등 날품을 팔아서라도 어린 자식들을 먹이고 공부시킨 위대한 어머니들이 있었기에 이 나라가 존속 및 발전될 수 있었다.

어린아이들을 데리고, 집회 현장에 나온 수많은 어머니를 봤다. 적어도 저 엄마들은 자식들을 잘 키웠을 것이다! 믿는다. 성숙한 시민들, 국민의 집단 지성이 발현되리라!

이번에는 이재명을 택해야만 한다! (2022.2.26.)

망상일까?

며칠 전의 대선 결과는 말문이 막힐 정도로 황당했다. 윤석열이 대통령이라고? 어떻게? 왜? 소위 이대남들의 선택에 의한 결과란다. 그들은 왜 그랬을까? 그것 역시 어쩔 수 없이 받아들일 수밖에 없다만, 최소한의 상식과 보편적인 가치판단의 결여로 봐야 할까? 젊은 그들을 그런 암울한 궁지로 몰아넣었기에 그런 선택을 했다면, 문재인 정부, 나아가 우리 사회의 책임이다.

2MB, 그네를 택하기도 했었지만, 이번은 그 둘을 합친 꼴이다! 앞으로가 문제인데, 어쩌나? 그래도 '자리가 사람을 만든다.'란 말에 기대고 싶다. 부지깽이도 높은 자리에 앉으면 달라진다고 한다.

제가 가진 권한과 책무를 안다면 달라져야 할 터인데, 최소한의 상식과 염치만 있어도 변화는 있을 거라 믿고 싶다. 그 정도의 바람은 가져도 되지 않을까?

그런데, 벌써 두 장면이 떠오른다!

어린 아기를 안고 자리를 찾는 엄마와 피켓을 들고 바로 내 앞에서 계시던 어르신이 생각난다. 또? 저런 상황이 오는 건가? 늙을 때는 하루하루가 다른 것 같다. 무뎌지는 몸과 마음을 지탱하기도 쉽지 않다.

저 어르신처럼 내가 처신할 수 있을까? 그런 일이 없기를 바란다. 적어도 끝없는 퇴행이나 나락으로 떨어지는 것만큼은 피했으면 좋겠다. 내 헛된 망상이 아니길 바란다!

어떻게 외국의 저널들이 우리보다 더 잘 알고 있나? 어쩌다 이런 꼴이 되었나?

 한국 국민들이 보인 뜻밖의 반응에 캐나다 총리가 함박웃...

 [요약영상] 김대중 대통령의 예언 "이대로 가면 MB도 국민...

김대중 전 대통령님의 말씀이 지금 우리에게 가장 중요한 것이 아닐까? 참 암울하다. (2022.3.12.)

시작도 전에 하는 짓거리?

 [민주당 개혁을 위한 촛불집회] 송희태 가수의 수!박! 노래!

[생방송] "민주당은 쇄신하라!" 더불어민주당 중앙당사 앞...

시작도 하기 전부터 가관이다. 당선인이란 것이 뭔가? 제대로 된 부지깽이는 제 몸을 태우면 안 된다. 불을 다독이고, 땔감을 제대로 태우는 기능을 해야 하는데, 저도 타버리면 다른 부지깽이를 찾아야 한다. 저 스스로 타서 없어지면 상관없다만, 그 피해는 누가 지란 말이냐? 망쳐놓은 국가와 국민은?

더불어패거리당 놈들도 마찬가지다. 180석을 갖고도 여태 딴짓만 하던 것들이니, 새삼 뭐라 하겠냐만 해도 기괴한 것들이다. 그 똥통 속에서 패거리끼리 작당만 하고 있다. 패인 분석은커녕 제 밥그릇 챙기기에 혈안이 되어 온갖 행패마저 부리고 있다.

어디부터 손을 봐야 할까? 손봐서 될 일인가? 암담하다. 앞으로의 험로가 파탄을 부를 것은 자명하지 않은가?

또 애꿎은 깨인 국민만 힘들게 하겠구나! (2022.3.20.)

바이올리니스트 손수경

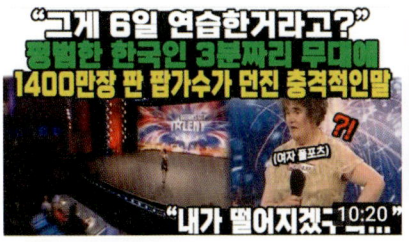

아름다운 젊은이다. 과정에서도 그렇고, 빛을 발하면서도 변함없이 아름다울 수 있는 그녀다. 게다가 조국에 대한 강건한 애국심마저 지녔으니! 이런 귀한 아름다움이 어디에나 있다는 것은 우리의 복이 아닐까? (2022.6.27.)

외과의 이국종 교수

이국종 교수 같은 『미친놈』을 제정신 들게 만드는 이 땅이다. 자신의 신념과 가치를 위해 맹목적으로 헌신하는 분을 요망한 잡것들이 가만 놔두질 않는다. (2022.3.26.)

피아니스트 임윤찬

YTN 시청자가 이 채널을 시청합니다.

전 세계가 한국 미소년
피아니스트 최연소 우승에 난...

참지 못한 지휘자가 울어버렸다!
18살 순수 국내파 피아니스트...

    며칠 전 집사람의 찬사로 무식한 나도 알게 되었는데, 대단하다. 오래전부터 클래식 음악계에도 우리나라 인재들이 많이 있었지만, 소위 국내파가 이런 평가를 받았다는 것이 무엇보다 놀랍다. 임윤찬(18세) 군도 스승에게 감사하고 있다. 바로 이것이 우리다. 이제 K-클래식에서도 크나큰 역량이 발휘되는구나! (2022.6.22.)

참전국 에티오피아

"한국인 여러분, 그만하세요!!"
ㅣ 한국이 70년 넘게...

에티오피아의 한국전 참전에 대해 5~6년 전 춘천에 사는 이(LYJ) 형을 통해 들었는데, 전반적인 상세한 설명에 깊이 감사드린다.

우리나라의 자유를 위한 하일레 셀라시에 황제의 순수한 참전에 저절로 머리가 숙어진다.

최고 정예군을 파병하며 '등에 총을 맞는 것은 안 된다.'라고 하셨단다. 253전 전승이라는 전적은 황제의 명을 받들어, 용감하게 싸운 까닭이다. 황제의 말씀인 '등에 총을 맞는 것'을 불명예나 치욕으로 생각했던 것이란다. 그래서 단 한 명의 포로도 없었으며, 죽은 전우의 시신도 단 한 구 빠짐없이 모두 수습했다고 한다. 전쟁이 끝난 이후에도, 고아원 설립 등 우리에게 계속 도움을 주었다는 것 또한 놀랍다.

게다가 더욱 놀라운 사실은 셀라시에 황제의 명을 받든 에티오피아 장병들이 그 어느나라 군대보다 용맹하게 전투에 임하여

그들은 '초전박살'이라는 뜻으로 '각뉴부대'라고 불렀습니다.

실제로 황제의 친위대를 포함해 총 6037명이 한국에 파견되어 123명이 전사하고 536명이 부상을 당했었는데요.

코로나로 닫혀 있던 에티오피아 한국전 참전 기념관(춘천시 이디오피아길 1(근화동))을 지난 7월 10일 이(LYJ) 형 덕에 볼 수 있었다. 우리도 그들에게 도움을 주고 있어 다행이고 고맙다. 라카이코리아가 이쪽에도 좋은 일을 많이 하고 있었다. 역시 귀한 젊은이들이다. 다음에는 애들과 손녀들도 데리고 가야겠다. (2022.7.25.)

호머 헐버트와 안중근, 헐버트박사기념사업회

최근 호머 헐버트 박사에 대한 자료들이 많이 발표되고 있다. 『헐버트박사기념사업회』 김동진 회장님을 비롯한 사업회 여러분의 노력이 결실을 보는 것이다. 그분들의 노고에 감사드리고 있다.

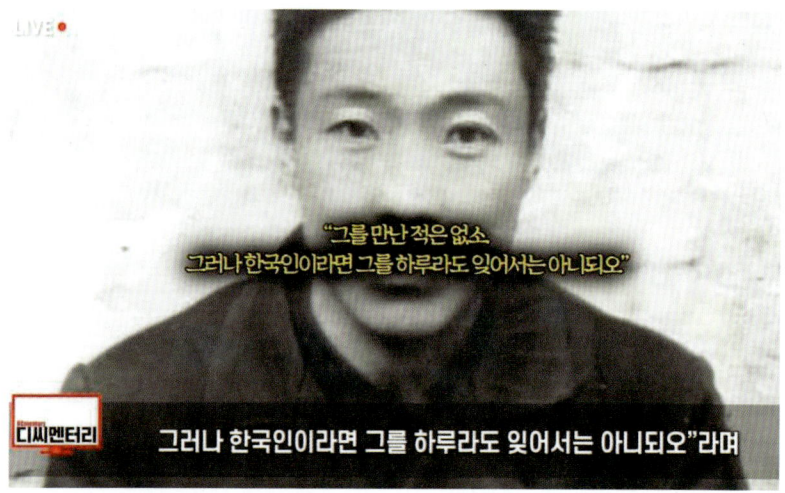

안중근 의사의 말씀처럼 우리 한국인들이 하루라도 잊어서는 안 될 소중한 분이다. 굳건하게 대물림되고 있는 왜놈 바이러스가 판치는 이 땅이라 더더욱 그렇다. (2022.9.14.)

매일유업 창업주 김복용 회장

신생아 5만 명 중 한 명에게 나타날 수 있는 '선천성 대사질환'이란 것이 있단다.

1999년 매일유업 창업주께서 이런 아이들을 위한 의료용 특수 분유 사업을 시작하셨다. 우리에게도 이런 자랑스러운 기업인이 계셨구나! (2022. 9. 19.)

금상

웃을 수도 없는 코미디다. 자신들의 저열한 인식과 수준을 떠벌리고 있다. 고등학생의 작품마저도 감상할 수 없는, 졸렬함과 천박함을 자랑하는 잡것들에게 무엇을 기대할 수 있나? (2022. 10. 5.)

SPC그룹?

대기업이라던데, 저것도 멧돼짓과에 속하는 덩치만 큰 추잡한 잡것이구나!

맛집으로 이름난 식당의 직원도 제 직장의 음식이 질린단다. 하물며 죽어라 일만 시키는 빵 공장의 노동자에게 빵은 뭐로 보일까? 저것들은 지들 제품에 얼마나 큰 자부심이 있기에 처참하게 죽은 젊은이의 영정 앞에 빵 두 박스를 보냈을까? 저의가 뭔가? 저것들은 자식도 못 까서, '내 자식 같은 젊은이'란 생각조차 못 하는 것들인가?

왜 우리나라의 대기업이란 것들은 하다못해 늑대도 없고, 멧돼지만 있나? 잡식성으로 뭐든 닥치는 대로 먹어 치우는 멧돼지? 이것도 잘 못된 말이다만, 애꿎은 멧돼지가 무슨 죄가 있나?

이형기 프란치스코 바이러스를 '개새끼'라 칭했던 것에서 개에게 미안했듯 멧돼지도 부적합하다. 달리 적합한 단어가 없다. 저것들도 바이러스인가? SPC란 것을 찾아보니, 첫 화면에 내건 'SPC그룹과 함께 세상은 더 행복해집니다.'란 말이 있다. 니들이 말하는 세상은 그런 것이니? 왜 저런 것들을 단죄할 수 없을까? 본질을 무시한 누더기 법안이나 만드는 거대 더불어패거리당 놈들에게 또 욕이 나온다.

(2022.10.24.)

조선의 재활용

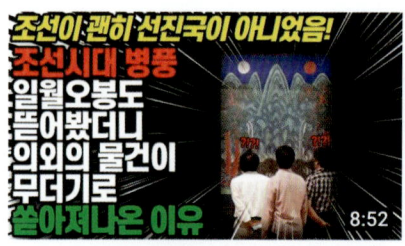 

조선시대 병풍 뜯어봤더니
의외의 물건이 무더기로...

과거시험 불합격자의 답지를 재활용했단다. 옥좌 뒤, 병풍 수리 과정에서 밝혀졌다. 병풍의 배접지가 1840년 과거시험 탈락자의 답안지인 '낙폭지'였단다. 우리 조상들의 혜안이다. (2022.10.27.)

임재식 단장

스페인 밀레니엄 합창단 임재식 단장. 39년 전부터 우리 노래를 알리기 위한 그의 집념과 노력이 귀한 열매를 맺었다!

(2022. 11. 8.)

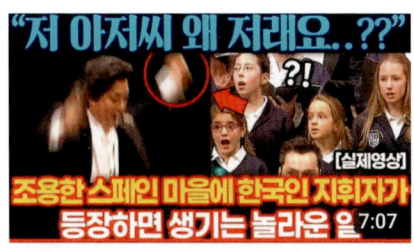

 조용한 스페인 마을에 왕실 훈장받은 한국인 지휘자가...

프란치스코 교황의 '인간의 고통'

2014년 한국 방문 뒤, 떠나는 비행기 안에서 세월호 노란 리본을 떼시는 게 좋겠다는 누군가에게 교황께서 하신 말씀이다.

(2022. 11. 8.)

 서울시청에서 울려퍼진 20만 떼창! 신부님 공잡았다

김주혜 '작은 땅의 야수들'

김주혜 작가도 9살, 어린 나이에 미국에 이민했다. 어떻게 이런 글이 나올 수 있을까? 제 조국과 민족, 역사에 대한 고귀한 마음과 자세는 어떻게 발현될 수 있는 것인가? 그저 경이롭고 감사할 따름이다.

(2022.11.15.)

전국 한마음 엄마들

세월호와 마찬가지로 이태원 참사(2022.10.29.)를 보는 엄마들의 가슴과 마음도 같았다. (2022.11.21.)

노회찬이 그립다

[노회찬 명연설] 6411번 버스를 아십니까

나락으로 떨어진 한심한 정의당이 됐다. 그래서 노회찬이 더욱 그립다! (2022.11.28.)

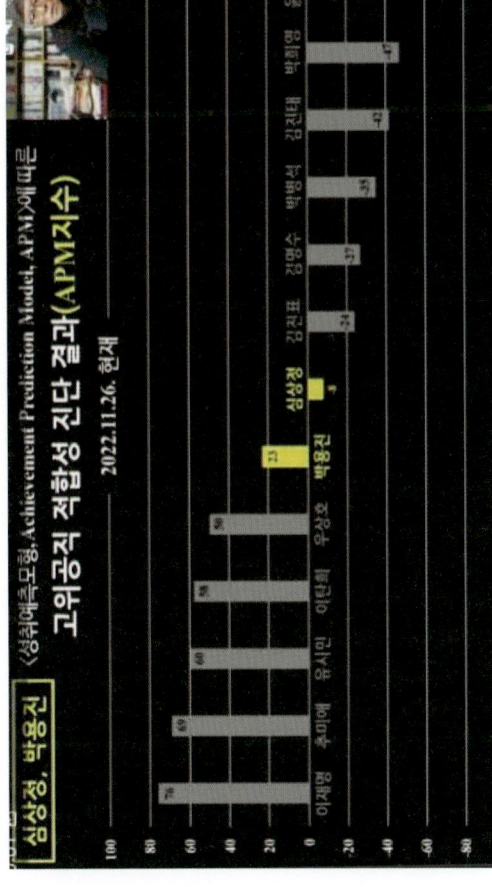

기괴한 가관?

정말 가지가지 다 한다. 자식이 없다는 둘은 빼고, 대부분 자식이란 것이 있지 않나? 사람이 하는 얘긴가? 짐승들인가? 짐승도 저런 짓은 하지 않는다. 저런 것들이 나라를 말아먹고 있는 이 땅이다. 저런 잡것들을 뽑은 사람들은 얼마나 흐뭇하려나? (2022.12.19.)

한국사 최악의 빌런 5인

이승만
원균
연남생
민비
김일성

무엇보다 첫 번째인 이승만. 그것으로 인해 털어내지 못한 병폐와 후환이 너무 크다! (2023.1.6.)

우리 역사상 최고의 지도자 5인

세종대왕

광개토대왕

연개소문

김구 선생님

이순신 장군

 황현필 픽 2탄! | 한국사 최고의 역사인물 5인 | 리더십 부재의 ...

최고 지도자 5인에 들지 못한 세 분 (2023.1.1.)

장보고
안창호
정약용

일본인?

차라리 쪽발이라면, 그런 족속이니 하겠는데. 왜? 정체가 뭔가? 어디까지 갈 것인가?

(2023.1.18.)

패러디(parody)

더 글로리 2 패러디 (ft. 윤석열, 김명신)

더 글로리 패러디 (ft. 김명신, 윤석열, 한동훈)

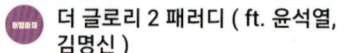

파이팅 촛불, 멋지다, 국민들!

(2023.1.29.)

웃어야 하나?

요즘 애들은 생후 열 달만 돼도 얼굴을 붉히던데……. (2023.2.2.)

쓰레기통인가, 똥통인가?

참 기괴한 족속들이다. 스스로 대단한 존재로 생각하겠지? 이 땅의 어그러진 한국적 민주주의란 틀 속에서 영위하는 저것들이 너무 역겹다. 제2, 제3의 노무현이나 노회찬을 바라는 것이 허망한 꿈일까? (2023.2.20.)

망나니

요즘 '망나니 칼춤 추듯 한다.'란 말이 나오던데. 그걸 '망나니'라고 한다면 '망나니'에 대한 모욕이다.

본 뜻
조선시대에 사형수의 목을 베는 사형집행수를 가리키는 말이다. 사형수의 목을 내리치기 전에 입에 물었던 물을 뿜어내며 한바탕 칼춤을 춤으로써 겁에 질린 사형수의 혼을 빼놓던 사형집행수를 망나니라고 불렀다.

자살 예방을 위해 번개탄 생산 금지? 그 용도로 제대로 효과를 보기 위해 자동차 안에서 피우지 않느냐? 그럼, 자동차도 같이 생산 금지해라.

애들 만화 속 잡담도 아니고……. 어쩌다 웃을 거리도 못 되는 막장 희극 세상이 되었나? 이런 황당한 꼴을 말하며, 망나니를 거명하는 것은 잘못된 것이다.

순우리말 '망나니'에 대한 국어사전 뜻풀이도 보완해야 한다. '망나니'는 직업인이다. 어쩔 수 없이 그 직업에 종사하지만, 남의 목을 치기가 쉽겠나? 그래서 막걸리라도 먹어야 했다. '사형수의 혼을 빼놓던'이란 것은 그의 배려다. 죽임을 당할 사람도 멀쩡한 정신에 칼을 맞는 두려움에 떠는 것보다 혼이 빠진 상태가 낫지 않니?

왜놈들에게 죽임을 당하면서도 당당하고 떳떳했던 독립투사라면 모를까, 죽을죄를 지은 범죄자도 눈앞의 죽음에 담담할 수는 없을 것이다. 게다가 직업인인 망나니도 목을 쳐야 하는 대상이 명백하게 죄 없는 사람임을 알았다면, 그의 심정은 어땠을까? 그들도 억울한 죽음을 자신이 처리해야 하는 더러운 직업을 한탄하지 않았을까?

지금 나라의 운명을 가지고 장난질이나 일삼는 것들과 거기에 부화뇌동에 아부까지 하는 잡것들이 쥐락펴락하는 짓을 '망나니짓'이라 칭하는 것은 '망나니'란 직업을 모욕하는 것이다.

특히 검찰 공안정국을 이끄는 저것들을 칭할 때 써서는 안 되는 말이다. 그저 잡것들일 뿐이다. 이승만부터 그랬으니, 돈만 있으면 호가호위 살 수 있는 세상이라 후환은 두렵지 않다. 죄과를 청산할 필요도 없고, 어차피 자손 대대로 호의호식할 수 있다. 돈이 돈을 버는 세상에서 불법과 탈법까지 마음대로 할 수 있는 힘까지 지녔으니 금상첨화다. 어리석은 자를 추종하는 잡것들이 판치는 세상이 되어 버렸다.

그러나 곧 세상은 바뀐다! 바뀌어야 한다!

조화와 균형을 곧 되찾게 되리라 믿는다. (2023.2.22.)

기본소득당 용혜인 의원

우연히 접하게 되었다. 지긋지긋하여, 외면하고 피하고 살다가, 이제야 기본소득당을 알게 돼 미안하다.

"저는 동의하지 않습니다" 이재명 불체포특권 포기 설레발에 ...

기본소득당은 MZ 세대 정당으로 2030이 당원의 70% 이상이라고 한다. 상임대표인 용혜인 의원에게서 건강한 젊음의 특권인 명석함과 참신함, 명쾌함을 본다. 게다가 귀한 『미친놈』의 자질까지 갖춘 것 같아, 제2의 노회찬이 될 것으로도 보인다. 노회찬 님의 촌철살인 어투를 배우길 바란다. 암울할수록 밝은 말로써 잡것들의 폐부를 관통하는 것도 필요하지 않겠니? 관심 두고 지켜보마. 잘 성장하기를 바란다.!

다음 총선이 볼만하겠다.

어쩔 수 없이 고착된 양당 체제에서, 온갖 잡것들이 설치며 기득권을 챙기는 판에 새로운 바람이 불기는 쉽잖겠으나, 잘 헤쳐나가길 바란다.

[현장영상] "이래도 총선용 악법입니까?"... 한동훈 향해 ...

황당한 짓거리로 퇴행하는 정의당과 물리며 신선한 바람으로 우뚝 설 수 있을 것으로 기대된다. 아니다! 이 혼탁한 정치판에서 '신선한 바람'이 아니라 '태풍'이 되길 바란다. (2023.2.26.)

David John Seel

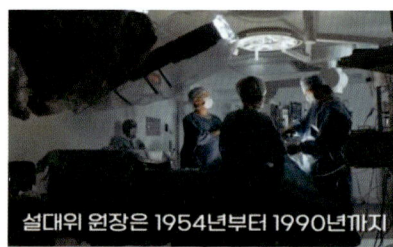

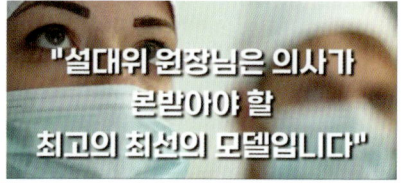

이런 분도 계셨구나! 지금도 '예수병원'이 있던데, 저분이 이 땅에 남긴 유산일까?

그곳의 의사들도 그를 닮은 분들일까? (2023.2.22.)

38(설흔여덟?)

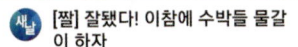

요즘은 서너 살만 돼도 부모가 ㄱ, ㄴ, ㄷ을 가르치던데, 저것이 '가' 자인가? '부' 자인가? 외계인이 그렸나? 왜 O, X로 하지 않나?

저것을 두고, 장시간 무효표 논란을 벌이는 황당한 잡놈들이다. 이제 국회의원 출마자에게 의무적으로 자격증을 제출토록 하자. 거주지 초등학교 1학년 아이들과 국어 받아쓰기 시험을 보고, 학급 평균 점수 이상인 자에게만 발급하는 '국회의원 출마 자격증'을 주자. 단, 상반기 선거는 2학년과 응시해야 한다. (2023.2.28.)

코미디

짧은 말 속에 깊은 해학이 있다. 멋진 친구다! (2023.3.5.)

BTS 리더 RM

"한국은 비인간적인 완벽주의자!" 한국 향한 스페인 기자의 ...

○ '한국인들은 왜 완벽주의에 목매는가?'란 질문에

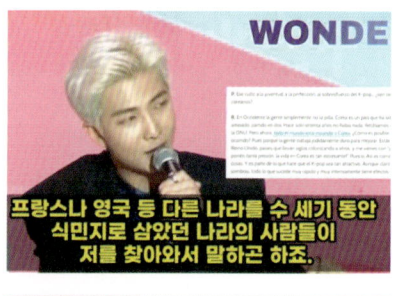

늘 느끼는 것이지만, 이 젊은 이에게 감탄을 금할 수 없다. 좋아하는 음악에 모든 삶을 걸고 매진했을 그가 어떻게 이런 인성을 지닐 수 있나?

역사 인식뿐만 아니라 깊은 철학까지!

그래서 그의 노래 속에 그런 모든 것이 묻어 나올 수 있었을 게다.

○ '일부 평론가의 장르에 일관성이 없다는 평가'에 대해서는

천박한 것들이 나라를 말 아먹고 팔아먹는 속에 이런 젊은이들이 있다는 것! 이것이 우리의 저력이다.!

(2023.3.16.)

자식은 있으려나?

안 보려 했는데, 보지 말았어야 했다. 저 당당함이 역겹다. 저것도 제 자식에겐 좋은 엄마? 그렇기라도 해라……. (2023.4.15.)

김여정의 막말?

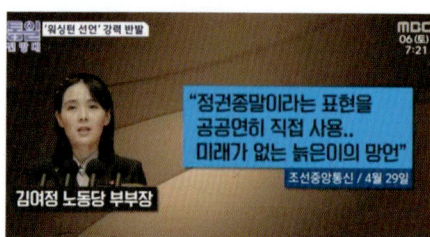

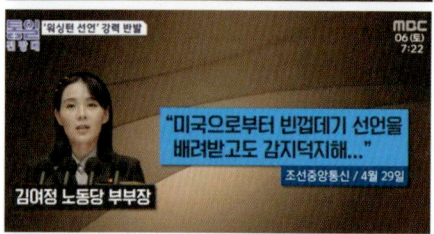
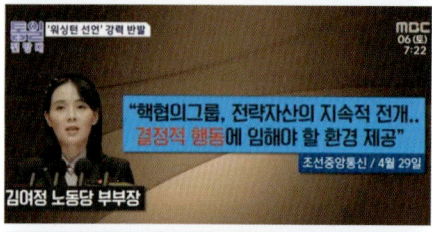
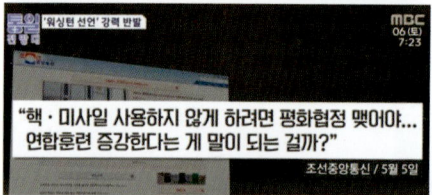

왜 MBC에서만, 이 기사를 다뤘나? 다른 곳은 왜 다루지 않았을까?

이런 몰상식한 김여정을 우리 국민에게 확실하게 알리고, 각인시키는 것이 언론의 역할과 책무 아닌가?

(2023.4.23.)

양회동 열사

존경하는 동지 여러분
저는 자랑스런 민주노총
강원 건설지부 양회동 입니다.
제가 오늘 분신을 하게 된 건
죄 없이 정당하게
노조 활동을 했는데
집시법 위반도 아니고
업무방해 및 공갈이랍니다.
제 자존심이 허락되지가 않네요.

대통령 하나 잘못 뽑아 무고한 국민들이
희생되어야 하겠습니까.
제발 윤석열 정권 무너트려 주십시오.
당 대표님들 간곡히 부탁드립니다.
무고하게 구속되신 분들 제발 풀어주세요.
진짜 나쁜 짓 하는 놈들 많잖아요.
그놈들 잡아들이고
대한민국을 바로 세워 주세요.

힘들게 끈질기게 투쟁하며
싸워서 쟁취하여야 하는데
혼자 편한 선택을
한 지 모르겠습니다.
함께해서 기쁘고 행복했습니다.
사랑합니다.
영원히 동지들 옆에 있겠습니다.

꼭 승리하여야만 합니다.
윤석열의 검찰 독재 정치,
노동자를 자기 앞길에
걸림돌로 생각하는 못된 놈
꼭 퇴진시키고
노동자가 주인이 되는 세상을
꼭 만들어 주세요.
동지여러분 사랑합니다. 투쟁!

강원건설 3지대장
양회동 올림

설마가 사람 잡고, 혹시라도가 역시 나로! 부지깽이가 불장난과 칼춤을 추더니……. 이런 억울한 죽음으로 내모는구나! (2023.5.6.)

인프레쉬(INFRESH)

현재 에티오피아 방송국이 생방송 중단하고 갑자기 한국 특집 ...

에티오피아 참전용사들의 귀국 수난사와 현재의 어려움과 함께 아름다운 기업 인프레쉬(INFRESH)를 알려준다.

[인프레쉬] 참전용사 후원 프로젝트 에티오피아 눈을 뜨...
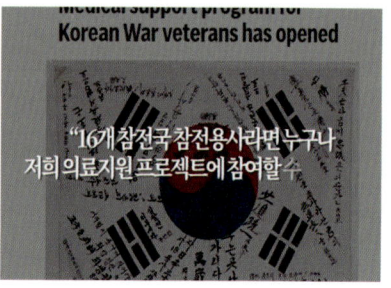

에티오피아 고령 참전용사들이 시각장애로 고통받는 것을 알고, 곧 다시 방문해 수술을 해드린 사연이다. (2023.5.27.)

국내 참전 용사 분들께도 많은 지원을 하는 고마운 기업이다.

# #

미치광이 대통령의 자폭으로 우리가 국난을 맞았으나,
이번에도 깨인 국민의 힘으로 타개했다!

이것을 계기로 세 걸음 물러섰던 것을
여섯 걸음, 열 걸음 앞으로 나가자!!

위대한 우리 국민의 뜻을 떠받드는
이재명 대통령이 잘 해낼 것이다. 잘 해야 한다!!!

| 머리말 |

# #

2023년 3월 초였다. 자리가 사람을 만든다고 했듯, 그래도 윤석열이도 대통령이 되면 좀 달라질 것으로 생각했다. 그러나 1년도 안 돼, 나라를 말아먹고 있는 것이 암담했다. 저것의 광란을 언제까지 봐야 하냐는 내 푸념에, 주역에 조예가 깊은 정(JYH) 형이 2025년 봄에 밝은 국운으로 전환된다고 답했다. 그때 벗(JYH)의 말에 씁쓸하게 웃었는데, 이제 그의 혜안에 찬사와 깊은 감사를 드린다.

어린애도 하루하루가 다르게 변하던데……. 생후 10개월부터 손녀가 가끔 딴전을 피우며 능청을 떨었다. 뭔가 잘못을 저지른 모양이다. 돌이 지나면서, 또 달라졌다. 녀석의 똥 기저귀를 치우던 할미가 구역질하자, 얼굴을 붉히고 시선을 피하며 엉덩이를 뒤집더란다. 14개월 된 녀석이, 제 스스로 할 수 있는 것이 아무것도 없음에도 할머니에게 미안한 생각이 들었던 모양이다.

어린애보다 못한 잡것이 국난을 일으켰다. 늘 그랬듯, 우리 위대한 국민의 힘을 믿기에 이 또한 타개될 것으로 생각했고, 그렇게 됐다. 참 고귀하고 아름다운 우리 국민이다!

우리 국민의 위대함을 되짚어 보는 것은 2025년 6월로 충분했다. 채 한 달도 안 되었지만, 이미 맑고 밝은 국운이 널리 퍼지고 있다. 기존 모든 적폐를 청산하고, 새로운 나라로 도약할 것임을 믿는다.

차례/

머리말/ 214

'의사'란? (2024.3.25.)/ 217
대한민국 역사교과서 (2024.4.11.)/ 219
제22대 총선결과 (2024.4.22.)/ 220
영화『리멤버』(2024.5.7.)/ 220
달 (2024.5~6.)/ 221
김구 공관 (2024.5.15.)/ 222
민주당, 벌써? (2024.5.18.)/ 223
공병우 박사님! (2024.7.20.)/ 226
친일파 역사 청산 (2024.8.4.)/ 227
AI로 본 위대한 분들! (2024.8.14.)/ 228
혼과 정체성! (2024.8.23.)/ 229
깨봉 수학 (2024.9.5.)/ 230
풀꽃 (2024.9.9.)/ 230
『법쩐』이선균 (2024.9.21.)/ 231
작가 한강! (2024.10.11.)/ 232

윤석열의 자폭 (2024.12.3.)/ 233
왜 이리 아리나? (2025.1.9.)/ 258
가장 큰 실수 (2025.2.25.)/ 259
가야금 '아파트' (2025.3.15.)/ 260
여왕 안세영 (2025.3.19.)/ 260
한글의 위대함 (2025.4.15.)/ 261
세월호 11주기 (2025.4.16.)/ 262
프란치스코 교황님 선종(善終) (2025. 4.22.)/ 262
어른 김장하 (2025.4.18.)/ 263
아름다운 두 분의 만남 (2025.5.13.)/ 266
헛꿈 (2025.6.25.)/ 267
천양지차 (2025.8.30.)/ 269

'의사'란? (2024.3.25.)

'의사 집단행동' 주수호 대한의사협회 언론홍보위원…

'의사'란 뭔가? 히포크라테스 선서는 차치하고, 저 난리를 치나? 최소한 소명 의식을 요구하는 직업이 아닌가? 누가 자기들에게 '제발 의사가 되어 달라.'고 빌었나?

물론 귀하고 훌륭한 의사들도 많다. 집단행동에 대한 비판(2024.6.17)도 있다. 그것도 의료계 집권 세력의 그늘에 가려진 극히 일부 소수 의견일 뿐인가?

"10년 뒤 의사 증가 막는 게 지금 환자 생명보다 중요한가"

입력 2024.06.16. 오후 8:12
수정 2024.06.16. 오후 8:22 기사원문

김윤주 기자

👍 701   💬 459

'의협 집단휴진 불참 선언' 홍승봉 교수
"인력난에 뇌전증 수술 40%도 못해 사직·휴진, 중증환자엔 사형선고 의사 많아 사람 죽는 나라는 없어"

홍 위원장은 "의사 수가 (지금보다) 1% 늘어난다고 한국 의료가 망한다고 말할 수 있나"라며 "의사가 부족해서 환자가 죽는 것이지 의사가 너무 많다고 환자가 죽는 나라는 세계 어디에도 없다"고 지적했다. 그는 이어 "10년 뒤에 활동할 의사가 느는 걸 막기 위해 현재 수십만명 중증 환자들의 생명을 위태롭게 하는 것은 절대로 해서는 안 될 일이다. 의사로서의 책임과 사명을 지켜야 한다"고 했다.

의사 친구와 자식이 의사인 친구, 의대 다니는 자식을 둔 친구도 있지만 그렇지 않던데……. 옛날과 달리 소아과와 산부인과는 기피 분야이고, 돈 되는 성형의는 경쟁이 치열하단다. 생명을 다루는 '의사'도 단지 돈벌이를 위한 하나의 직업인일 뿐인가?

집사람이 권해 드라마 『중증외상센터』(2024.1.31)를 봤다. 저녁 먹으며, 혹시 이국종 교수 얘기인 것 같다고 말했었는데, 이 자료를 보고 확인할 수 있었다.

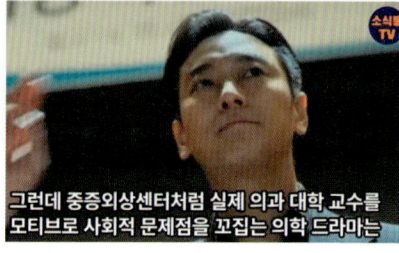

'온 대한민국의 수많은 의사 선생께서 이국종이가 별것 아닌 환자들 데려다 쇼한다고 난리가 났습니다.'라는 이국종 교수의 말처럼 잡것들에 질려 떠난 그가 무엇을 하고 있을까 궁금했다.

2023년 12월부터 국군대전병원장으로 근무(2024.2.3.)하고 있었다. 원하시던 일을 할 수 있는 책무 같다. 변함없이 『미친놈』으로 사시는 것에 감사드립니다.

어떤 드라마에서 본 장면(2024.2.3.)이다. '당신 같은 사람은 거의 찾기 힘들어요. 의사가 천직인 사람이에요.'.

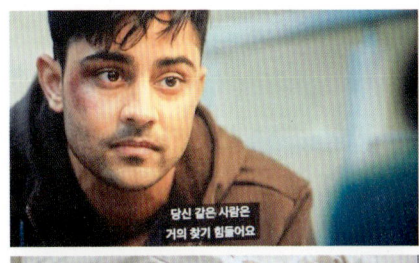

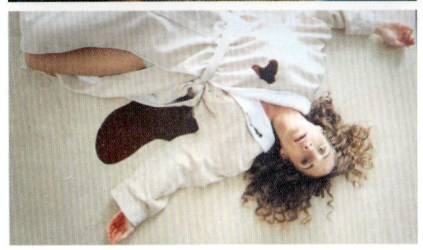

암 전문가로 위명을 떨치던 의사가 과잉 진료 등 의사 윤리를 거스르는 짓을 자행하다가 피해자 가족에게 살해당한다.

대한민국 역사교과서 (2024.4.11.)

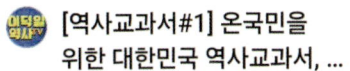

많은 분의 노력이 드디어 열매를 맺어 출간되었다. 그들의 노고에 감사드린다.

제22대 총선결과 (2024.4.22.)

더불어민주당	국민의힘	국민의미래	더불어민주연합
161	90	18	14

조국혁신당	개혁신당	새로운미래	진보당
12	3	1	1

제22대 총선이 끝났다. 민주당이 175석을 확보해 제1당이 됐다. 어떤 경우든 민심의 결과는 존중되어야 하지만, 일부 우려되는 점도 있다. 황당한 풋내기 이준, 웃기는 나경, 뺀질이 고민 등도 됐더라. 게다가 조혁당은 빅 히튼가? 폐해가 큰 잡것들이 정제되지 못한 아쉬움은 있지만, 이번 결과는 큰 전환점이 될 것으로 기대된다.

영화 「리멤버」 (2024.5.7.)

젊은 이일형 감독의 작품 '리멤버'를 우연히 봤다. 깊은 의미를 담고 있었다. 개봉 시에 큰 호응을 받지 못한 것이 의아했다.

이승만이 거두어 키운 망국의 요망한 잡것들이 이 나라를 말아먹는 실상을 극명하게 보여준다. 게다가 점점 더 세를 불려 카르텔을 형성하고, 국부 이승만의 동상도 건립하겠다는 것들이 설친다. 초등생은 좀 어린가? 중등생 국사 교육의 필수 시청 자료가 되어야 한다. 이일형 감독에게 깊은 감사와 찬사를 보낸다!

반면에 다시 시도해 봤지만, 『각시탈』(2025.2.7.)은 제대로 볼 수가 없었다. 청산하지 못한 역사의 폐해는 참담하다. 늙은이에겐 과거 얘기가 아닌 현재의 실상으로 보였기에 그랬나?

달 (2024.5~6.)

가끔 주변에 눈길을 주고, 하늘도 본다. 도심에서 달 보기가 쉽지 않다. 운 좋게 본 달이다. 음력 4일, 5일, 9일, 보름달, 28일의 두 컷. 달을 보며 날짜를 짚어 보는데 잘 안 맞는다.

김구 공관 (2024.5.15.)

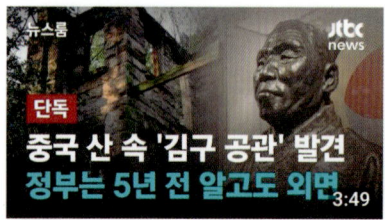

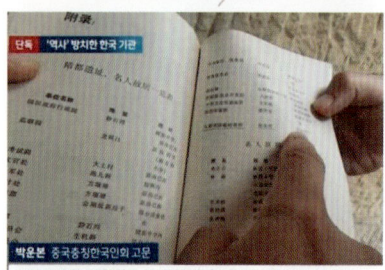

중국 지방정부에서 복원하여 문화재로 지정했다는 김구 선생님의 공관이다. 5년 전에 알았음에도 정작 문재인 정부에서는 아무 짓도 하지 않았단다.

멍청한 대통령 탓인가? 아니면, 이마저도 우리 사회에 곳곳에 뿌리 깊은 왜놈 부역자들 때문인가?

민주당, 벌써? (2024.5.18.)

국회의장? 권위 있는 자리라 탐을 냈나? 문 정권 때 박병석이나 김진표 같은 짓거리를 한다면? 우가에 대한 기대보다는 우려가 앞선다.

직책에 대해 자만심보다는 책임감과 겸허함을 가질 수 있으려나? 자진 사퇴나 더불어패거리당 내에서의 자체 정화는? 우려가 있었는데, 그나마 우원식이가 이번엔 제 몫을 해준 것인가?

 길막 선봉 나경원 패거리들 뚫고 간 우원식 해냈다.. 정...

국민을 씹어먹는 국씹는당 놈들은 국어도 못 하나? '**국회 파괴와 의회 독재**'(2024.6.11.)란다. 행정과 검찰 독재에서 사법부까지 말아먹는 것들이 의회 독재를 말하나? 언제 합의란 것을 해 본 적이 있었나? 더불어패거리당 수박 놈들과 야합하여 말아먹던 것들이다. 더불어패거리당이 오명을 벗으려면, 남아 있는 적잖은 수박들을 골라 국씹는당에 주고, 깔끔하게 정리해라.

우려(2024.6.18)가 현실이 되나? 종종 본질과 핵심은 도외시하고, 너그럽고 포용적인 몸짓으로 위장하나? 앉은 자리의 책무도 모르는 것이 아니길 바란다. 다수당이 된 것도 국민의 뜻이거늘.

갑자기 개헌을 말하며, **우가가 본색**(2025.4.7.)을 드러냈다. 윤석열이 탄핵은 되었지만, 내란의 전모를 밝히고 단죄하는 지난한 길 앞에서 뜬금없이 개헌을 말하는 우 국회의장의 의도는 뭔가?

조직은 하나의 지도자 아래 뭉치고, 새로운 리더가 출현하면 그를 중심으로 당연히 단결해야 한다. 아직도 '친문', '친명'이란 패거리로 조중동의 먹잇감을 자처하는 것들은 뭘까?

당 대표에 출마한 자칭 '**두관명관**'이 **본색**(2024.7.11.)을 드러났다. 냄새는 났으나 저 정도까진 지는 몰랐는데, 차라리 잘 됐다.

이재명이 압도적인 지지로 연임되었다. **개딸 타령을 하는 김두관**(2024.7.27.)이다. 천박한 것이 최악의 자충수를 뒀다. 일견 불쌍하기도 하다.

최고위원 경선 과정에서 정봉주(2024.8.12.)도 본색을 드러내고 말았다. 저것도 우둔한 막장이었구나.

더불어패거리당이 오명을 벗으려면 잡것들을 빨리 청산해라. 아무리 깨끗하게 삶고 빨아도 화장실 걸레를 부엌의 행주로 쓸 수는 없다. 개인별 활동 내용과 역할, 성과 등을 구체적으로 평가할 수 있는 제도적인 체계를 구축하고, 그것을 바탕으로 한 주기적인 평가 결과로써 정리 대상을 명확하게 걸러내 처리해야 한다.

다행이다. 이번 이재명 대표와 최고위원 선출로써 그나마 민주당이 조금은 정비(2024.8.18.)된 것 같다. 모두 힘을 모아 훼손된 민주주의 복원, 추락하는 민생 회복과 국격 회복에 최선을 다해야만 할 것이다. 잘 해내기를 기대한다.

공병우 박사님! (2024.7.20.)

 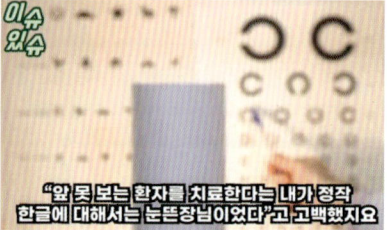

환자로 오셨던 이극로 선생님을 만난 것이 계기였단다. 한글 시력 검사표를 시작으로 한글 타자기를 개발하게 된 계기와 과정, 온갖 고초를 겪은 과정을 상세히 알려주는 귀중한 자료다.

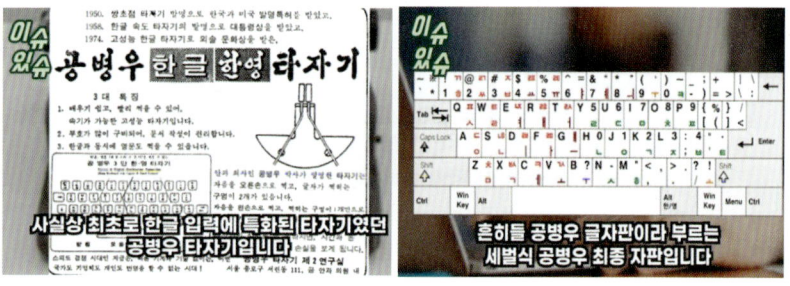

공병우 박사님의 고귀한 열정, 헌신과 희생에 깊은 감사를 드린다.

친일파 역사 청산 (2024.8.4.)

'오분역사' 가 단위 주제별로 귀한 자료를 제공한다.

- 샤를 드골 대통령 (나치 부역자 6,763명 사형, 26,529명 징역. 정치, 언론, 작가, 시인은 가중 처벌)

드골은 "프랑스가 다시 외세의 지배를 받을지라도, 또다시 민족 반역자가 나오는 일은 없을 것이다."라며 반역자 색출과 처단에 신속 단호했다.

또한, 그들은 시효도 20년씩 연장하여 100년이 되었고, 지금도 색출해 재판정에 세운단다.

프랑스가 부럽다. 우리의 앞날은 아직도 요원한데……

AI로 본 위대한 분들! (2024.8.14.)

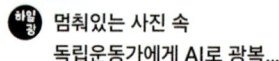

작가님! 감사합니다!

혼과 정체성! (2024.8.23.)

교토국제고 교가

(1절)
동해 바다 건너서 야마도(大和) 땅은
거룩한 우리 조상 옛적 꿈자리
아침 저녁 몸과 덕 닦는 우리의
정다운 보금자리 한국의 학원

(2절)
서해를 울리도다 자유의 종은
자주의 정신으로 손을 잡고서
자치의 깃발 밑에 모인 우리들
씩씩하고 명랑하다 우리의 학원

(3절)
해바라기 우리의 정신을 삼고
문명계의 새지식 탐구하면서
쉬지않고 험한길 가시밭 넘어
오는날 마련하다 쌓은 이 금당

(4절)
힘차게 일어나라 대한의 자손
새로운 희망길을 나아갈때에
불꽃같이 타는 맘 이국 땅에서
어두움을 밝히는 등불이 되자

1947년 개교 이후, 지금까지 지켜온 '혼과 정체성'

깨봉 수학 (2024.9.5.)

[깨봉깨처] 구구단 암기시키면 안되는 충...

[깨봉수학] 루트 (root) _ 이렇게 쉬운 거였어???

명쾌하고 귀한 가르침이다. 산수가 아닌 수학을 해야 한다. 공식 위주 교육과 무작정 계산이 잘못된 것임을 알게 된다. 언어, 이미지, 직관, 쉽게 푸는 해법을 찾는 것이 수학이다. 서너 살 어린아이가 손가락으로 하나, 둘을 헤아릴 때, 수학의 개념을 줄 수 있다면 금상첨화일 것이다. 좋은 강의를 통해 수학의 의미와 진정한 가치를 헤아릴 수 있다. 생각하는 사고방식과 본질을 파악한 뒤에 쉽고 간단한 방법을 찾는 것, 수학의 의미를 깨칠 수 있다.

풀꽃 (2024.9.9.)

올해 처음 화분에 돋아났는데, 이름은 금불초(金佛草)다. 나팔꽃의 씨가 떨어져 뒤늦게 싹이 난 작은 녀석의 여린 덩굴을 금불초에 감아줬었다. 아름다운 조화! 어쩌면 동물보다 식물이 더 강인하지 않을까? 이런 화사한 아름다움을 준 녀석들이 고맙다.

「법쩐」 이선균 (2024.9.21.)

드라마나 영화 속 배우가 느끼는 것은? 간접 체험? 대리 삶? 이선균 씨가 이 드라마에서 맡았던 역할에서 그가 얻고 겪은 것은 무엇일까?

그런 경험이 있었음에도, 검찰 카르텔의 초기 절차인 경찰 조사받던 그가 극단적인 선택을 했다. 순수하고 자존감이 높은 탓이지만 안타깝다.

대상을 점 찍으면 막장으로 몰아넣는 검경 잡것들이 권력을 제 입맛대로 휘두르는 언행과 인식 수준은 어느 정도일까? 도서관에서 초등 저학년 누나가 남동생에게 책을 권하며 소곤대는 모습에서 아름다움을 봤다. 작은 소리로 의논하는 남매와 저런 잡것들을 비교할 수 있나? 누나는 초등 2학년보다는 1학년으로 보였다. 그런데 2학년으로 생각하고 싶다. 잡것들의 기준점을 그렇게라도 한 학년 높여주려니 서글프다.

에구, 잡것 패거리들아! 너희도 새끼는 키우지 않니? 어떤 것은 손주도 있을 텐데, 걔들에게 창피하지도 않니? 오욕에 몸담고 살 수밖에 없는 인생도 있다. 그러나 그것을 자식들에게까지 대물림할 수는 없지 않나? 그렇기에 자식들에게 추한 모습을 보이지 않기 위해, 들키지 않기 위해 더더욱 두꺼운 가면을 씀으로써 외부의 따가운 시선과 질타를 피하려고 애쓰는 것이 인지상정 아닌가? 사람이라면?

작가 한강! (2024.10.11.)

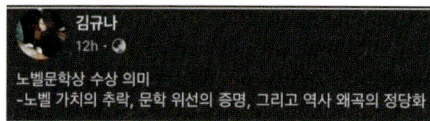

한강의 노벨상 수상 소식에 이어 나온 10월 11일과 17일의 한겨레 기사다. 같은 기자인데, 그의 저의는? '기삿거리'란 뭔가? '광견 암캐가 옆집 주부를 물었다.', '한 주부가 옆집 반려견을 물었다.'. 어느 것이 기삿거린가? 스웨덴 대사관 앞의 자랑스러운 저들의 얼굴은, 또 왜 가렸나? 가문을 대표하여, 자기들의 애국심을 입증하는 증거를 훼손한 것은 무엇 때문인가? 이 기사를 쓴 기자의 의도는 뭘까?

더없이 귀하고 아름다운 순간!!! (2024.12.11.)

윤석열의 자폭 (2024.12.3.)

2024년 12월 3일 23시. 야밤에 윤석열이 자폭했다. 책을 읽고 있는데 대구 사는 오촌 아재가 전화했다. 자다가 친구에게 계엄 얘기를 들었다며 맞냐고 흥분했다. 휴대전화를 검색하며 '그렇네.'라 답하니, 넌 어찌 그리 담담하냐고 묻는다. 신경 쓰지 말고 자던 잠이나 자라고 했고, 나도 보던 책을 보다가 잤다. 윤가 스스로 자폭을 택한 것이 되려 국가에 도움이 될 것이라는 생각도 들었다.

다음 날 이런저런 것을 봤다. 계엄 선포 후 이재명 등 많은 의원과 수많은 시민이 국회로 모였다는 것도 알게 되었다.

법무부 류혁 감찰관은 곧바로 사직서를 쓰고 나왔단다. 저런 공직자도 있었구나! 같은 마음인 공직자도 많았을 것이다.

국회의 **탄핵소추안이 가결**(2024.12.14.)됐다. 반대도 아니고, 기권과 무효는 뭔가? 암흑 속에서도 **큰 변화**(2024.12.23.)가 있기에 밝은 미래를 본다. 특히 응원봉을 든 20, 30대 여성의 참여가 늘었다.

이 땅의 어머니는 가부장제 아래 인고의 세월 속에서 자식과 가족, 집안 대소사와 나랏일까지 책임지셨다.

20, 30대 여성들에게서 귀하고 아름다운 어머니상을 본다.

반면, 이대남 덕에 윤가가 대통령이 됐다고 하듯, 요즘 청년들의 수준은 많이 황당하다. 그 때문인지, 결혼을 생각지 않는 딸들이 주변에 꽤 많다. 최소한의 수준이나마 기본이라도 갖춘 남자들이 없기에 결혼을 포기한 것인가?

젊은 여성들의 참여 확대로 촛불이 오색 빛으로 바뀌었다.

윤 정부는 지위 고하, 나이 차이를 막론하고 모두가 **파렴치한 동종**(2024.12.25.)인가?

오색빛이 나날이 **확산**(2024.12.28.)하고 있다. 20, 30대 여성들이 변화와 개혁의 주체로 자리매김하게 되었다.

대구도 변화(2024.12.29.)가 있으려나? 나도 그쪽 문둥이지만, 이제 좀 바뀌어야 하지 않나?

'94년부터 독일과 한국을 오간다는 독일기자 안톤 숄츠. 광주에 살고 있단다. **제삼자의 시선** (2024.1.15.)이지만 정작 우리보다 더 많은 것을 꿰고 있다.

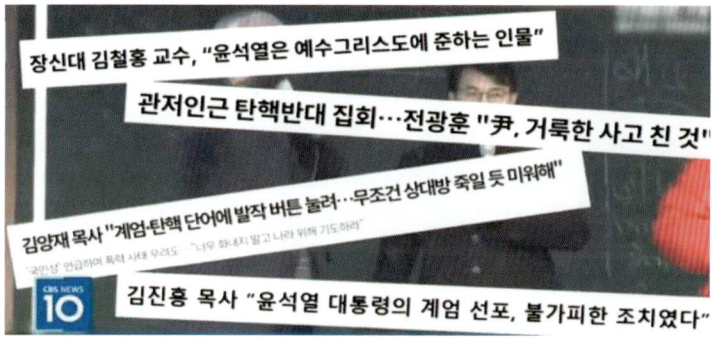

'**종교인**'이란 **탈**(2025.1.17.)도 각양각색 너무 많다. 죽을 기회도 주겠다는 자를 추종하는 것들은 뭘까? '예수 그리스도에게 준하는 인물'이란 말까지 듣는 하느님은 웃으시려나?

역대 대통령에 대한 **평가 자료**(2025.1.17.)다.

늘 고군분투하는 알찬 '새날'이지만, 이 자료는 좀 미흡했다.

가장 두드러지게 잘못된 것은 이승만과 문재인, 두 사람이다.

 이승만의 죄악 중 친일 매국노를 단죄하기는커녕 중용함으로써 지금의 모든 환란을 초래한 것이 가장 크다. 대를 이어 세를 불려 이제 제 본색까지 드러내며 설치게 한 원흉이다. 또 한 사람은 촛불혁명으로 대통령이 된 문재인이다. 그는 잡것을 키워 국난을 초래했다. 윤석열을 키워 내란을 야기했고, 중용했던 측근들은 친문계 패거리로 나라를 분탕질하고 있음에도 제재나 반성은커녕 방관만 하고 있다.
 문재인의 공으로 '코로나 극복'을 말하는 것은 착오다. 정은경 본부장 같은 능력 있는 수장과 수하 구성원들의 헌신 결과일 뿐이다. 물론 각 분야 의료진의 노고 역시 필요충분조건이었다. 당시 '한 시간 이상은 잔다.'라던 정 본부장의 말을 되새기자.

　기괴한 자들의 추태와 만행이 이어지는 가운데 **서부지방법원 난동**(2025.1.19.)까지 벌였다. 윤 대통령 당선에 크게 기여했다는 이대남이라 저렇게 미쳐 날뛰는가?

　헌법재판 과정에서도 윤가 일당은 **파렴치한 본색**(2025.1.21.)을 아낌없이 적나라하게 드러냈다.

　마치 독립운동가처럼 의연하고 당당하다! 앞뒤 안 맞는 거짓말과 헛소리를 거리낌 없이 뱉는다. 윤가 변호인들의 임무는 **똥 치우기**(2025.1.23.)였다.

　남의 똥을 먹으며 떼돈을 버니, 그건 '똥'이 아닌 '캐비어'인가? 전관예우로 일 년에 수십억 원도 번단다. 그래서 왜국과 왜놈들 변호도 당당하게 맡는 것들이 이 땅의 잘난 유명한 변호사들이다.

황당한 거짓말과 궤변, 앉은 자리에서 말을 바꾸며 싸는 똥을 캐비어라 강변하며 먹어 치우는 변호인을 보는 그들의 부모나 처자식은 무슨 생각을 할까?

이 땅의 왜놈 부역자들이 대대손손 호의호식하며 당당히 머리 쳐들고 본색을 드러내는 것처럼 저들도 효자 효손으로 구성된 명문가인가?

국회와 헌재에 불려 나온 내란 관련자들에게 두 가지 유형이 있다. 변함없이 말하는 사람과 달리, 기억력이 취약한 무뇌아와 상황에 따라 수시로 말 바꾸기를 일삼는 후안무치로 나뉜다.

반면에 참군인과 약자를 돕는 김경호(임진왜란 김덕룡 의병장의 13대손) 같은 AI변호사도 있다.

재판이 진행되면서 헌재에 대한 우려도 커가고 있다. 재판관의 출신과 성향, 이력 등으로 짐작되는 것이다. 특히 윤석열이 임명한 자들이 재판 과정에서 보이는 언행도 우려를 키우고 있다.

이진숙 탄핵 기각(2025.1.23.)도 헌재에 대한 우려를 키웠다.

증인이 처한 당시 정황은 무시하고, '검거 요청'과 '검거 지원 요청'의 차이를 명철하게 짚으며 장시간을 할애한 재판관도 우려를 낳고 있다.

그의 집요함과 패기가 의외라 찾아보니, 보기와 달리 61년생으로 젊었다. 백미(白眉)가 아닌 젊은 미백(眉白)이었다.

그런 우려에서 나돌던 자료를 보다가, 우리가 사는 땅이 참 좁다는 것을 새삼 느꼈다. 대법관을 지낸 낯익은 친구(MIY)의 처와 동서, 두 사람을 윤석열이가 임명했다는 것이 우연인가? 필연? 초록동색?

윤석열의 자폭으로 생긴 빈자리를 탐내는 자아도취에 빠진 **친문계가 기지개**(2025.1.27.)를 켠다.

늘 명쾌하고 적확한 평가를 주는 최동석 님과 불철주야 노고가 많은 뉴탐사에서 관련된 **귀한 평가치**(2025.1.31.)를 주었다.

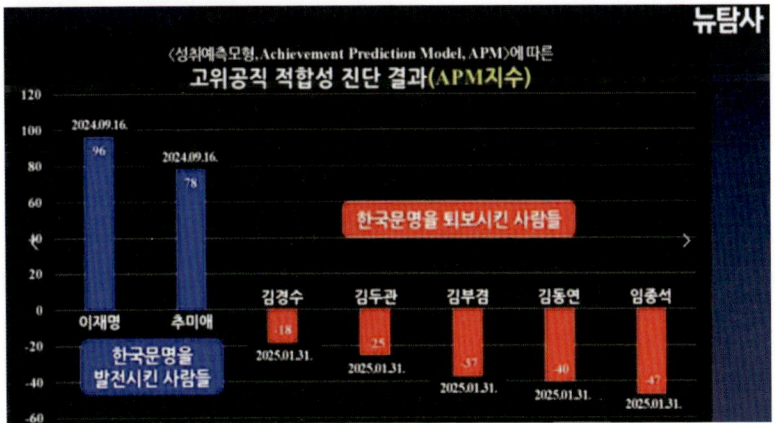

자아도취에 빠진 잡것들이야 그렇다 쳐도, 뒷짐 지고 있는 문재인이 안타깝다. 물론 문재인 정부에도 명암은 있다. 하지만 수하 관리 실정에 대한 것은 너무 참담하다. 자신이 뿌리고 키운 잡초는 제 손으로 뽑아야 하지 않나? 명색이 일국의 대통령이었는데 책임을 져야 하지 않나? 윤석열이란 괴물을 키워 나라를 도탄에 빠뜨렸다. 이낙여 등의 잡것 무리를 등용함으로써 패거리를 조장하여 당을 쪼개는 것을 도모한 꼴이 되고 말았다. 자신이 임명한 수하들의 반기를 방관하고, 처리하지도 못했다. 하다못해 세월호의 피맺힌 원혼들마저 달래주지 못했다. 무엇보다 그의 책임지는 모습이 아쉽다.

험하고 긴 나날임에도 변함 없는 **촛불문화제**(2025.2.10.)다.

광주까지(2025.2.15.) 가서 저런 짓거리를 자행하는 패륜아들을 뭐라 불러야 할까?

이제 윤석열이 **직무 복귀**(2025.2.20.)까지 지껄이는 것을 봐야 했다.

내란 작당 과정이 조금씩 드러나긴 하지만, 아직 깊은 수면 아래에 있다. 최근에 불거진 **건희 라인**(2025.2.22.)에 간택된 내시들은 나중에 어떻게 단죄해야 할까?

45년이 지나서야 **김재규 재심**(2025. 2. 27.)을 한단다. 석열이가 자폭한 12월 3일 밤 내게 전화했던 대구 문둥이 오촌은 새벽 3시까지

잠을 못 잤단다. 그에게 '제2의 김재규가 출현해 윤가와 김용현 등 네 댓 놈을 쏴 죽였더라.'라는 내 헛꿈을 말하자, '넌 꿈도 야무지다.'라며 웃더라. 김재규와 김건희가 선산 김씨라는 것도 웃긴다.

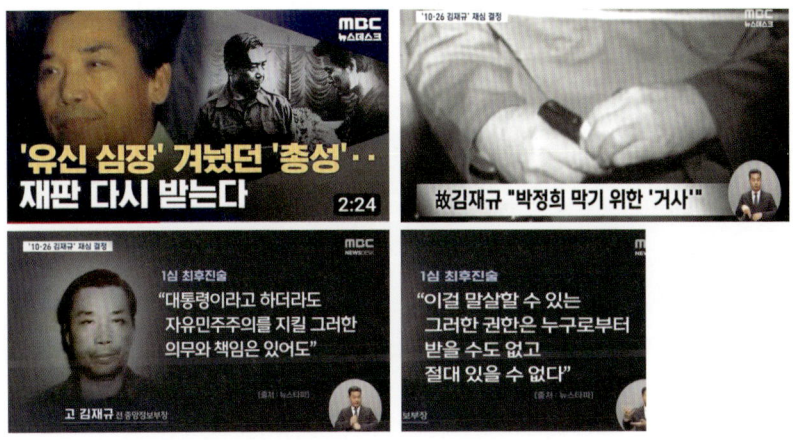

윤가가 탄핵 심판 최종 변론에서 또 **명언**(2025.2.25.)을 뱉는다.

윤가에겐 특출난 강점이 하나 있다. 맹목적으로 충성하는 내시를 간택하는 능력! 잡것들 중 한덕수나 최상목은 대통령 놀이까지도 분신처럼 판박이로 잘한다. 나이 차이를 불문하고, 저런 수하를 거느릴 수 있다는 것도 어찌 보면 대단한 능력이다.

 대통령 놀이하는 구더기? 구더기는 썩은 살을 먹어 상처를 치료하고, 똥을 먹어 거름으로 만든다. 저것은 **구더기**(2025.3.1.)도 과하다.

윤석열이 석방(2025.3.8.)되었다.

지귀연? 지극히 귀여운 판사? 지귀여? 쥐겨? 기이한 것이 수학이 아닌, 자신만의 산수인 '시간'으로 계산했단다.

지체되는 헌재 결정으로 이젠 부정적인 말까지 쏟아진다.

춥고 궂은 날들임에도 우리 위대한 시민들의 시위는 변함없이 지속되었다.

마침내 헌재가 윤석열 탄핵 사건 선고를 2025년 4월 4일 11시에 하겠다는 **선고 일정**(2025.4.1.)을 밝혔다.

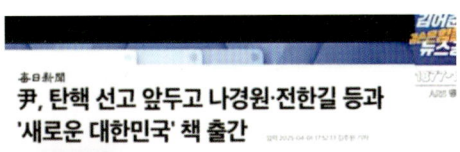

헌재는 오늘 "대통령 윤석열 탄핵 사건에 대한 선고가 4월 4일 오전 11시 대심판정에서 있을 예정"이라고 밝혔습니다.

작년 12월 14일 윤 대통령이 탄핵소추된 때로부터 111일 만입니다.

지난달 25일 변론을 종결하고 재판관 평의에 돌입한 때로부터는 38일 만에 선고가 나오는 셈입니다.

선고일 하루 전인 3일까지도, 기괴한 책을 출간한다는 말까지 돌아 부정적인 생각을 떨치기가 쉽지 않았다.

계엄 선포 후 123일이 지난 오늘 2025년 4월 4일, 11시 22분. 재판관 전원 일치로 **헌재의 파면 선고**(2025.4.4.)가 났다.

윤석열은 파면되었지만, 정작 문제는 지금부터다. '이덕일 역사TV'에서 명쾌하게 **세 가지로 짚어준 것**(2025.4.6.)에 전적으로 공감한다.

역사의 오명이 된 과거의 전철을 밟지 않고, 이번에는 반드시 반란세력 처단과 혁신적인 개혁을 이루어야만 한다. 내란 주동자와 부역자를 낱낱이 밝혀내어 단죄하고, 우리 속에 뿌리 깊은 친일 부역자를 청산함으로써 이제라도 역사를 바로 세워나가야 한다. 헌법과 법령의 허점이나 미비점을 정비하고, 위대한 국민이 주도할 수 있는 직접 민주주의 강화를 통하여 삼권을 견제하고 통제할 수 있어야 할 것이다. 독일 연방헌법재판소와 같은 조직 체계와 업무를 도입하는 등 우리에게 필요한 제반 체계도 정비해야만 한다.

지난 4개월 아니, 잡것이 대통령이 되면서 시작된 3년 가까운 긴 시간 동안 집회에 참여하지 못한 것이 늘 미안했다. 바이러스에 감염되어 무너진 몸과 마음이라 동참할 수 없었다.

  외국인들의 눈이 아니더라도, 우리 위대한 민중들의 지난한 나날은 더없이 고귀한 것이다! 2025년 3월은 특히 그랬다.

  질서 정연한 시위는 늘 다른 나라의 모범이 되었다. 거기에 더해 촛불이 오색봉으로, 문화제와 축제로까지 승화시킨 우리의 시위 문화다. 그런 시위 문화에 대한 외국인들의 충격과 감동, 부러움 속에서 민주주의 역사의 모범이 됨으로써 한류의 새로운 영역, K-민주주의가 되었다.

짐작은 했지만 파면 선고 이후에도 매일, 매시간 일어나는 후안무치한 잡것들의 칼춤이 황당하기에 그지없다. 대통령 놀이로 국정을 난도질하는 **후안무치 세쌍둥이**(2025.4.16.)다. 도대체 윤가에게는 얼마나 많은 쌍둥이가 있나? 수십 명? 수백 명?

유구한 역사 속, 숱한 국난을 타개한 주역은 우리 백성이었고, 그 근간은 이 땅의 지혜로운 어머니다. 반면에 윤석열 정권은 거명조차 역겨운 괴녀(怪女)의 충복이 되어 이 나라를 말아먹었다.

군인? 516을 혁명으로 강요받고 자랐으나, 반감은 있었다. 그래선지, 군에 입대해 훈련받을 때다. '돌격 앞으로!'라 명령받는다면? 눈앞의 사선으로 돌진할 수 있겠느냔 생각을 종종 했었다. 그러나 그런 명령은 따를 수 없다고 생각했고, 따라야 한다고도 생각지 않았다. 다만, 내가 장군이라면 전장을 훌륭하게 지휘할 수 있을 것이라 생각한 황당한 이등병이었다. 그러면서도 나와 달리 참된 군인이 많을 것이라는 생각만은 했었다.

재판 과정에서 우리에게 **참된 군인**(2025.4.21.)이 많음을 알게 되었다. 그런 귀한 군인들이 있었기에 이 나라를 지킬 수 있었다.

곳곳에 박혀 있는 윤가 쌍둥이들의 충성 경쟁이 아귀다툼까지 벌이며 지랄발광한다. 두꺼운 낯짝 경연장이다.

모두 공통된 능력인 후안무치와 파렴치로 완벽하게 무장했다.

그런 가운데 구성된 이재명 **선대위 사령탑**(2025.4.30.)에 낯익은 얼굴들이 보인다. 또한, 의외의 인물도 있어 흥미롭다.

이번에는 대법원장 조희대가 수하 9명을 거느리고, **사법 내란**(2025.5.1.) 을 일으키며, 윤가에게 합세했다. 신속 단호하게 거사를 주도했다.

이런 전력으로 위업을 쌓았기에 800원짜리 대법관 등을 거느리는 수장이 되었구나! 화룡점정! 역사에 남을 희대의 인재(人災)다.

계속되는 내란에 대한 걱정과 우려와 함께 민주당에 적극적인 대처 방법까지 제시했던 **서보학 교수의 혜안**(2025.5.4.)이 조희대 일당의 치졸한 만행을 저지하는 큰 결실을 보았다.

서울고법, 이재명 파기환송심 첫 재판 연기..대선 뒤 6월 18일

나라를 망치는 국씹는당의 치졸한 행태는 초지일관 변함이 없다.

민주당, '한덕수 → 김문수' 재교체에 "윤석열당이 전광훈당으로"

도토리 키재기로 서로 물고 뜯더니, 5월 10일 새벽에 경선 후보 김문수를 한덕수로 바꿨다가, 다음날에 다시 바꿨다. 기괴한 일이 일상인 저것들의 막장 쇼(2025.5.10.)는 언제 끝나려나?

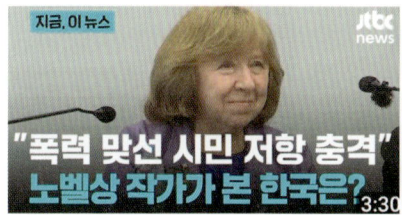

윤가가 5월 17일 탈당하면서 '백의종군'을 말했다. 말뜻이나 알고 지껄이나? 아님, 누가 시켰나?

2020년에 벨라루스 독재 정권에 맞섰다가, 망명 생활을 하는 77세 작가 스베틀라나 알렉시예비치(2025.5.12.)에게 '저항은 평생 추구해 온 삶의 태도이자 희망'이었단다.

5월 13일 이재명의 대구 유세 현장에 많은 시민이 운집했다. 5월 23일에는 한 젊은이가 대구 사람의 문제점을 조목조목 짚으며 찬조 연설을 했다. 대구·경북, 부·울·경도 이제는 좀 바뀌려나?

우리 언론과는 사뭇 다른 **외신의 이재명**(2025.5.17.)이다.

 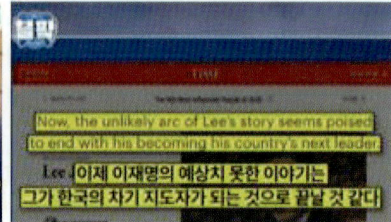

윤석열이를 찢고 나오는 이재명? 전달하고자 하는 의미와 메시지가 단순하고 명쾌하다. 국내 쓰레기자들과는 전혀 다른 차원이다.

여기가 어디라고! (2025.5.18.). 역시 광주는 다르다. 내 고향 문둥이들도 좀 배우길 바란다만……

늘 느끼는 것이지만, 참 좁은 땅임에도 우리는 말과 지역색이 뚜렷하다. 그 근원은 어디고, 어떻게 형성된 것일까? 정체성을 뜻하는 것일 수도 있는가?

YTN

윤석열, '부정선거' 영화관람…파면 뒤 첫 공개일정

[앵커] **윤석열** 전 대통령이 파면 뒤 첫 공개일정으로 **부정선거** 논란을 …

영화 관람? 새삼스러울 것은 없지만 <u>목불인견</u>(2025.5.21.)이다. 천진난만한 것인가? 그러고 보니 생각나는 장면이 있다.

다소곳하게 인사하는 윤가? 제 부모에게도 저렇지는 않았을 것 같은데? 기괴한 판사와 저것들의 협잡은 어떻게 하면 가능했을까? '인간을 만물의 영장(靈長)'이라고들 한다. 반면, 파렴치하고 후안무치한 잡것들의 저런 결탁도 인간이기에 가능하다.

각기 다른 모양의 실잠자리와 어린 사마귀, 저 친구들의 삶에도 먹이사슬과 경쟁은 있을 게다. 그러나 적어도 순수하다. 우리가 '미물'이라 칭하는 작은 곤충들과 견줘, 모든 인간에게 '영장'이란 말을 쓸 수 있을까?

253

전국을 다니는 이재명의 유세 현장(2025.5.)에 시민들이 운집했다. 진심 어린 찬조 연설자들도 많았다.

안양 시장과 경기도지사 재임 시의 사례를 들어 말하는 이재명. 그를 겪어본 본 시민들의 반응은 이처럼 크다.

9살 때 겪은 고향 광주를 말하는 54살 김가연.

김구 선생님의 말씀을 전하며 이재명의 문화강국을 지지하는 김덕수.

뉴라이트 매국 사관 척결을 말하는 호사카 유지 교수.

5월 29일과 30일의 **사전투표율**(2025.5.30.)이 꽤 높게 나왔다.

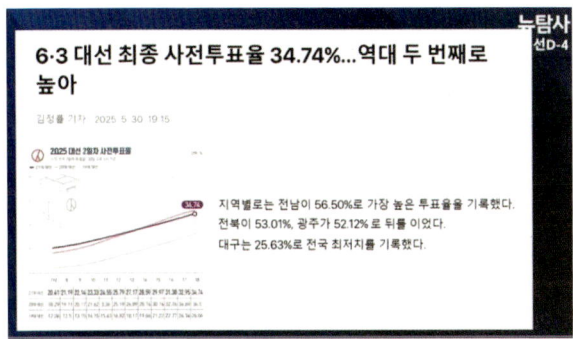

가장 높은 전남이 56.50%, 대구는 25.63%로 가장 낮았다.

우리 아이들에게서도 특별한 유전자를 본다. **유세장의 아이들**(2025.6.1.)이 보여준 행동이 기특하고 대견하다!

초등 6학년 친구 넷이서, 저희끼리 유세장에 왔단다. 계엄 과정을 보면서 느낀 것이 있었단다.

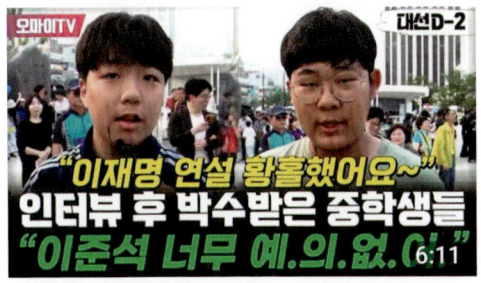

부모 따라 유세장에 왔다가 만난 중학교 2학년 두 친구. 현재와 바뀌어야 할 내일을 보는 눈과 후보자들에 대한 평가도 명확했다.

이런 아이들을 단순히 나이만 보고, 어리다고 할 수 있나?

초등 6학년과 중학교 2학년 아이들이지만, 정작 이런 아이들에게 투표권을 주어야 하지 않나? 전대미문 괴이한 목사가 대가리 박으라면 박는 것들과 그것에 환호하는 어른? 흑색 선동에 휩싸여 맹목적인 투사가 되는 어른? 먼저 나서 선생이 아니듯, 나이 든 철부지 어른과 사리 분별을 하는 아이들을 구분해야 하지 않나? 누구의 표가 의미가 있을까? 현행 투표권 나이를 낮춰야 한다. 초등교 6학년이나 중 1학년부터? 많이 양보해서 중 3학년으로 하자!

재판과 수사 등이 지지부진한 가운데, 윤가 수하들의 행태가 그나마 하나둘 드러나고 있다. 국무총리와 장관이란 것들의 행적이 짐작한 대로 가관이다.

저들의 민낯(2025.6.2.)이 하나둘 들춰지고 있는데, 하나같이 윤가의 복제품들이다.

최소한의 품격도 기대할 수 없는 것들이다. 계엄이 성공했다면, 공을 놓고 서로 주도권 싸움을 벌였을 것들이다. 치졸하고 저열한 거짓말로 일관하는 후안무치 잡것들이 추하고 역겹다. 하나같이 기억력조차 취약한 정박아들이 나라를 말아먹고 있었다.

세 살 어린애도 잘못을 저지르면 얼굴이 벌게지며, 아무 말도 못 한다. 그러다가 궁지에 몰려 더 이상 피할 수 없게 되면, 결국 울음을 터뜨리는 것으로 자신의 잘못을 시인한다. 저것들의 수준은 그런 어린애들과도 견줄 가치조차 없다.

이제 남은 것은 내일 6월 3일 본투표의 결과다.

본투표 다음 날 새벽에 **이재명의 당선**(2025.6.4.)이 확정됐다.

이재명이 **제21대 대통령**(2025.6.4.)이 되었다. 축하합니다!

위대한 국민을 떠받드는 이재명이 잘할 것이다!

이재명은 잘 할 것이다! 잘해야만 한다. 정치와 정치인, 정부란 것이 무엇인지 국민께 제대로 보여다오. 그래서 우리가 더욱 성숙한 민주시민으로 거듭날 수 있도록 해주어야 한다.

국난에도 변함없는 저 지역색은 무엇 때문인가? 국정 비전은커녕, 조잡스러운 정견조차도 없이 흑색선전만 지껄이는 잡것에게 표를 주는 50%의 사람들? 20% 정도라면 그러려니 하겠다만, 너무 황당하다. 문디들이 문제다. 특히 내 고향 대구는 정말 대책이 없다.

왜 이리 아리나? (2025.1.9.)

당연함에도 왜 이리 아리나?

가장 큰 실수 (2025.2.25.)

'그랬으면 엄마한테 올인을 했어야지.'

'그래서 그게 내 인생에서 가장 큰, 가장 큰 실수였지, 그게.'

이 드라마 대사 중에 내가 해야 할 말을 하더라. 부모와 형제에게 한 짓은 차치하고, 꽤 품격 있는 집사람의 인생을 망쳐놨다. 전문직임에도 애나 키우라며, 직장을 그만두게 했다. 최근 40년 만에 동문 모임에 나가게 된 집사람이다. 오랜만에 본 동기 중 한 친구가 의아해하면서 '넌 진작에 대학교수가 되었을 줄 알았는데……' 하더란다. 공부밖에 몰랐던 학구파였던 집사람이었기에 그랬던 모양이다.

역할을 바꿔, 내가 육아와 살림을 맡았어야 했다! 경상도 문디 멍청이가 멍청도 한 여자의 인생을 그렇게 말아먹었다. 되돌릴 수도 없고……. 자업자득이라 하더라도, 집사람에게 미안하다.

가야금 '아파트' (2025.3.15.)

가야금으로 '아파트'를 연주한다. 멋지다! 국악 공연을 언제 봤던가 싶다. 정작, 나는 우리 것도 잘 모르는 무지렁이다!

여왕 안세영 (2025.3.19.)

우리들의
귀한
딸!

한글의 위대함 (2025.4.15.)

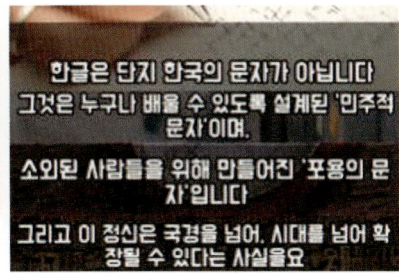

인도네시아 찌아찌아족 얘기는 예전부터 알고 있었지만, 최근 한글의 특징과 위대함을 말하는 해외 자료들이 많이 게재된다. AI 최적의 언어, 난독증 치유 문자라는 것 등. 무엇보다 다민족, 다문화 국가에서 문자가 없는 소수 민족이 겪었던 많은 문제점을 해소해 주고 있단다. 자신들의 정체성과 전통 계승이 가능해졌고, 원활한 소통 수단이 되면서, 공동체 안에서 자신들의 입지를 다질 수 있었다는 것이다.

팬데믹 속에서 한류를 접한 젊은 층에서 시작된 것이 프랑스 등 유럽 전역으로 확산했고, 아프리카와 중동에서도 한글 열풍이 불고 있다고 한다. 게다가 이슬람교의 경전 쿠란(Quran) 암송에도 활용되는 것처럼, 또 다른 차원으로 한글의 가치가 확장되고 있다.

문외한이라 싱가포르에서 어떻게 한글을 활용했는지는 자세히 파악할 수 없었다. 그러나 무엇보다 외국인이 평한 '시공을 넘어 무한한 확장성을 지닌 민주적인 포용의 문자'란 언급은 내 뇌리에 깊이 각인되었다. '세종어제훈민정음'의 깊은 철학과 의미 및 가치, 위대함을 되새기기엔 충분했다.

백성을 위해 불철주야 애쓰신 성군, 세종대왕을 닮은 위대한 지도자의 출현을 고대한다. 이재명이라면 닮을 가능성이 크지 않을까?

세월호 11주기 (2025.4.16.)

아! 세월호 11주기. 문재인 대통령을 욕하는 친구와 심하게 싸운 적이 있었다. 에구, 친구야, 미안하다! 내가 잘못했다.

프란치스코 교황님 선종(善終) (2025.4.22.)

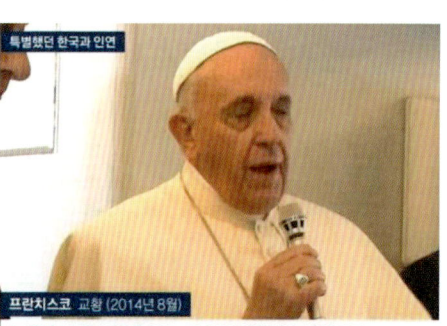

세월호 유족을 보듬어 주셨던 것과 '북한에도 가주시겠다.'라던 귀한 말씀이 생각난다. 영면하소서!

어른 김장하 (2025.4.18.)

어제 아침, 작년에 다큐를 봤다는 집사람이 '어른 김장하'를 말해줬다. 그 덕에 뒤늦게나마 고귀한 분을 알게 되었다.

문형배 권한대행의 어른 김장하..뜨거운 관심(2025.04.14...

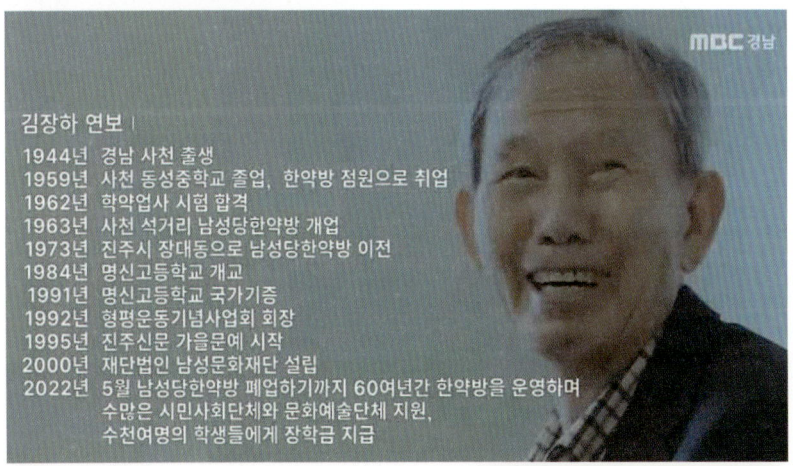

김장하 연보
- 1944년 경남 사천 출생
- 1959년 사천 동성중학교 졸업, 한약방 점원으로 취업
- 1962년 한약업사 시험 합격
- 1963년 사천 석거리 남성당한약방 개업
- 1973년 진주시 장대동으로 남성당한약방 이전
- 1984년 명신고등학교 개교
- 1991년 명신고등학교 국가기증
- 1992년 형평운동기념사업회 회장
- 1995년 진주신문 가을문예 시작
- 2000년 재단법인 남성문화재단 설립
- 2022년 5월 남성당한약방 폐업하기까지 60여년간 한약방을 운영하며 수많은 시민사회단체와 문화예술단체 지원, 수천여명의 학생들에게 장학금 지급

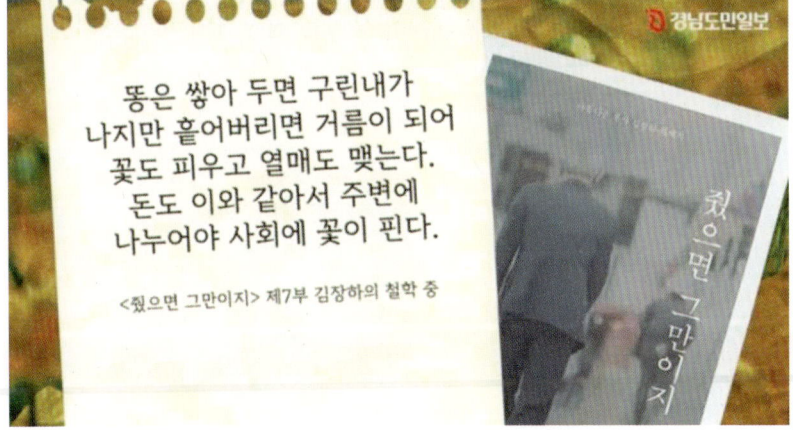

똥은 쌓아 두면 구린내가 나지만 흩어버리면 거름이 되어 꽃도 피우고 열매도 맺는다. 돈도 이와 같아서 주변에 나누어야 사회에 꽃이 핀다.

<줬으면 그만이지> 제7부 김장하의 철학 중

　누군가 『생불』이라 말하던데, 선생님에게 어울리는 말씀이다. 선생님의 고귀하고, 아름답고, 선한 영향력은 잔잔하게 퍼졌지만, 앞으로도 널리 퍼져 나갈 것이다.

　설립자를 뵌 아이가 '아빠에게 자랑해야겠다.'라는 말을 하며, 마음속에 새겼을 것을 나도 느낀다.

김장하 / 전 남성문화재단 이사장
아무도 칭찬하지 말고, 나무라지도 말고 그대로 봐주기만 하세요. 그렇게 지금도 말하고 싶어요.

김장하 / 전 형평운동기념사업회장
'새로운 차별을 없애자' 이런 쪽으로 추진했었는데 30년이 지난 오늘 와서 그 차별은 별로 없어지지도 않고 그대로 유지되는 것 같아서 안타깝습니다.

김장하 / 전 남성문화재단 이사장
재단 설립 20년이 지난 오늘 제대로 이뤄놓은 것은 없고 뒤떨어진 지역문화를 발전시키기에는 역부족이었습니다. 무거운 짐을 대신 짊어지게 해서 죄송스럽습니다.

아름다운 두 분의 만남 (2025.5.13.)

진정 귀하신 두 분!

헛꿈 (2025.6.25.)

함박눈이 쏟아지는 멋진 성탄절 전야에 귀한 벗(KMS)을 만났다. 10년 만에 입국한 시드니 사는 김(KMS) 형과 회포를 풀고, 집에 와 곯아떨어졌다. 새벽에 소변을 보러 깼는데, 주변이 시끄러웠다. 어젯밤에 극단적인 선택을 한 사람이 글을 남겼단다.

*****

어릴 적부터 모자란 것 없이 컸다. 내가 하고 싶고, 갖고 싶은 것은 모두 지닐 수 있었다. 9수까지 해 꽤 늦었지만, 원하던 직업을 갖게 되면서 폼나게 살았다. 게다가 막강한 힘을 지닌 가장 높은 자리까지 차지하게 되면서 정점을 찍었다. 지난 2년여 동안, 내가 원하는 대로 모든 것이 이루어졌다. 내 주변 누구나 내 말에 복종했고, 내가 쥐여준 돈과 권력, 특혜로 알아서 다들 기었기에 불가능이란 없었다. 이 사회를 지배하는 기득권층인 모든 카르텔도 나를 위대한 지도자로 숭배했다. 자부심과 보람으로 충만한 만족스러운 나날이었다.

그러던 중, 2024년 8월 초 문득 느낀 것이 있었다. 시작은 왜 나는 일본을 좋아하는가였다. 내 부모 탓인지도 모호했지만, 내 뼛속 깊이 각인되어 있음을 깨달았다. 게다가 의외로 나와 같은 부류들이 이 사회를 좌지우지하고 있다는 것도 놀라웠다. 왜? 어떻게, 이렇게 되었나? 반만년 역사 속, 불과 삼사십 년 동안 저열한 족속인 왜놈에게 당한 치욕의 역사를 청산하지 못한 후과가 모든 적폐의 근원이란 결론을 내렸다. 왜에 부역한 대가로 물려받은 돈으로 권력과 결탁할 수 있었고, 돈이 돈을 버는 세상에서, 대를 이어 가며 강력한 카르텔을 형성했던 것이었다.

이런 생각에서, 최근 3, 4년 동안의 나 자신을 되돌아보게 되었고, 내가 느낀 것은 심한 자괴감이었다. 어떻게 모면할 수 있나? 무엇을 하면 되나? 처음에는 단순하게 생각했으나, 어떤 해결책도 무용지물이었다. 게다가 내 눈치만 살피는 것들에게 둘러싸였기에 의논할 대상조차 하나 없었다. 서너 달을 고심한 끝에 내린 결론은 극단적인 수단이어야 했기에 '계엄'을 택했다. 내가 변화와 개혁의 주체는 될 수 없기에, 계기와 전환점을 던져주는 것을 택했다.

나는 계엄과 함께 극단적인 모든 수단과 방법을 적나라하게 보여줄 생각이었고, 그렇게 실행했다. 그렇게 함으로써, 각 분야 곳곳에 박혀 있는 모든 카르텔과 적폐들의 실체와 면면, 구체적인 행태 등 속살까지 모두 까발려주었다. 이런 실상을 바탕으로, 적폐 청산과 구체적인 개혁 대상이 명확해졌다고 본다.

내 역할은 여기까지다.

이제 내가 가야 할 길을 간다.

2025년 12월 24일.

윤석광.

이 글을 읽고, 탄성을 지르며 잠에서 깼다. 한여름 밤의 **헛꿈**이었다. 초겨울인 시드니는 눈이 없는 곳이라, 보고팠던 벗(KMS)과의 어제 통화에서 나눴던 함박눈 추억이 빌미가 되어 이런 꿈을 꿨나?

*****

며칠 뒤, **또 다른 헛꿈**(2025.6.30.)을 꿨다.

신입이라, 맡은 일이 가장 힘든 지옥문 보초다. 오늘 새로 들어오는 무리 속에 현손 바이러스 부부가 있었다. 내가 주지 못했던 선물, VEK를 전해 받은 모양이다. 그렇더라도, 어떻게? 의외였다. 지옥에 와서도 저것들을 봐야 하나? 참 더럽고 질긴 악연이다.

갈 때가 됐나? 요즘 꿈과 생시가 구분 안 된다. 게다가 달포 전부터 술맛마저 떨어졌다. 오늘 밤이라도 그저 자다가 조용히 갔으면 좋겠다. 멍청한 놈에게 그런 복이라도 있기를 바란다만……

천양지차 (2025.8.30.)

지난 26일 이재명 대통령이 미국 워싱턴 DC 백악관 오벌오피스에서 도널드 트럼프 미국 대통령과 한미 정상회담 중 함께 웃고 있습니다.

2025년 8월 26일. 이재명 대통령과 막럼프의 한미정상회담이 있었다. 이재명 대통령이기 망정이지, 윤석열이었다면? 생각만으로도 끔찍하다.

방명록 간단한 글도 쪽지에 쓴 것을 보고 베끼고, 정상회담에서 상대방 얼굴도 못 보며, 써준 것을 읽는 윤석열이다. 세계를 제 멋대로 씹어먹는 막가파 트럼프, 막럼프에게 어떻게 대응했으랴? 위대한 막럼프 형님의 요구대로 다 퍼주며, 감격하여 마냥 웃고 있었을 게다.

어찌 보면? 석열이의 거사였나? 거론하기조차 역겨운 괴녀(怪女)로부터 나라를 구하기 위해 자폭한 것인가? 너무 과하게 봐줬나? 나도 노망기를 부리나?

시작부터 달랐지만, 취임한 2025년 6월 4일부터 불과 석 달도 안 되었건만, 이렇게 많은 것이 변했다.

위대한 국민을 떠받드는, 이재명이 잘하고 있다. 해야 할 난제들이 산적해 있지만, 이재명 대통령은 해낼 것이다. 이제 제대로 된 정치, 해야 할 일을 하는 정부를 보면서 우리 국민도 더욱 성숙해질 것으로 믿는다. 무엇보다 지역색에 매몰된 적잖은 국민도 이제는 변하기를 바란다.

이재명은 잘할 것이다! 잘 해야 한다!

한 멍청이의 회환

이야기 표지사진 베이지색의 기억

차례/ 한 멍청이의 회한

사업하는 사람들/ 275
고소장과 공소시효/ 278
과묵함과 진중함/ 283
이(LHK)의 호칭/ 285
숙주들/ 287
진화 · 1/ 297
자식/ 300
개새끼/ 303
종교를 갖는다는 것/ 304
자유게시판/ 308
감염 증상/ 310
부인 김미숙 크리스티나/ 314
품성(品性)/ 320

MADIE(마디)/ 323
79학번/ 325
큰딸(LSA)/ 326
종교 생활/ 330
두 번째 판결문/ 333
혼사/ 336
진화 · 2/ 340
변함없는 과묵함과 진중함/ 341
학폭 자의 부모/ 344
진면목/ 347
현손(玄孫)/ 348
면역?/ 349
진화 · 3/ 349

사업하는 사람들

주변에 사업을 하는 지인들이 있다. 극히 제한적인 경험이지만, 그들에게 세(A, B, C) 가지 유형이 있지 않을까? A형은 경쟁력 있고 사업성이 높은 기술이나 아이디어, 아이템 등을 보유한 사람이다. B형은 A형을 평가할 수 있는 전문성을 지니고, A형의 부족한 부분을 채울 수 있는 사람이다. C형은 자신은 B형이라고 생각하지만, 늘 헛방만 짚는 사람이다.

2000년대 초 대학원을 같이 다녔던, 30대 초반 박(PWM) 형이 A형이다. 그는 컴퓨터 프로그래밍의 도사였다. 컴퓨터와 자신의 머리만 있으면 되는 박(PWM) 형이 개발한 프로그램은 성능과 가치가 입증되면서, 국제적으로도 사업성과 경쟁력을 인정받았다. 박(PWM) 형에게 농 반 진담 반으로 투자를 좀 하겠다고 하니, 젊은 박(PWM) 형이 하는 말이 '사업은 언제 어떻게 될지 아무도 모릅니다. 제가 아는 분에게는 절대 투자를 받지 않습니다.'라고 말했다. 하긴 어떻게 알고 왔는지, 투자자들이 줄을 섰으니, 그럴 필요도 없었다. 무리하거나 과도하지 않게 사업을 했던 박(PWM) 형은 몇 년 전에 '이제는 아이들과 좀 쉬고 싶다.'라며 20대 중반에 주택 지하방에서 컴퓨터 하나로 시작했던 사업을 40대 후반에 통째 넘기고, 자신만의 생을 즐기고 있다.

B형은 A형의 가치와 가능성을 파악하고, A형의 모자란 부분을 채워주면서 사업을 하는 유형이 아닐까? 자신의 판단이 옳았다면, 그 역시 A형처럼 성공할 수 있었을 것이다.

문제는 C형이다. C형은 제 생각에 A형과 같은 사람을 표적으로 잡으면 맹렬하게 달려든다. 사업이란 것에 무지하고 파악할 능력도 없지만, 자신만의 환상에 젖어 '이 사람이다!' 싶으면 의외로 강력한 실행력을 발휘한다. 이런 C형은 경계했어야만 했다. (2019.11.13.)

사업에 드는 자금을 어떻게 구하는가에 따라 큰 차이가 있는 것 같다. 자금을 마련하는 방법으로는 크게 두 가지로 볼 수 있을 것 같다. 투자회사나 개인 투자자 및 각종 펀드나 은행 등을 활용하는 경우와 친인척과 친구 등 지인을 통하는 방법이다. 사업하는 사람의 능력에 따라 다르겠지만, 투자 기관이나 금융기관으로부터 자금을 조달하는 것은 사업성 평가부터 모든 절차가 까다로워 성사되기는 어렵지만, 사후 부담은 적다고 한다. 반면에 지인 등을 통해 자금을 조달하여 사업하는 사람들은 한계에 봉착했을 때, 많은 어려움을 겪는 것 같았다.

누구나 살면서 부침이 있고, 극한 상황에 처할 수 있으니, 사업하는 사람들은 더할 게다. 내가 아는 얕은 경험으로 봤을 때, 사업하는 사람들이 난관에 부닥치면 취하는 행동은 다섯 가지인 것 같다. 사업을 정리하고 접는 A형과 직장 생활로 전환하는 B형, C형은 극단적인 선택으로 생을 마감하는 경우다. 그리고 잠적 및 도주하는 D형과 새로운 사업을 시작하는 E형으로 다섯 유형이다.

일을 같이했던 회사의 이사였던 장(JSK) 사장님이 A형이다. 직장에서 닦은 노하우를 바탕으로 사업을 하다가 회사의 상황이 어려워지자, 정리를 했다. 안 좋은 소식을 우연히 듣고, '힘내시라.'라고 통화를 한 적이 있었다. 한참 뒤, 장(JSK) 사장님이 지나던 길이라며, 사무실 근처로 오셔서 점심을 같이했다. 그때 얼핏 전후 사정을 짐작할 수 있었다. 장(JSK) 사장님은 자신의 집 등 모든 것을 정리하여 직원들의 급여를 시작으로 할 수 있는 모든 것에 책임을 졌다. 워낙 인품도 있으셨고, 동종업계에서 능력과 평판이 좋았던 장(JSK) 사장님이 사업을 접으면서 취한 행동으로 인해 주변의 많은 후배가 서로 모시려 했다. 후배를 돕는 큰 부담 없는 일을 다시 하면서, 일부러 오신 것이었다. 내내 잊고 있던 내게 당신의 근황을 전해주고, 점심을 하러 오셨다. 헤어질 때, '많이 힘들 때, 당신의 그 전화가 고마웠다.'라는 말씀을 하셨다.

B형인 신(SSH) 사장은 사업을 확장하며 국내보다 사업 여건이 좋다는 중국으로 갔었다. 그러다 중국 내 상황이 변하며 장점이 점차 허물어졌고, 결국 큰 어려움에 빠졌다. 다시 베트남으로 가서 사업을 재개했으나 그마저도 여의치 않게 되면서, 거래하던 외국인 회사에 취업하여 베트남에서 일하고 있다.

　C형인 이(LKJ) 형은 미국에서 공부하고 직장에 다니던 사람이다. 자신의 전공 분야가 우리나라에선 초기 단계인 것이 동기가 되어, 국내로 들어와 사업을 시작했다. 나름 국내 시장을 선도하며, 꽤 성장하던 이(LKJ) 사장의 사업이 많은 어려움에 봉착했다. 그러다가 결국, 극단적인 선택을 하고 말았다. 그의 명복을 빈다.

　대학 생활과 졸업 후에도 자주 만났던 여섯(B, C, H, J, L, N) 친구 중 잠적한 배(BHS) 형이 D형인 도망자이고, 이(LHK) 형은 E형으로 지금도 열심히 사업을 하고 있다. 크든 작든 사업하는 것이 어려운 것이란 짐작은 간다마는, 그때 대처하는 행태에 따라 본색을 드러냈다.

(2019. 11. 20.)

　친구 여섯 중 나(NMD)를 제외한 5명은 모두 사업을 했다. 그러면서 배(BHS)와 이(LHK)가 친구들의 돈을 빌려 썼다. 배(BHS)는 최(CHD) 형과 이 그룹이 아닌 다른 동기인 김(KGY) 형 등에게 그랬고, 이(LHK)는 나(NMD)와 황(HDS) 형에게 그랬다. 그리고 그 둘이 자신들의 사업이 어려움에 부닥쳤을 때 보인 행동이 배(BHS)는 D형인 도망자였고, 이(LHK)는 재기를 위해 또 사업을 시작한 E형이다.

　배(BHS)는 빚진 친구들과 만나거나 통화를 하면서 시간을 벌었던 모양이다. 짐작건대 친구들에게 사업을 접었다고 말하기 전부터 나름 주도면밀하게 준비했던 모양이다. 얼마 후에 행적이 묘연한 것으로 봐 멀리 도망갔다. 아마 부인이 선생이었으니, 하나 있는 아들의 장래를 생각해 미국에 이민한 것 같다. 친구들에게 치명타를 날리고, 훨훨 날아 잘 살고 있을까? 짐승들도 제 새끼는 살뜰하게 살피니, 잘한 짓인가?

반면에 재기를 위해 다시 새로운 사업을 시작하는 E형인 이(LHK)는 특이한 유형이다. 내가 이(LHK)의 참모습을 헤아리는 데 30여 년의 시간이 필요했던 것에서 보듯 뭔가 특이한 강점을 지녔다. 하던 사업이 거덜 나면 늘 새로운 사업을 다시 시작했고, 그럴 때마다 주변 지인들에게 돈을 구하는 그의 능력은 탁월했다. (2019.11.25.)

고소장과 공소시효

2019년 12월 4일, 성동경찰서에서 고소장을 접수하러 갔었다. 담당자가 고소장을 읽어보더니, '공소시효가 지나 접수가 안 됩니다.' '지난 30여 년 동안, 지금도 늘 거짓말로 속이고 있는데요?'라는 내 말에 '안타깝지만…….' 하면서 덧붙인 말이 있었다. '법이란 것이 나쁜 놈들을 위한 것입니다.' 뒤늦게 생각한 고소장을 공소시효 때문에 접수조차 못한 것이다.

왜 나는 그동안, 이(LHK)에 대해서는 법적인 것을 생각조차 안 했을까? 고교 동창 중에 변호사, 판검사들도 적잖았다. 사업이 잘되고 있으니, 한두 달 내로 갚겠다는 말을 30여 년 동안 들었다. 그리고 그 말이 헛소리인 줄 알면서도 고소하는 등의 법적인 조치를 할 생각은 전혀 못했다.

이제야 고소장을 내려 했던 배경은 2013년 3월 22일 자로 받은 대여금 판결 이후에도 지금까지 이(LHK)가 아무것도 갚지 않는다는 것이었다. 고소장을 작성하면서, '공소시효'란 것은 생각조차 못했다. 이(LHK)에 대한 것을 생각할 때는 늘 단편적인 사고에 매몰되고 말았기에 기본적인 상식인 '시효'란 것조차 생각지 못했다.

지금 내게 남은 유일한 법적 근거인 판결문도 우연의 산물이다. 2010년 말인가 2011년 초였던 것 같다. 옆 부서에 신입으로 들어온 박(PW) 형 부부의 조언 덕에 차용증의 채권도 소멸시효가 있고, 그것이 10년이란 것을 알게 되면서 소를 제기하게 되었다. 결국, 아래 판결문은 그들의 조언으로 얻은 결과물인 셈이다.

서 울 서 부 지 방 법 원

판 결

사 건	2012가단48179 대여금
피 고	이형기
	서울 중구 신당동 290-49 대찬빌딩 40호
변 론 종 결	무변론
판 결 선 고	2013. 3. 22.

주 문

1. 피고는 원고에게 87,000,000원과 이에 대하여 2003. 7. 12.부터 2012. 12. 12.까지는 연 10%, 그 다음날부터 다 갚는 날까지는 연 20%의 각 비율로 계산한 돈을 지급하라.
2. 소송비용은 피고가 부담한다.
3. 제1항은 가집행할 수 있다.

이 판결에서 언급한 차용증은 2003년 7월 11일에 작성된 것이다. 그러나 실상은 1988년부터 줬던 것들을 15년이 지난 뒤에 받은 것이다. 첫 시작은 40~80만 원으로 미미했다.

> **청 구 원 인**
>
> 1. 피고는 2003. 7. 11.원고로부터 금87,000,000원을 빌리면서, 위 돈은 빠른 시일 내로 갚을 것이며, 다 갚을 때까지 연10%의 이자를 주겠다고 약속하였습니다.
>
> 2. 그런데 피고는 위 원금은 고사하고, 이자도 단 한 푼도 지급하지 않았고, 원고의 변제요구에 대하여, 조금만 기다려 주면 돈을 갚겠다는 말만 되풀이하여 현재에 이르고 있습니다.
>
> 3. 이에 원고는 피고로부터 위 대여원금 87,000,000원 및 이에 대한 민법과 소송촉진특례법 소정의 지연이자를 구하여 이 사건에 이른 것입니다.

　당시 내 월급이 20여만 원 정도였던 것으로 기억된다. 친구 중에 이형기(LHK)에게 돈을 빌려준 것은 내가 첫 번째였다. 몇 번 급하다기에 돈을 구해주었다. 한번은 D형인 도망간 배(BHS)에게 당한 최(CHD) 형에게서 100만 원을 빌려 급하다는 이(LHK)에게 주기도 했고, 그것도 내가 갚았다.

　다음으로 황(HDS) 형이 이(LHK)에게 거액의 돈을 투자했다. 그런데 한 달 정도 뒤에 이(LHK)가 황(HDS) 형에게 또 거액을 요구했더란다. 이런 짓을 하는 이(LHK)의 행태는 황(HDS) 형에게 위험한 자로 실체가 간파당했다. 최(CHD) 형이 내게 이 얘기를 전하면서 조심하라는 경고를 누차 했었다. 그러나 나는 건성으로 들었고, 되레 이(LHK)를 두둔하기까지 했다. 그러면서 늘 다음 달에 갚겠다는 이(LHK)에게 500만 원, 1,000만 원 등을 대출받아 주었다.

　한번은 일하는 곳으로 확인하러 갔더니, 마침 식당에서 직원들과 저녁을 먹고 있었다. 이제 며칠 안 남았다며 장담하는 이(LHK)에게 식당 여주인이 밀린 밥값이나 좀 달라고 말했다. 얼빠진 내가 그녀가 안쓰러워 물으니 47만 원이라 하길래, 계좌번호를 받아 다음 날 입금해 주었다. 1988년에 처음 줬던 푼돈은 물론이고, 정작 한 푼도 돌려받지 못하면서 이후에도 이(LHK)에게는 계속 달랄 때마다 돈을 대출받아 줬다. 왜 그랬나? 이(LHK)에게는 어리석을 정도로 맹신과 추종을 거듭한 꼴이 되었다. 되돌아보니, 그것이 문제의 핵심이었다. 이제야 깨달았지만, 멍청한 내가 이(LHK)를 만난 처음부터 감염되어 만성질환으로 맹종하게 된 것이었다. (2019.12.6.)

채권도 시효가 있다는 조언을 줬던 박(PW) 형은 옆 부서에 신입으로 왔는데 상당히 명쾌하고 참하게 보였다. 가끔 회식 등으로 같이 자리 했을 뿐이지만, 나이 들어 새로운 조직에 적응하려 애쓰는 그 친구의 모습이 예전의 나를 보는 것 같아 유독 참하게 보였다.

사법연수원생들의 교육과정 중 외부에 나와 상담을 해주는 과정이 있단다. 하루는 남편이 그런 과정으로 근처에 왔다길래, 그가 있는 사무실에 같이 갔었다. 이런저런 환담 중에 어쩌다 차용증 얘기가 나왔는데, 채권 소멸시효 등을 말하면서 그냥 계시면 안 된다고 걱정하며 두 사람이 내게 조언했다. 우선 내용증명을 보내고, 소송을 준비해야 한다는 것. 그러면서 박(PW) 형 부부가 이 건뿐만 아니라, 나와 관련된 모든 법적인 문제는 '앞으로는 저희가 무료로 해드리겠다.'라고 하길래 그냥 웃고 말았다. 나중에 그 친구들이 왜 그런 말을 했겠느냐 생각이 들었다. 물에 물 타고, 술에 술 타는 어설픈 성격인 데다, 맺고 끊는 것도 없이 멍청한 날 보고, 지금의 나를 예측했던 것인가 싶다. 결국, 그 친구들의 예상대로 되어버린 것 같고, 그때 들은 그들의 말 덕에 민사소송이란 것도 하게 된 꼴이다. (2019.12.9.)

1998년 초였던 것 같은데, 호주 브리즈번에 출장 가 있었다. 호주 TV에서 'IMF를 맞은 한국 국민들의 금 모으기'가 신기한 뉴스로 연일 보도될 때였다. 집에 전화하니, 집사람이 '급여 압류가 뭐예요?' 물었다. 그게 무슨 소리냐고 했더니, 법원에서 서류가 왔단다. 그 소릴 들은 내 첫마디가 '왜 뜯어봤냐?'라는 호통이었고, 봉투가 뜯어져 있길래 봤다는 집사람은 내 추궁에 당황하여 어쩔 줄 몰랐다.

귀국하여 보니, 이(LHK)에게 언제 보증을 서준 것인지도 기억에 없는 것이 연체되어 내 급여가 압류된 것이었다. 회사 내에 소문이 다 났었고, 창피하여 또 대출을 받아 대납했다. 경리과에 갔더니, 내 관련 서류철이 만들어져 있기에 담당자에게 부탁하여 받아왔다. 이때부터 나는 이(LHK)로 인해 알 필요도 없는 법과 상식을 터득하는 꼴이 되었다.

2012년 연말에 2003년에 받은 차용증을 현시점으로 다시 제대로 써달라며, 박(PW) 형 부부가 알려준 '채권이 시효가 있다.'라는 말을 이(LHK)에게 전했다. 그러자 '내가 월세를 살고 있다.' '내 작은 매형에게 천만 원 빌린 것의 이자도 못 주고 있어 괴롭다.' '우리 사이에 그런 게 왜 필요하냐?'라는 말로 거절했다.

이(LHK)의 '월세 산다.'라는 말에 부인 김(KSM) 형과 두 딸 AS와 NH가 생각났다. 어릴 때부터 자주 봐왔던 이(LHK)의 자식들이 불쌍해 보였나? 나와 마찬가지로 서푼짜리 애비 탓에 처자식이 뭔 고생인가 싶었나? 작은 매형에게 빌린 천만 원은 미안하고, 나는 상관없다고? 우리 사이? 내가 니 애비냐? 이런 소릴 듣고도 저녁까지 먹여 헤어졌다. 왜 그랬을까? 그러고 보니 이때부터 최근까지 이(LHK)는 '월세 산다.'라는 말을 마치 면죄부나 자랑처럼 종종 내게 했었다. 그렇게 열심히 노력하고 있다는 증표로써 말했던 건가?

결국, 그런 과정에서 2003년에 받았던 차용증을 근거로 법적인 효력이 있는 판결문이 남게 되었으니, 박(PW) 형 부부 덕이었다.

(2019.12.12.)

과묵함과 진중함

과묵(寡默) ⇒ 교활(狡猾)
진중(鎭重) ⇒ 음험(陰險)

우리는 살면서 많은 만남과 관계를 맺는다.

하나의 만남이 관계로 유지될 수도 있지만, 꼭 그런 것은 아니었다. 길을 걷다가, 또는 전철에서 본 어린 친구의 말 하나나 행동이 날 교화시키기도 했다.

만남 속에서 첫인상이 안 좋았음에도 관계가 형성되고, 유지될 수도 있다. 일에 미쳐 살던 이(LSI) 형과 팀이 되면서 이(LSI) 형의 업무로 회의를 주재한 적이 있었다. 자문위원 중 윤(YHS) 교수가 무식한 내 눈에 유독 거슬렸다. 회의 후 저녁을 먹으면서 보니, 정작 그는 덩치가 있음에도 지극히 순수한 사람이었다. 내가 치졸하다 보니, 그의 어투가 내게는 그렇게 보였나 보다. 그와 만남이 지속되면서 황당한 일이 생겼다. 내 무식에 기인한 용감함에서 자꾸 아는 체하며 엉뚱한 소리를 하는 나에게 '형님, 그러지 말고, 공부를 좀 더 해 보시죠?'란 제안에 내가 윤(YHS) 교수의 제자가 되어버렸다. 늦은 나이지만 뭔가 해 보려 한 결단이었는데, 난감하게도 강의를 영어로 했다. 그 바람에 애초 의욕과 달리 학교생활이 불성실할 수밖에 없었으나, 우여곡절 끝에 석사 과정은 마쳤다.

윤(YHS) 교수는 공부만큼은 제자들에게 매우 엄격했던 반면에 제자들을 위한 일이라면 무엇이든 해주었다. 제자들의 앞날을 위한 조언과 도움의 손길이 필요한 경우에는 물불 안 가리고 애쓰는 윤(YHS) 형을 보는 것도 큰 즐거움이었다.

이처럼 만남을 지속하면서 관계가 형성되는 경우, 시간이 지나면서 그 관계가 농익게 되는 것이 보편적인 것 같다. 반면에 큰 불행이지만, 전혀 다른 관계로 전환되어 치를 떨게 될 수도 있다. 여섯 중의 둘인 배(BHS)와 이(LHK)가 그렇다. 이제 와 생각하니, 그 두 사람에게 공통점이 있었다. 그 둘은 매사 꽤 과묵하고 진중했다. 저녁값을 충당하기 위한 포커를 칠 때도 그랬던 그들이 한때는 멋있다고도 느꼈다.

배(BHS)의 사업이 그렇게 큰 것은 아니었음에도 친구들의 돈이 얼마나 치명적이었는지는 모르겠지만, 그는 잠적하여 도망갔다. 이(LHK)는 배(BHS)와는 달리 계속 사업을 강행하는 끈질김을 보였다. 그러면서 계속 다른 사람들에게 피해를 주는 행태를 지금까지 하고 있다. 한 번은 배(BHS)에게 당한 최(CHD) 형에게 '그래도 이(LHK)보다는 차라리 도망간 배(BHS)가 낫지 않나요?' 했다가 면박을 당했다.

이제 와 생각하니, 과묵하다는 것이 교활함이 될 수 있고, 진중하다는 것이 음험함이 될 수 있었다. 상상 밖의 행태를 보였던 그들을 형용할 수 있는 적합한 용어를 찾기가 쉽지 않았다.

때에 따라 돈이란 것이 추하고 더러운 관계의 원인이 되는 경우가 있다. 그런 그런 경우 좋은 단어의 뜻이 전혀 다른 뜻임을 알게 될 때, 우리의 삶이 얼마나 피폐해질 수 있고, 신의에 대한 대가가 크나큰 자괴감이 될 수 있다는 것을 알았어야 했다.

돈의 가치와 크기를 계량하는 것에 객관적인 기준은 없다고 본다. 다만, 자신의 본성과 근원, 삶까지 뒤집는 크기는 스스로 정하는 것이 아닐까? 많지 않은 돈 때문에 교활하고 음험한 속성을 드러내는 것과의 악연은 만들지 말아야 했다.

살면서 종종 주변의 사람과 일, 관계 등에 대한 깊이 있는 숙고와 평가를 해야 했고, 끊어야 할 경우, 단호하게 처리했어야 했다.

(2019.12.22.)

이(LHK)의 호칭

어떤 관계는 악연이 될 수 있다. 내게 이(LHK)가 그랬다. 대학을 못 가고, 군에 입대했다. 재수 때 이미 영장이 나와 있었지만, 가족들이 내겐 말을 안 했다. 재수 후, 또 떨어진 후에도 원하는 대학을 고집하며 삼수하겠다는 내게 영장을 보여주셨다. 어쩔 수 없이 3월 11일 입대해 33개월을 복무했다.

전역 후에도 주제 파악을 못 하고, 또 그 대학을 지원했으나 떨어졌다. 막다른 길에 몰린 처지라 예비고사 성적으로만 갈 수 있는 대학을 찾다가 한 대학에 입학했고, 거기서 이(LHK)를 만나게 된 것이다. 비정상적인 과정이다 보니 고교 동기들보다 5계단 밑인 79학번이 되고 말았다.

강의실 맨 뒤에 앉아 있다가, 복학한 이(LHK)를 만났다. 나와는 달리 과묵하고 진중했던 이(LHK)가 멋있게 보였고, 집이 멀잖은 곳에 있는 바람에 자주 만나게 되면서 친하게 되었다. 그런 만남이 결국은 바이러스 감염이라는 추한 관계로 발전하여 이 지경이 된 것이다. 불가의 '전생에 오백 세의 인연이 쌓여, 현생에 옷깃을 스치는 인연이 이루어진다.'라는 말처럼 살다가 되돌아보면 필연적인 조건으로 얽힌 만남이 될 수 있고, 그런 만남이 결국 악연이 되고 말았다.

이(LHK)의 이해할 수 없는 행태를 보면서, 한때는 이(LHK)를 '개'라고 칭했다. 다음으로 늘 자기복제를 하며 새로운 잘못을 반복하는 것을 보고 '아메바'라고 했다가, 최근 코로나19를 접하고서야 비로소 '바이러스'란 것을 깨닫게 되었다.

이(LHK)가 '바이러스'임을 알게 된 실마리도 황당하다. 30여 년을 거짓말만 하던 그가 인도에 영향력이 큰 박(PSI) 형과 1조 원 사업을 한다고 설치다가, 갑자기 생리대 사업에 인도 쪽 반응이 좋다며 내게 '투자자를 엮어달라.'는 부탁까지 했다. 이제 투자자까지 엮어달라는 이(LHK)

의 말을 듣고서야 깨달았다.

바이러스? 미생물은 DNA와 RNA를 모두 갖추고 있으나, 바이러스는 그중 하나만 가지고 있어 다음 세대를 만들 수 없단다. 그러므로 번식하기 위해서는 남의 세포를 빌려야 하고, 복제 능력이 있는 살아 있는 세포인 숙주를 점해야만 한다. 하나의 바이러스 개체가 10만 개를 복제할 수 있는, 가히 절대적인 능력이 있다는 것에서 '바이러스'가 적확한 비유라 느꼈다. 내가 블로그에 글을 쓰면서 이처럼 치명적일 수 있는 이(LHK) 바이러스에 대한 예·경보를 해야겠다는 생각하게 된 것도 그런 까닭이다. 나와 같은 피해자 발생을 예방하고, 이(LHK) 바이러스의 추가 죄악을 막는 것도 의의가 있다고 봤다.

오늘 2019년 12월 24일, 성탄절! 좋은 날이다. 그런데 한편으론 걱정도 된다. 우연히 알게 되었는데, 뜻밖에도 이(LHK)가 성당에 다니는 독실한 신자란다. 어쩌면 지금 이(LHK)는 성탄절 미사에서 찬송가를 부르고 있을 것이다. 노래도 잘하는 이(LHK)는 성가대원으로서, 사목협의회의 간부로서 젊은 친구들에게 강의도 하고 있었다. 참 신심 깊은 천주교인인가 보다.

우리는 어떤 면에서 한없이 너그러울 수도 있다. 또한, 소소하고 작은 참을만한 통증을 무시하다가 암 말기가 되어 손쓸 시기를 놓칠 수도 있다. 한 번쯤은 냉철하게 의문을 제기하고, 차분하게 되돌아보며 숙고할 필요가 있었다. 더없이 멋진 친구라 생각했던 이(LHK)가 아무런 수치심도 없는 파렴치한 바이러스일 줄은 생각조차 못했다.

이 세상에 이(LHK)와 같은 추하고 더러운 존재와 나와 같이 얼빠진 멍청한 놈도 없을 것 같다. 하지만 경중은 달라도 그런 부류와 관계는 존재할 수 있다. 누군가에게 타산지석이 될 수도? 종교가 없는 나도 축하한다. 성탄절! Merry Christmas! (2019.12.24.)

이(LHK) 바이러스의 세례명이 '프란치스코'였다.

불가에서는 공부하여 신도의 자격이 갖추어진 경우, 수계식을 하면서 주지 스님이 법명을 지어주신다. 천주교의 세례명도 세례성사를 집전하며 주어지는 이름이며, 본인이 성인 중에 자신의 세례명을 선택할 수도 있다고 한다. 불자가 법명을 받는 것과 천주교인이 세례명을 받는 것은 신자로서 앞으로의 삶을 저 높은 분의 가르침에 따라 신실하게 살겠다는 다짐에서 같다고 본다.

특정 성인의 이름을 자신의 세례명으로 선택한다는 것은 그 성인의 삶을 본받고 수호성인으로 삼으려는 의미는 아닐까? 이(LHK) 바이러스가 스스로 '프란치스코'를 세례명으로 선택했을까? 이탈리아의 수도사이고, 교회개혁가였다는 성 프란치스코의 삶을 알고 세례명을 택했을까? 그 정도 수준은 아닐 것 같다. 끊임없이 숙주들을 만들며 피해를 주면서도 의연하고 당당하게 큰소리칠 수 있는 이(LHK) 프란치스코 바이러스의 본색을 볼 때, 그의 세례명은 단지 기상천외하고 특이한 자가 쓰고 있는 천주교인이란 가면일 뿐이다. (2020.1.5.)

숙주들

〈숙주 명단〉
0번 : KSM
1번 : NMD
2번 : HDS
3번 : NYK
4번 : HOS, 5번 : KOO
6번 : CF

내가 아는 범위에서 이(LHK) 프란치스코 바이러스의 숙주는 여섯이다.

그중 최근 숙주인 6번은 청구성당에 다니는 교인 같다. 이 사람은 이(LHK)가 박(PSI) 형과 인도 사업을 시작할 때 낚인 것이다. 내게 인도 사업을 말할 때, '2천억 원, 3천억 원짜리 사업은 사업도 아니다. 1조 원짜리 사업을 서부발전과 추진 중이다.'라고 했으니, 그 숙주에게도 그랬던 모양이다.

6번 숙주에게 한 묶음의 돈을 받아, 인도 사업을 시작하게 된 것을 부인(KSM)에게도 말한 모양이다. 그때 부인(KSM)이 '또 누구를 사기 쳤냐?'라는 말을 했단다. 부인(KSM)도 이(LHK)가 여러 숙주를 감염시킨 것은 알고 있었기에 그런 말을 했을 것이다. 이 명단에는 없는 처제(KRM)도 그에게 유용한 숙주 중 하나였던 것 같다. 내게 돈을 달라고 할 때면 늘 처제가 대부분 자금을 주었다며, 너는 조금만 더 보태라고 했다. 한 번도 본 적이 없는 처제의 이름(KRM)을 지금도 내가 기억하는 이유다. '또 누구를 사기 쳤냐?'라는 부인의 말을 내가 듣게 된 경위도 놀랍다. 이(LHK) 바이러스 주변의 세 사람에게서 이 얘기를 들었다. 인도 사업을 주관하는 박(PSI) 형, 3번 숙주인 남(NYK) 형과 대학 그룹 여섯 중 하나인 장(JHM) 형. 그들이 한자리에 있을 때 한 말인가? 이(LHK)는 부인의 그 말을 주변에 왜 했을까? 그 말을 듣는 사람들이 어떻게 받아들일 것인가는 생각했을까? 이(LHK)에게는 그것이 자랑이었던 모양이다. 자신의 강한 번식력과 변함없는 당당함! 늘 새로운 숙주를 점할 수 있다는 자부심! 앞으로도 펼쳐질 자신의 능력에 대한 과시였나?

이(LHK) 바이러스의 부인(KSM)에게 물은 적이 있다. 인제야 나는 이(LHK)가 바이러스임을 알게 되었다. 당신은 남편을 어떻게 생각하나? 내가 볼 때 당신도 숙주 같은데? 정작 당신은 남편의 0번 숙주가 아닌가? 그녀에게서 답은 듣지 못했다. (2020.1.5.)

직장 동료의 모친이 수술 중에 돌아가셨다. 낙상으로 인한 간단한 수술이라 해, 객지에서 직장 생활을 하는 자식 누구도 모친 곁에 가지 않았다. 그런데 그 수술 중에 돌아가셨다. 옆에서 보기에도 암담하고 화가 나서, 고등학교 동기회 수첩을 뒤져, 그 지역에 근무하는 부장검사에게 전화했다. '의료사고 같은데, 어찌해야 하냐?' 그리고 종합 병원장인 친구에게도 물었다. 두 사람 모두 과실 입증이 쉽지 않아 할 수 있는 것이 없다고 답했다. 결국, 과실치사를 저지른 의사에게 당했어도 할 수 있는 것은 아무것도 없었다.

친한 친구는 아니었어도, 동기 중에 판사와 검사, 변호사들이 꽤 있었다. 주변 다른 친구들의 일로는 그들에게 자문했었는데, 정작 내 일에 대해서는 물어볼 생각조차 못했다. 왜 그랬을까?

이제 생각하니, 이(LHK) 바이러스의 '월세 산다.'라는 말에 가슴이 아팠나 보다. 최근에 알고 보니, 월세 산다던 집(서울 중구 신당동 290-49, 40X호)은 장인의 집이었고, 2015년 4월 23일에 부인(KSM)이 상속받았다. 게다가 지금 주민등록상 현 거주지(서울 성동구 하왕십리동 1052 금호베스트빌 제103동 90X호)는 부인(KSM)이 2015년 3월 8일에 매입했단다. 그렇게 이(LHK) 바이러스의 부인(KSM) 명의로 집이 두 채 있다는 것을 알게 되었을 때, 그나마 다행이라 생각했다.

자식에게 애비란 것이 무엇이고, 애비에게 자식이란 무엇일까? 자식을 생각하면 어쩔 수 없이 약해지는 면이 있는 것 같다. 정작 내 자식에게는 그렇지 못했으나, 이(LHK) 바이러스의 큰딸(LAS)에게 내가 느끼는 감정에 애틋한 것이 있었다. 어릴 때 가끔 봤던 때문일까? 녀석의 두 딸 중 큰애의 성격이 매우 활달했다. 볼 때마다 살갑게 다가와 말하는 것이 무척이나 귀여웠다. 그런 탓일까? 언제부턴가 친구라는 명칭이 무의미한 이(LHK) 바이러스였기에 핸드폰에서도 지웠던 것처럼 내 뇌리에서 지워 없애버리고 싶었다.

그러다 어쩔 수 없이 번호를 다시 넣으며, 'AS애비'라 칭했다. 무척 귀여웠던 그 아이의 애비란 것으로나마 한 가닥 존재의 의미를 주고 싶었던 것이었나?

2016년 10월 17일에 내게 보낸 문자다. 이때만 해도 이(LHK) 바이러스를 아메바로 생각하던 때였고, 그나마 AS의 애비로서 가치를 두던 때였다. 이 메시지에서 '니가 친구냐?' '친구의 개념' '품격' 등을 운운했다. 어떤 것이 그의 친굴까? 게다가 내게 '불행 중 다행' '희망'을 말하는 이형기 프란치스코 바이러스였다.

2016년 말이면 청구성당 교우를 6번 숙주로 삼았던 때였을 것이다. 부인(KSM)도 여성구역분과 8구역장이었으니, 부부가 모두 사목협의회 간부다. 그런 배경에서 성당 내에서 이(LHK) 바이러스가 먹잇감을 낚기는 간단했을 것이다. 더구나 청구성당이란 틀은 부인의 직업과도 관련성이 컸다. 그런 여건이기에 자신의 행태에 대한 반성조차 무의미할 정도로 일그러진 그의

●애비
10월 17일, 23:16

●야! 니가 이러케
●야!

니가 이러케 하면 돈이 안나올께
나온다고 생각하니?

●야 나 죽을라고 할 뻔한게 한
두번이겠나?

그래도 내가 죽기살기하면서 내가
얼마나 참고 또 참고 하면서 살아가는지
넌 아냐?

니 힘든것 니 힘든것 그 것 만
생각하지?

그래도 불행중 다행이라 생각 안하냐?

너 자꾸만 자꾸만 그러지마
기냥 가만히 있어라.

하루이틀도아니고 니가 무엇을
한다해도 내가 살아야지 되는것
아니냐?

돈을 받으려고해도 제발 당장
죽을지라도 제발 품격을 지켜라.

내가 니입장이라면 내가 어떠케 할지
넌 알겠냐?

아무리 죽을정도로 힘 들더라도
지금 피를 토하고 죽더라도 난
너처럼 하지을것 같다.

내가 아주 크게 잘 못 된것 같다
니 입장에서라면.

니가 친구냐?

친구에 개념을 내가 모르는가보다.

그래도 넌 희망이 있쟌니.

신앙심이 당당하게 유지될 수 있었던 것은 아닐까?

'자신의 모든 삶은 하느님의 뜻'이라 말하는 어떤 기괴한 개신교 목사처럼 이(LHK) 프란치스코 바이러스도 그런 부류였나? 하던 일이 틀어져 끝장나도 새로운 능력자를 또 만날 수 있었던 것도 이(LHK) 프란치스코 바이러스에겐 하느님의 뜻이었나? 늘 그렇게 새로운 사업을 다시 추진하는 것이 신기할 정도였다. 그럴 때마다 새로운 숙주를 점하는 원동력을 얻을 수 있었던 것도 그가 믿는 종교의 힘인가?

이형기 프란치스코 바이러스와 부인(KSM)은 내가 어떤 말을 해도 미동도 없었다. 입이 험했던 내가 입에 담아서는 안 되는 욕지거리를 해도 이(LHK) 바이러스는 말없이 듣고만 있었다. 그런 그들을 보면서 신앙생활의 근거지인 성당을 통한 압박이 효과가 있겠다는 멍청한 생각을 했다. 2015년에 청구성당 사목협의회 간부 세 명에게 도움을 청하는 글을 보냈었다. 그러나 이(LHK) 바이러스 부부는 아무런 변함이 없었고, 그들의 신앙생활 역시 한 치의 흔들림도 없었다. 그런 여건과 굳건한 환경 속에서 교우인 6번 숙주도 점할 수 있었던 모양이다.

이(LHK) 바이러스의 두 딸 중 큰딸(LAS)은 누굴 닮았나? 쾌활하고 영민한 이쁜 아이였다. 내 생각에 부모 중 누구도 닮지 않은 것 같다. 결혼하여 지금은 부군, 아들(HKT)과 미국 에머리빌에 살아 그나마 다행이다 싶다.
(2020.1.7.)

이(LHK) 바이러스의 가족 중에도 조력자가 있었다. 대학 때 이(LHK)의 집은 종암동에 있었다. 1층이 목욕탕이고, 3, 4층이 여관인 건물

2층에 가족이 살았다. 큰형이 목욕탕을 관리했다. 이(LHK) 바이러스는 중견기업 ODdK에 다니는 작은형(LHU)을 꽤 믿고 따른 것 같았다. 그리고 젊었을 때 커피 수입업을 크게 했었고, 당시 식당을 하던 작은매형 동(DXX) 사장도 꽤 따랐던 것 같다.

작은형(LHU)은 이(LHK) 바이러스가 초기 게임기 사업을 할 때, 국고보조금 관리를 시작으로 이후에도 많은 조언과 도움으로 지원했던 모양이다. 국고보조금을 작은형(LHU)이 관리해 주고 있어 안심해도 된다고도 했다. 그런 관계 하에서 이(LHK)가 제 작은형에게 많은 영향을 받았고, 진화 아닌 진화를 거듭하며 현재의 이(LHK) 바이러스로 변모하게 된 것 같다. 사업에 관한 두 형제의 관계를 자세히 알 수는 없었지만, 그들의 대화 수준을 짐작할 수 있는 일이 있었다.

NASA에 근무했다는 개발자 마이클 김(KHC)과 로봇 개발 사업을 한다며, 한동안 설칠 때였다. 전시 부스에 온 이명박 대통령과 찍은 사진으로 여러 숙주를 만들면서 전성기를 맞았다. 그러나 2년도 안 돼, 마이클 김(KHC)과도 파국을 맞아 회사에서 쫓겨났던 모양이다. 그때 중국에서 막 귀국했다는 작은형(LHU)을 만나고 온 이(LHK)가 말했다. '지금 작은형 집에서 얘기하고 오는 길이다. 회사가 좀 더 안정되면 형이 내 회사로 만들어 주겠다고 했으니, 너도 조금만 기다려라.'라며 얼굴까지 벌게지며 흥분했다.

나중에 주주명부를 보니, 마이클 김(KHC)의 지분이 54.88%였고, 부인(KSM) 18.30%, 4번 숙주 황(HOS) 20.00%, 5번 숙주 4.78%였다. 제 것과 숙주들의 것을 모두 합해도 54.88%보다 많을 수 없을뿐더러, 대단한 능력자라던 로봇 개발자 마이클 김(KHC)을 배제하고 회사 존립이 가능한가? 그런 대화를 내게 자랑하며 뿌듯해하는 이(LHK) 바이러스를 통해 작은형(LHU)이란 자의 면모도 짐작할 수 있었다.

살면서 피해야만 하는 관계임에도 악연은 필연적으로 더 얽히게 된다. 내가 이사한 집이 하필 고깃집을 하는 작은매형 동(DXX) 사장의 식당 근처였다. 이(LHK) 바이러스의 행태가 문제가 많아, 동(DXX) 사장에게 도움을 청했다. 그러나 되레 이(LHK) 바이러스의 이번 사업이 자기가 보기에도 전망이 좋다며, 내게 돈을 또 구해주라 권했다. 되레 두 사람의 협공에 속절없이 당해 또 대출받아 돈을 주었다. 기본적인 사고나 인지 능력이 상실되고, 바이러스에 맹목적으로 추종하게 되는 것이 주된 증세임을 그때는 전혀 몰랐으니 당연한 결과였다.

(2020.1.8.)

대학 다니면서, 또 졸업 후에도 자주 어울렸던 친구는 여섯이었다. 배(BHS), 최(CHD), 황(HDS), 장(JHM), 이(LHK)와 나(NMD)다. 배(BHS)는 최(CHD) 형 등에게 피해를 주고 잠적하여 날아가 버렸다. 이(LHK)는 황(HDS) 형과 내게 피해를 주고도, 거리낌 없이 늘 당당하게 사는 바이러스다. 이(LHK) 바이러스는 자신의 필요에 따라 황(HDS) 형, 최(CHD) 형, 장(JHM) 형을 지금까지도 적절하게 잘 써먹고 있다.

요즘 들어 생각해 보니, 바이러스에 감염된 나를 제외한 최(CHD) 형, 황(HDS) 형과 장(JHM) 형에게 공통점이 있다. 그들은 원만한 성격으로 남을 잘 헤아려주었다. 특히 유독 모난 내게 세 사람이 베풀어준 것을 생각하면 같이 자리하는 것도 죄스럽다. 사람이 갑자기 바뀌고 뒤늦게 철들면, 간다고 하던데 맞는 말 같다. 정작 그리 느끼면서도 그들에게 차마 말을 못 하고 있었다. 이것도 이 블로그를 시작하며 깨달은 것 중 하나다. 세 분! 그동안 고마웠어요. 긴 세월 동안 서푼짜리인 나를 친구로 귀하게 대해줬네요. (2020.1.8.)

이(LHK) 프란치스코 바이러스의 2번 숙주가 황(HDS) 형이다. 큰돈을 받아 간 뒤, 한 달 만에 또다시 큰돈을 요구했던 이(LHK) 바이러스였다. 결국 황(HDS) 형은 큰 피해를 보고 말았다. 그런데도 몇 년 뒤 로봇 개발 사업을 한다면서 황(HDS) 형에게 또 부탁했단다. 이(LHK) 바이러스와 개발자 마이클 김(KHC)이 황(HDS) 형에게 긴요한 일을 부탁하면서, 그 일이 성사되면 회사 지분의 6%를 주겠다는 계약서까지 써주었단다. 그러다가 이(LHK) 바이러스와 마이클 김(KHC)이 파국을 맞으며, 황(HDS) 형에게 써줬던 종잇조각을 돌려받았다. 그것을 본 마이클 김(KHC)이 '원본이 아니고 사본이다. 원본을 받아와라.'라며 화를 냈다. 큰 고민이 된 이(LHK) 바이러스가 장(JHM) 형과 의논했다. 장(JHM) 형은 여섯 중에 나이가 좀 적은 탓도 있지만, 의사 표현을 하기보다는 그저 묵묵히 따라주는 타입이다. 이(LHK) 바이러스는 장(JHM) 형의 이런 점을 적절하게 이용하여 '산에 가자.' '좀 보자.' 등 제 필요에 따라 써먹었고, 애경사도 장(JHM) 형을 통해 전달했다. 장(JHM) 형과의 대화에서 '난 그런 걸 모르니, 차라리 노(NMD) 형에게 물어보라.'라는 말을 듣고, 이(LHK) 바이러스가 내게 왔다. 내가 하는 말이 '문제 될 것이 뭐가 있나?' '너도 알다시피 황(HDS) 형이 거짓말을 하겠냐? 마이클이 시비를 건다면, 혹시라도 문제가 생긴다면 네 지분에서 6%를 주겠다면 되는 것 아닌가? 네 지분도 크지 않나? 네 지분은?'이라고 물었다. 한참을 머뭇대면서 '내건 얼마 안 된다며 8%.'라 답했다.

늘 그랬듯, 회사가 곧 마무리된다는 말만 하길래 한번은 사무실에 가보았다. 마이클이 나를 보자, '이(LHK)와 황(HDS), 두 사기꾼에게 당했다.'라며 열을 냈다. 이(LHK) 바이러스는 이미 오래전에 회사에서 쫓겨난 상태였던 것이다. 결국, 애꿎은 황(HDS) 형까지 사기꾼이 된 것이다. 그렇게 퇴출당한 처지에 작은형이 회사를 제 것으로 만들어주겠다고 했다며 들떠서 내게 말했던 것이다.

너그럽고 점잖은 황(HDS) 형에게 큰 피해를 줬고, 사기꾼 소리까지 듣게 했음에도 황(HDS) 형에게는 유독 떳떳했던 이(LHK) 바이러스다. 애경사도 나와 최(CHD) 형에게는 장(JHM) 형을 통해 전달하면서, 황

(HDS) 형에게는 직접 말했다. 황(HDS) 형은 늘 그런 그를 챙겨주었다. 2014년 10월 큰딸(AS) 결혼식 때는, 내게 알리지 말라고 한 모양이다. 나중에 알고 축의금을 주었더니, 먼저 봉투를 열어보고 나서 '초대를 안 했으니, 안 받겠다.'라고 했다. 금액이 적었나? 그랬던 이(LHK) 바이러스가 다음 해 봄에 장인상을 당했을 때는 내게 연락이 왔다. 최(CHD) 형 편에 부의금을 줬더니, 이번에는 '고맙다.'라는 답례까지 했다. 이(LHK) 바이러스는 알 수 없는 특이한 존재다. 그것이 염치를 따지는 것이 무의미한 바이러스의 본질이고 생존법인가? (2020.1.15.)

몇 년 전의 일이다. 거실 달력의 한 날짜에 집사람이 표시를 해두었다. 그걸 보고, 작은놈이 '저 날이 뭐예요?' 하니, 집사람이 '결혼기념일'. 그때 애 입에서 '아니. 엄마 인생 종친 날을 왜? 새삼스럽게 뭘 기대하시나?' 녀석의 괘씸한 말이었지만, 할 말이 없었다. 결혼이란 것이 그렇게 한 여자의 삶을 바꿔버렸다. 나처럼 무식하여 용감하고, 권위적인 것으로 인해 꽤 품위 있는 한 여자의 삶이 송두리째 바뀐 것이다. 결혼으로 한 여자의 일생을 나락으로 빠뜨린 악역을 자행했다.

이(LHK)가 결혼할 친구라며 소개한 황(HOS) 선생을 몇 번 봤다. 당시 여중인가 여고의 선생이었던 황(HOS) 선생은 꽤 쾌활하고 당찬 여성이었다. 그러던 중, 지금 부인이 된 김(KSM) 씨와도 만나면서 나도 그녀를 몇 번 보게 되었다. 그렇게 두 여자를 가끔 보게 되었기에, 내가 이(LHK) 바이러스에게 두 여자 중 누구와 결혼할 거냐고 물었다. 답은 황(HOS) 선생이라고 말했다. 황(HOS) 선생도 같은 생각인지는 모르겠으나, 몇 번을 물어도 황(HOS) 선생과 결혼하겠다고 단호하게 말했다.

하루는 셋이 만난 자리에서 이(LHK)가 자리를 비웠을 때, 김(KSM)에게 '저 친구가 결혼은 황(HOS) 선생과 하겠다.'더라는 말을 전했다. 내가 굳이 학력이나 직업 등의 조건을 따진 것은 아니지만, 혹여 김(KSM) 씨가 상처를 입을 것 같아 한 조언이었다. 그때 그녀가 단호하게 말했다. '저 사람은 내 손안에 있어요. 내 겁니다.' 그녀의 말대로 결국 두 사람이 결혼했다. 이(LHK) 바이러스의 부인(KSM)은 자신이 당당하게 쟁취한 전리품에 자청해서 감염된 것은 아닐까? 두 딸을 데리고 고생만 했을 그녀를 0번 숙주로 생각했던 이유다. 그런 내 생각을 어떻게 생각하냐고 부인(KSM)에게 물어봤으나, 역시 대꾸는 없었다.

숙주 명부의 4번 숙주가 바로 황(HOS) 선생이다. 그리고 5번 숙주(KOO)는 황(HOS) 선생의 제부다. 5번 숙주는 4번 숙주 황(HOS) 선생으로부터 이차 감염이 된 꼴이다. 한 번은 회사 주주명부에서 부인(KSM)이 황(HOS) 선생의 이름을 보게 되었단다. 그래서 '동명이인인 주주가 있더라.'라고 말했단다. 내가 묻지도 않았음에도 이(LHK) 바이러스가 그 얘길 한 것도 자랑이었나? 결혼 후 내내 두바이에서 살았다던 황(HOS) 선생이 귀국하게 되면서 4번 숙주가 된 것이다. 게다가 황(HOS) 선생은 제부까지 끌어들였으니, 이(LHK) 바이러스의 강한 번식력에 찬사라도 보내야 하나? 주주명부에 두 사람을 넣으며, 이(LHK) 바이러스는 얼마나 뿌듯했을까?

친구, 연인, 교우 등 어떤 인연이든 참 잘도 써먹는 이(LHK) 바이러스다. 먹잇감이 되면 주저 없이 감염시키는 그의 본질은 무엇일까? 사업에 지인 투자는 절대 받지 않았던 성공한 젊은 사업가 박(PWM) 형의 말이 새삼 존경스러웠다. (2020.1.15.)

3번 숙주인 남(NYK) 형은 이(LHK) 바이러스의 손아래 처남(KHJ)의 선배로 같은 교회를 다녔고, 처남보다는 몇 살 위였다. 그런 남(NYK) 형에게 로봇 개발 사업을 할 때 회계를 부탁했다. 직장에 다니는 그를 영입하여 부려먹으면서 정작 급여조차 제대로 주지 않았다. 처음에 오라고 할 때는 지분도 주겠다는 등 온갖 소리를 다 해서 모셨을 것이다. 이(LHK) 바이러스의 수법이다. 박(PSI) 형과 인도 사업을 시작할 때도 여섯에서 남은 세 사람 중 독일과 무역업을 하는 최(CHD) 형에게 무역 일을 도와달라고 했으나, 최(CHD) 형은 그의 헛소리에 속지 않았다.

한 번은 남(NYK) 형이 회사를 상대로 소송을 걸었다며 내게 하는 말이 '조금만 참으면 되는데, 그걸 못 참고 그런다.'라며 원망을 했다. 그러면 챙겨주겠다던 지분을 챙겨주던지, 아니면 제 지분의 일부라도 줘서 붙잡으면 되는 것 아닌가? 결국 남(NYK) 형은 소송으로 체불임금 정도만 받을 수 있었단다.

전에 이(LHK) 바이러스의 사무실에서 한두 번 본 적이 있는 남(NYK) 형에게 전화해서 회사 사정을 물어보았다. 어쩌면 기분 나쁠 수도 있는 내게 마침 자료들이 있다며 주주명부 등의 자료를 주었다. 8%라던 이(LHK) 바이러스의 지분이 부인 명의로 18.30%고, 황(HOS) 선생이 감염된 것도 그렇게 알게 된 것이다. 남(NYK) 형에게 '이(LHK) 바이러스를 파악하기 위해 내가 당신을 이용하고 있다. 인간관계가 어떤 목적과 필요로써 만나서는 안 되는데, 미안하다.'라고 말했더니, '단지 있는 자료와 제가 아는 사실만을 말씀드리는 것일 뿐인데요. 그러실 필요 없습니다.'라고 명쾌하게 답했다. 교회에 다니는 남(NYK) 형이 거짓말을 못 하는 신실한 교인이라 할지라도, 내게 그럴 수 있다는 것이 절대 쉽지 않아 보였다. (2020.1.16.)

진화 1

지난 30여 년 동안 이(LHK) 프란치스코 바이러스도 진화했다. 시간이 흐르며 말하는 방법이나 내용, 차용하는 자료까지 변화를 줬다. 진행하는 사업의 본질적인 핵심과 자신의 역할과 전망을 말하기보다는 소소한 것에 의미를 둔 거짓말을 진지하게 전하려고 노력했다. 그런 무의미한 것들을 내내 듣고만 있었던 것도 이형기 프란치스코 바이러스의 감염 증상이었다.

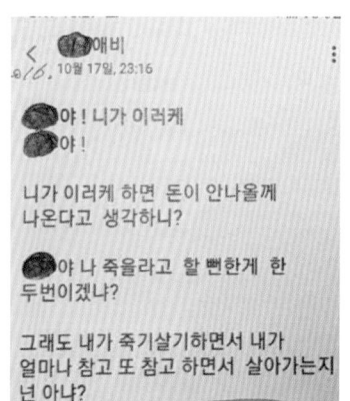 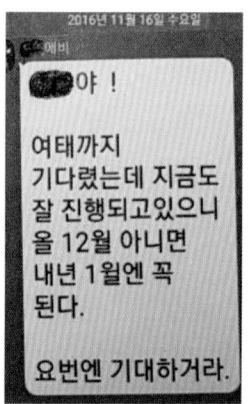

좌측이 2016년 10월 17일, 우측이 한 달 뒤인 11월 16일 것이다. 그러곤 석 달도 안 된 2017년 2월 9일엔 서부발전 회의실 등에서 찍은 사진 두 장도 보내왔다. 인도와 1조 원짜리 사업한다고 지껄일 때다. 사진을 붙여 신뢰도를 높이려고? 1조 원 사업이라면 PF(Project Financing) 같은데, 어떤 사업이냐? 물었더니, PF와 SPC란 말조차 모르고 있었다.

 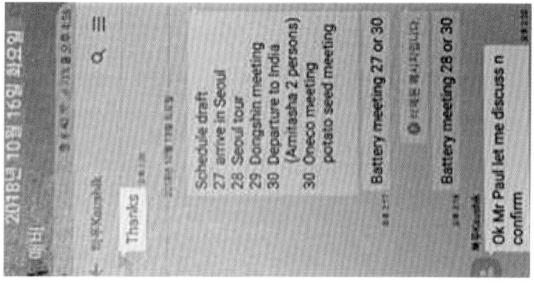

2018년 6월 5일에는 인도에서 거꾸로 자금이 들어온다는 황당한 소리를 했다. 10월 16일에는 또 발전했다. 이건 누구한테 받은 화면인가? 무슨 소린지는 알고 보냈나? 인도 사업을 하면서 영어 공부까지 했나?

298   한 멍청이의 회환

1년이 지난 2019년 10월에도 같은 말만 했다. 내가 의뢰한 신용정보회사 담당자인 김(KJY) 부장이 이(LHK) 바이러스와의 통화 내용을 내게 전해왔다.

> 김 안녕하세요
> 2019년10월18일
> 16시30분경 통화했구요
> 현재 인도쪽으로
> 사업하고 있다고 올해
> 말쯤이면 윤곽이 나오고
> 2020년에는
> 변제가능할수 있다고
> 대략 통화내용입니다

2019년 10월이면 6번 숙주에게 2억 4천만 원 사기죄로 고소를 당했을 때 같은데 저렇게 뻔뻔했다. 청구성당 교우였던 6번 숙주는 어떻게 이(LHK) 바이러스를 사기죄로 고소할 생각을 했을까? 2~3년 동안 돈을 더 대주다가 어떻게 고소했을까? 고소 취하를 해주었으니, 돈은 돌려받은 모양이다. 그들은 다시 이전의 교우 관계를 회복했을까?

이런 점들이 궁금하여 청구성당의 다음 카페에 글을 올렸다. 6번 숙주를 찾고 있고, 도움을 부탁한다며 사례도 후하게 하겠다고 했다. 그러나 아무런 응답이 없었다. 6번 숙주를 생각하며 어느 드라마에서 본 대사 한마디가 떠올랐다. We are not defined by what happens to us. We are defined by how we react to what happens to us. 드라마 속 인물과 달리, 나는 아무런 대응도 못 함으로써 숙주를 자청한 것이었다.

반평생 내게 헛소리만 지껄이던 이(LHK) 프란치스코 바이러스가 정작 돈을 번 적도 있었다는 말을 우연히 박(PSI) 형에게 들었다. 박(PSI) 형의 인도 사업에 참여하면서 절친인 우(UDM)도 영입했는데, 두 사람은 사무실에서 늘 쓸모없는 언쟁으로 소일하는 것이 주된 일과였단다. 그런 두 사람이 의기투합해 돈을 벌었다는데, 기발한 발상이었다. 박(PSI) 형이 한국과 인도 간 교류 증진을 위해 우리나라 상공인들을 인도로 초청하는 프로그램을 만들었고, 모든 경비는 인도 측에서 제공하기로 했다. 그런데 두 절친이 참가자들에게 뒷돈을 뜯었단다. 내겐 이것이 이형기 바이러스가 돈을 번 유일한 사례다. 인도에 대한 애정과 변함없는 열정만큼은 순수했던 박(PSI) 형은 이런 사실을 알고도, 그들에게 아무런 말도 못했단다. 그런 박(PSI) 형도 숙주 중 하나인가?

(2020.1.16.)

자식

1. 작은애

박(PW) 형 부부의 얘길 듣고 내용증명을 보내려다 보니, 이(LHK) 바이러스가 사는 집 주소가 필요했다. 이(LHK)에게 물으니, 못 알려 주겠단다. 차용증의 주소(신당동 290-49)를 찾아가니, 출입구 우편함 중 하나에 이 형기라 쓴 작은 견출지가 붙어 있어 쉽게 40X호임을 알게 되었다.

지금도 그렇지만 이(LHK)는 늘 한 달, 길어야 두세 달 뒤면 갚겠다고 하는데, 뻔한 그 헛소리를 왜 나는 듣고만 있었을까? 문득 '애들 앞에서는 다르지 않을까?'란 생각이 들었고, 멍청한 내가 그걸 실행했다. 귀가가 늦은 그들 가족이라, 밤늦게 작은애를 데리고 이(LHK) 프란치스코 바이러스의 집에 갔다. 그 애는 어디를, 무엇 때문인지도 모른 채 내게 끌려 그 집에 갔다. 집에 애들도 없었고, 부인(KSM) 혼자 있었다.

어두컴컴한 거실 한구석에 둘이 앉으니, 요구르트를 내왔다. 그 집에서 키우는 큰 개는 불청객을 맞은 주인의 의중을 헤아렸는지, 꽤 으르렁댔다.

오랜만에 만난 부인(KSM)과 할 말 없는 어색함 속에서 한 시간을 넘게 기다렸을 때, 나타난 이(LHK)가 뭔가를 지껄

300 한 멍청이의 회환

였다. 그 말이 채 끝나기도 전에 아무런 영문도 모르는 작은애가 쌍욕을 해버렸다. 갑작스러운 황망한 상황에서 나는 아무 말도 못하고 말았다. 애를 데리고 집을 나오는데, 뒤에서 부인(KSM)이 '이러려고 왔나요?'라고 했다. 충격을 받았다고는 하지만, 그 여자는 그렇게 말했다. 택시를 타고, 집에 오는 동안 작은애는 아무 말도 하지 않았다. 지금까지도 그 기괴한 만남에 대해 녀석이 어떤 말도 하지 않는 것을 고마워해야 하나? 이유야 어찌 됐든, 부인(KSM)이 그런 봉변을 당했음에도 이(LHK) 바이러스는 전혀 변함이 없었다.

2. 큰애(LAS)

그 일이 있은 얼마 후였다. 그날도 '곧 된다.'라는 말만 하던 이(LHK) 바이러스가 뜬금없이 큰딸(LAS) 얘기를 했다. 'SCL 도시가스에 다니는데, 연봉도 4,700만 원이나 된다.'라는 말을 딸 자랑으로 했던 모양이다. 어릴 때 자주 봤던 아이가 성장하여 직장 생활을 한다니 다행이다 싶었다. 하긴 AS는 어릴 때부터 쾌활하고 총기가 있었다. AS에 관한 말을 들은 뒤, 그 애가 궁금했다. 외부 회사들과 접촉이 많은 옆 부서 김 과장에게 '혹시 S사에 아는 친구 있나요?' 했더니, '예. 동창 중의 하나가 거기 상무로 있습니다.' 했다. 그에게 주 상무의 전화번호를 받아 통화했다. 기이하게도 주 상무가 AS의 근무처 부서장이었다. 주 상무의 칭찬이 대단했다. 기사 자격증의 필요성을 조언했더니, 곧바로 땄더라는 등 참 멋진 녀석이라 했다. 애비 얘기도 들었다면서 컴퓨터 게임 사업을 크게 한다고 들었단다. 좁은 땅이다. 두세 다리만 건너면, 이 땅에서 모르는 사람이 있을까? 그렇게 AS의 근황과 회사에서 인정받는 대견한 생활에 대해 알게 되었다. 그 아이가 왜 아버지의 사업을 초기에 했던 게임 사업으로 말했을까? 그동안 하는 일마다 모두 망한 것을 알기에 그랬던 모양이다.

AS와 통화해 만나기로 했다. 딸애가 제 애비를 어찌 생각하는지 알고 싶었다. 광화문에서 만나기로 했으나, 막상 긴 세월이 지나 만나려니 기분이 착잡했다. 맨정신으로는 안 되겠기에 술을 한잔하고 갔다. 2층 사람이 별로 없는 곳에 음료수 두 잔을 놓고 기다리고 있었는데, 참 이쁘게 잘 컸더라. 학자금 대출 얘기를 얼핏 한 것 말고는 애비에 대한 말을 무척 자제하는 것이 신통했다. 이(LHK) 바이러스가 작은형을 만난 뒤에 내게 한 얘기를 했더니, 그제야 정색하고 하는 말이 '그건 쓰레기 회사고, 끝난 것이에요. 혹시라도 그것이 돈이 되면 제가 아저씨께 드릴게요.'라고 말한다. 딸애도 의미 없는 회사라는 것을 알고 있는데, 어떻게 두 형제는 '곧 네 회사로 만들어 주겠다.'라는 대화를 했고, 내게 흥분하며 말했을까?

자리에서 일어나며 AS가 한참 머뭇거리다가 내가 작은애를 데리고 집에 왔다 간 후, 엄마가 매우 편찮으셨다는 얘기를 한다. 나는 변명이나 사과는커녕 아무 말도 못 하고 말았다. 헤어지면서 '아저씨, 저 예쁘죠?' 하는데, '그래, 넌 어릴 때부터 이뻤어. 잘 지내.'라며 돌아서 가는 애를 보는 나 자신이 더없이 서글펐다. 지금은 AS가 결혼하여 신랑, 아들과 같이 미국에서 살고 있다.

서푼짜리 애비들을 안 닮은 애들이라 다행이다. 저 새도 애들을 업어 돌보건만, 참 서푼짜리 부모들이다. 바이러스는 빨리 박멸해야 하는데, 하루빨리 이 병마에서 벗어나야 하는데……. 내 광기를 끄집어내는 이(LHK) 프란치스코 바이러스를 어떻게 해야 하나? (2020.1.22.)

개새끼

　오늘 신문에 경기 부천병에 출마한 잡것이 '2018년 5월에 세월호 자원봉사자와 세월호 유가족이 텐트 안에서 말로 표현할 수 없는 문란한 행위를 했다는 기사를 이미 알고 있다.'라 말했다는 기사를 봤다. 이번 총선에 나온 잡것이다. 특히 세월호에 대해 이런 입에 담아서는 안 될 천하디 천한 말을 뱉는 잡것! 평소 같았으면 의당 그걸 '개새끼'나 '개잡놈'이라 칭했다. 그러나 이제는 그런 것들에게도 '개'를 입에 담지 못하고, 그냥 '잡것'이라 칭한다. 이런 깨달음이 이형기 프란치스코 바이러스 덕이니, 고맙다고 해야 하나?

　나는 입이 꽤 험했다. 쉽게 내뱉었던 말이 '개새끼'였다. 이(LHK) 프란치스코 바이러스도 '개새끼'라 칭했다. 그러던 어느 날, 애꿎은 '개'가 무슨 죄인가 싶었다. '개'처럼 충직한 동물도 없지 않은가? (태국에 있을 때, 대화 중에 한 친구가 우리가 쓰는 '개'와 비슷한 용도로 태국인들이 사용하는 동물은 '무소(물소)'란다) 그런 각성에서 이제 '개새끼'란 말을 안 하려고 노력했다. 어쩌다 불쑥 튀어나올 때는 곧바로 거둬들인다.

　개! 한 친구의 집에 평생 키운 늙은 개가 있었다. 하루는 귀가 시간이 지났음에도 오시지 않는 부친을 기다리러 정원에 나갔더니, 어른이 목에 피를 흘리며 쓰러져 있고, 그 곁에 개가 천연덕스럽게 앉아 있더란다. 다행히 일찍 발견하여 큰일은 피했지만, 치매에 걸린 그 늙은 개를 안락사시킬 수밖에 없었단다. 대학 동물병원의 김(KJT) 형이 한 말인데, 어느 날 한 가족이 키우던 개를 데리고 와서 안락사를 부탁하더란다. 이민하게 되었는데, 달리 부탁할 곳도 없고 마땅한 대안을 못 찾았단다. 개! 맞다. 그런 취급을 받아서는 안 된다. 어찌 보면 그 개들도 침을 뱉을 잡것들을 대상으로는 더더구나.

　30여 년이 넘도록 같은 거짓말만 하는 이(LHK) 프란치스코 바이러스를 부르는 호칭에 '개'를 붙이는 것은 '개'를 욕되게 하는 것임을 깨달게 되었으니, 참 아이러니하다. 미물에게도 배울 것이 있다!

언젠가 '미물에게도 배울 것이 있더군요. 험한 입에서 욕을 자제할 수 있도록 해준 것에 감사드립니다.'란 내 카톡에 '그래. 잘했다.'라 답한다. 그것이 이(LHK) 바이러스에겐 찬사로 들린 모양이다.

*****

유권자? 유권자의 권리와 의무? 지연, 학연, 종교연 등을 무시하고, 제대로 된 사람을 택해야 하지 않나? 제대로 된 사람이 없으니, 그렇다? 그래도 차선책이라도 잘 택해야 하지 않나? 앞서 말한 저런 잡것들을 선택하는 것은 죄악이 아닐까? 지역적으로 늘 최악의 선택만 하는 곳이 있다. 내 고향도 '우리가 남이가?'로 상징되는 그쪽이다. 참, 대책 없는 문디들! (2020.4.9.)

종교를 갖는다는 것

벗 중에 종교를 가진 이들이 꽤 있다. 늘 주변의 어려운 이웃을 찾아 돕고 사는 구세군 사관 신(SDI)형 부부. 매일 새벽에 일어나 불경 공부와 참선을 하는 이(HJ)와 틈날 때 단아하게 앉아 불경을 필사하는 벗(HGS). 제자들의 학업과 성취를 위해 정성을 다하는 천주교 신자 김(KJT) 교수와 기독교 신자 윤(YHS) 교수. 그들은 늘 공부하며 자신의 삶을 되돌아보고 성찰하는 공통점이 있어, 아름답고 향기롭다. 그들과의 만남 속에서, 조금이나마 나도 정화가 되는 것 같아 고맙다. 어쩌면 그들의 백으로 죄 많은 내가 지옥행을 면할 수도 있을 것이라는 얄팍한 희망도 있다.

지은 죄도 크거니와 멍청한 나 자신을 알기에 감히 종교를 갖겠다는 생각도 못 한다. 군 훈련소를 나와 대전에서 병과 교육을 받을 때다. 병사들에게 교육과 쉼 없는 사역을 시킬 때, 삼척 출신의 박(PJJ) 형이 옻을 타서 큰 고생을 했다. 말이 의무실이지 변변찮아, 한여름에 극심한 고통에 잠을 이루지 못하고 상처를 긁으며 앓았다. 그런 그를 내가 모포로 돌돌 말아 껴안고 있으면, 땀에 범벅이 되어 지쳐서 잠을 잤다. 별다른 약도 없어, 그렇게 며칠이 지나면서 차도가 있었다.

자대가 달랐음에도 전역 후에 가끔 만난 친구다. 하루는 명동에서 박(PJJ) 형 부부를 만났는데, 명동성당에서 혼배성사를 했다며 내게 묵주를 주었다. 그들에겐 각별한 의미가 있었을 꽤 긴 묵주를 얼떨결에 받았다. 몇 년 뒤 박 형은 미국에 이민하였고, '80년대 후반에 한 번 나왔었다. 오랜만에 청량리역에서 만난 날, 늘 내게 부담스러웠던 묵주를 그에게 돌려줄 수 있었다. 소식이 끊긴 지 오랜 세월이 지났지만, 그들 가족은 지금도 천주교 신자로서 신실한 삶을 살고 있을 것이다.

변함없이 늘 향기로운 벗들을 만날 때마다 느끼는 것이 있다. 종교를 갖는다는 것이 어려운 것이고, 그 가르침을 따르는 것이 힘든 일임을 잘 알고 있다. 그래서 그들이 한편으로는 부럽기도 하고 존경스럽다.

우연히 이(LHK) 바이러스가 성당을 다닌다는 것을 알게 되어, 5~6년 전쯤 바이러스의 집 인근에 있는 청구성당을 찾아갔다. 사목협의회 간부면서 성가대원으로 꽤 알려진 신자였다. 성당에 들어가기 전 오른쪽에 성모상이 있었는데, 당시에는 상당히 크게 보였고, 괜히 주눅도 들었다. 그러나 얼마 전부터 작고 아담한 성모상으로 보였다. 왜? 경외감의 차이는 어디서 오나? 마음가짐과 의도, 목적의식에 따라 다를 수 있는가?

이형기 프란치스코 바이러스도 아무런 거리낌 없이 볼 수 있는 성모상이라, 죄가 크고 신심 없는 내게도 편한 성모상인가?

얼마 전에 갑자기 이름도 얼굴도 기억이 안 나는 초등학교 저학년 때 친구가 생각났다. 그 친구가 날 교회에 몇 번 데려갔었다. 자못 엄숙한 분위기였던 것으로 보아 교회보다는 성당인 것 같기도 하다. 친구가 날 성당에 데려간 날은 이유가 있었다. 그곳에서 간식을 주고, 집에 갈 때 과자와 학용품 등이 담긴 선물을 주는 날이었다. 왜 갑자기 그 친구가 생각났을까?

내 게시물 때문에 곤욕을 치른 다음카페 청구성당 카페지기가 내 기억을 꺼내주었다. 내가 그렇게 그녀를 힘들게 했나? 나로서는 이형기 프란치스코 바이러스 예·경보를 한 것인데! 그녀의 대응은 꽤 황당했다. 선교와는 무관하게 맛있는 것을 먹이고 선물도 받게 하려고 마음 쓴 그 친구를 들춰주었으니, 그나마 그녀에게 고맙다고 해야 하나?

(2020.11.13.)

이(LHK)가 성당을 다닌다는 것을 처음 알았을 때 황당했다. 저런 것이 신앙생활을 한다고? 해서 사는 곳 근처 청구성당을 가봤다. 경비실에 계신 분이 이형기를 잘 알고 있었다. 성가대원이라 좀 늦게 나올 거라며, 손님이 왔다고 그것에게 문자까지 보내주셨다. 그리고 입구 휴게실에서 기다리라며 안내해 주셨다. 성당 내 게시판의 사목협의회 조직표에 그것이 간부로 되어 있었고, 월간 행사표에는 젊은이들을 상대로 교육도 하고 있었다. 미사가 끝나고, 나를 본 바이러스는 난감해하며 나를 끌고 나갔다. 다른 신도들 옆에서 말하는 것이 겁이 났던가? 성당에서 만나면 거짓말을 못 하지 않을까 싶었으나 그것도 헛짓이었다.

2015년 5월에 청구성당 사목협의회 간부 세 명에게 등기우편으로 그것과의 관계를 알리고, 도움을 부탁했다. 그것으로 인해 염치가 있다면 뭔가 변화가 있을 거로 생각했다. 아니라면 수치심을 느껴 성당에 다니지 못할 것으로 생각했고, 교인들의 감염도 막는 효과도 있겠다고 생각했다. 그러나 변함없이 신실한 천주교인으로 당당하게 계속 다녔다. 내 우편물을 받은 사람들은 무슨 생각을 했고, 어떤 행동을 했을까? 그들에게 나는 절친한 교우를 음해하는 자로 보였나?

　이형기 프란치스코가 바이러스임을 깨닫고, 지난 삶을 되돌아보게 되었다. 극단적인 생각도 하던 중에 그나마 날 지탱해 준 고마운 벗들이 생각났다. 그들이 있어 허망하지만은 않은 삶이었다. 뒤늦게 지난 삶을 되새겨 볼 생각을 하게 되었다. 그러다가 '블로그'를 택했고, 2019년 10월 15일부터 글을 쓰며 생각을 정리했다.

　글을 시작하며 바이러스와 관련된 전반적인 내용도 대략 적어보았다. 그것에 대해 정확성을 기하기 위해 이(LHK)와 부인(KSM)의 확인이 필요했다. 2019년 8월에 청구성당 여성총구역장께 자료를 보내며, 부인(KSM)에게 전해달라고 부탁했다. 바이러스의 집은 법원 판결문도 송달이 안 되는 이상한 집이었다. 부인(KSM)이 8구역장을 오래 했으니, 정확하게 전달되겠기에 부탁했다. 적어도 나는 이형기 바이러스에 대해 거짓 없이 쓰려고 검토와 확인을 부탁한 것이었으나, 그들 부부는 어떤 대꾸도 없었다.

　부인(KSM)의 그런 반응이 내겐 참 의아했다. 늘 내 처자식 못지않게 힘든 것이 바이러스의 처자식으로 생각했다. 한번은 부인(KSM)이 내게 '그렇게 당하고도, 또 돈을 줬냐?'라는 말을 했었다. 그녀의 그 말과 원망스러운 표정은 결코 잊을 수가 없었고, 늘 마음에 걸렸으며, 되레 내가 죄를 지은 것으로도 느꼈다. 바이러스 가장을 둔 고통에 얼마나 마음고생이 심했을까 싶었다. 청구성당 교인의 돈을 받아 인도 사업을 시작할 때, 그녀가 '또 누굴 사기 쳤냐?'라는 말을 했고, 그 말을 바이러스가 주변에 자랑으로 떠벌렸다는 것도 전했으니, 오죽하랴 싶었다. 그래서 김(KSM) 크리스티나에게 남편의 실상을 알려주며, 혹여라도 잘못된 내용이 있다면 알려달라고 부탁한 것이다. 그렇게 대꾸를 기대했음에도 아무런 답이 없었던 것이 의아했다.

　내가 아는 한, '이형기 프란치스코 바이러스'의 숙주는 여섯이다.

그러나 지난 반평생을 바이러스로 살았고, 생명력이 강하다 보니, 또 다른 숙주도 있었을 것이고, 새로운 숙주가 생길 것도 뻔했다. 또한, 하던 일이 거덜 나면 늘 새로운 사업을 한답시고, 숙주를 찾는 행태는 앞으로도 변하지 않을 것이다. 이제 숙줏감이 거의 소진됐으니, 다음 먹잇감은 누굴까? 내 결론은 청구성당의 또 다른 교인과 바이러스의 두 딸(LAS와 LNH) 외에는 없을 것 같았다.

그런 취지에서 찾아보다가 다음카페 '청구성당'이 있음을 알게 되었다. 그곳에 '자유게시판'이 있길래 활용해 볼 생각을 했다. 말 그대로 공개된 자유로운 게시판이니, 이 공간을 통해 '이(LHK) 바이러스 예·경보'를 해주면 그들에게 도움이 될 것이고, 바이러스의 신심과 양심도 일깨울 수 있겠다 생각했다.

2019년 8월 20일에 자유게시판의 성격을 가늠해 보려고, 하나의 글을 올렸다. 게시판의 성격상 실명을 요구하지 않는 곳이라, 게시된 글에 대한 반응을 보면, 어느 정도 '자유게시판'이란 것의 성격과 교인들의 참여도 및 활용도를 짐작할 수 있으리라 생각했다.

자유게시판

'오른손이 하는 일을 왼손이…'
Madie Ahn 추천 0 조회 31. 19.08.20 13:12 댓글3
안녕하세요?
종교나 천주교에 대해 문외한인 좀 나이 든 사람입니다.
독실한 교인으로 청구성당에 다니는 사람을 통해 접하게 된 청구성당을 통해 종교와 우리 삶에 대한 도움을 받을 수 있을는지요?
마태복음에 있는 말씀이라던데….
누군가의 선행을 굳이 알리지 말라는 말씀인가요?
요즘 같은 세상에 좋은 일을 한 것은 널리 알리고,
또 누군가 그런 것에서 깨우침이나 가르침을 받아 좋은 길을 간다면,

좋은 것이 아닌지요?
자신의 앎을 가지고, 국내외에 좋은 일을 많이 하는 교인이 있다면,
알리는 것도 좋을 듯싶은데…
'오른손이 한 일을 왼손이…'가 무슨 말씀인지요?

내 글에 필명 '그리운님'의 댓글 하나가 올라왔다.

그리운님 첫 댓글19.09.13 09:12
처음 등업을 하고 접하여 보는 글인데요.
잘못 표현하였으면 이해를 부탁드리면서.
오래전에 기록이 된 글인데 지금 기록해도 될는지요.
상기의 글을 작성하신 문장으로 보아서는 많은 지식인으로 보고요.
오른손이 한 일을 왼손이… 라는 것에 대하여 물으신다면.
님은 모든 해답을 알고서 올리신 것 같기에 저의 의견을 피력하지 않겠습니다.
하지만. 구체적 정확한 요구의 글이 있음 감사드립니다.
같이 공유하고 싶어서요. 고맙습니다.

그의 답글에 내 본래의 의도를 담아 아랫글을 달았다.

Madie Ahn 19.10.13 09:13
그 말씀이 '왼손이 한 일은 오른손이 알게 하라'는 것과 동일한 의미가 될 수 있는지요?
많은 문화권에서 왼손에 부여하는 부정적인 의미가 있는 것으로 알고 있습니다.
악행이나 잘못은 알게 하고, 그릇된 것을 바로잡아 주어야 한다는 것으로 해석해도 될는지요?
동도로서 가르침에서 벗어난 것을 이끌어 주는 것이 타당하고, 그래야만 된다고 볼 수 있는지요? 감사합니다.

이후에는 아무런 반응이 없었다.
2019년 연말을 전후하여 '이(LHK) 바이러스 예 · 경보'라 명시하고,

블로그의 글을 게시판에 게재하였으나, 반응이 없었다. 크든 작든 모든 조직은 자정 능력을 갖춰야 한다고 본다. 그들이 사실 확인이라도 했다면 바이러스가 수치심에 계속 성당을 드나들기는 어려웠을 것이고, 교우인 6번 숙주도 생기지 않았을 것이다. '청구성당 자유게시판'은 친목 단체와 마찬가지로 잡담이 오가는 곳인가? 내가 너무 과도한 것을 기대했던 탓인가?

우연히 6번 숙주가 이형기 프란치스코 바이러스를 사기죄로 고소한 것을 알게 되었다. 그의 고소가 '이(LHK) 바이러스 예·경보'에서 비롯된 것 같다. 그는 결국 사기당한 돈을 받았으니, 내 덕인가? 그랬다면, 적어도 고맙다는 말 한마디 정도는 해야 하지 않나? (2020.12.7.)

감염 증상

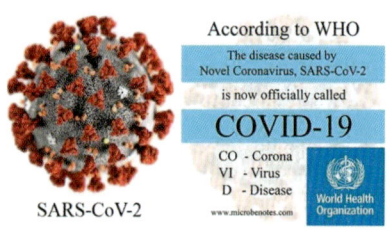

이형기 프란치스코 바이러스의 위력은 어디까진가? 30년이 지나 알고 보니, 코로나19보다 더 강력한 바이러스였다. 코로나를 겪고 나서야 깨달았다. 내가 이형기 프란치스코 바이러스에 감염된 원인은 무엇일까? 건강한 사람은 무증상으로 겪고도 면역력이 생긴다는 바이러스에 긴 세월을 당하고서야 뒤늦게 깨닫게 된 까닭은?

모든 것이 내 탓이었다. 형님과 두 동생과 달리 어릴 때부터 유독 제멋대로였던 나였다. 부모님은 물론이고 형님의 속도 많이 썩였고,

동생들도 꽤 괴로웠다. 가족들의 말을 안 듣고, 어리석은 짧은 생각과 아집에 사로잡혀 끝을 볼 때까지 막 나갔다. 그런데도 너그러운 가족들로부터 별다른 제재를 받지 않았고, 그런 속에서 자성할 줄도 몰랐다. 결혼하면서 집사람에게는 말대꾸조차 용납하지 않았다. 게다가 한 술 더 떠, 처자식 모두에게 그 행태를 계속했다.

이런 서푼짜리가 이형기 프란치스코 바이러스에게는 왜 그렇게 관대할 수 있었을까? 1987년에 시작한 직장에서 월급 20여만 원 받으면서 40, 80만 원을 주는 것으로 시작됐다. 오라는 은행에 연가 내어 가서 보증을 서주었고, 그것으로 급여 압류를 당한 뒤에도 대납했다. 사업이 잘된다고 해 돈 받으러 갔다가, 식당에서 식대가 밀려 있다는 말을 듣고 대신 입금해 주었다. 마지막 단계라며 한 달이면 갚겠다고 해, 또 천만 원을 대출받아 준 헛짓거리들을 16년 동안 했다.

그러다 2003년 7월 11일에서야 8,700만 원 차용증을 어렵게 받았다. 그 후에도 늘 '곧 된다.' '다음 달에는 네 돈을 갚겠다.'라는 말을 들으며, 또 10년이 흘렀다. 아무런 신빙성도 가치도 없는 그 말들을 왜 내가 듣고만 있었던가? 10년이면 그런 채권이 소멸한다는 박(PW) 형 부부의 말을 듣고 따랐던 결과가 2013년 3월 22일에 받은 판결문이고, 내게 남은 유일한 근거가 되었다. 판결이 난 후로도 7년이 지난 지금, 지난 30여 년 동안 파렴치하고 후안무치한 이형기 프란치스코 바이러스에게서 받은 것은 한 푼도 없다. (2020.11.20.)

이형기 프란치스코 바이러스 감염 증상! 애써 털어내려고 하지만 내 머릿속에 들어와 내 사고를 지배하게 되면 초기 두통이 곧 만성 두통이 되고, 구역질이 났다. 그러다 정신이 혼미해지면서 사고 기능이 마비되고, 혈압이 높아지면서 광기를 띠게 되어 약을 먹지 않고는 잠을 못 잤다. 정신과 처방도 별 효과가 없었다. 바이러스가 하는 모든 말에 한 조각의 신빙성도 없었다. 그럼에도 왜 그 긴 세월을 당했는지

내가 생각해도 이상했는데, 그래서 그랬던 모양이다.

일에 묻혀 생활하다가 문득 생각이 나면 구역질하면서 멍청해져 버린다. 이 바이러스를 지워버리고, 털어버려야겠다는 생각만 하게 된다. 그러면서 바이러스와 관련된 자료들을 들춰보다가 모두 없애버렸다. 바이러스에게 해준 보증으로 급여 압류까지 당하고 대납한 뒤, 경리 담당자에게 부탁해 받아온 내 서류철도 보다가 파쇄기에 넣었다.

전화를 안 받는 이(LHK) 프란치스코 바이러스를 욕하다가 집과 부인의 핸드폰 전화번호도 삭제했다. 그러다가 다시 장(JHM) 형에게 전화번호를 물어보곤 했다. 이 바이러스 회사의 자료, 다른 숙주와 관련된 자료 및 그들의 핸드폰 번호도 파기하는 등, 그런 자료들을 보는 것만으로도 구역질이 났다. 그것들이 지니기 싫었다면 스캐닝이라도 해두거나 따로 담아 구석에 처박아둬도 됐으련만……. 내가 멍청한 놈이기도 했지만, 그런 것들도 감염 증상이었다.

판검사와 변호사 동기들도 꽤 있었고, 다른 사람 일로는 그들에게 자문을 구했었다. 그러나 정작 나는 바이러스에 대한 법적 대응은 생각조차 못 했다. 그저 내 뇌리에서 바이러스를 빨리 털어버리자, 잊자, 내 인생에서 그 존재 자체를 말살하자는 생각만 들었다. 이형기 프란치스코 바이러스의 헛소리를 왜 30년 넘게 듣고 있었나? 지금 생각하면 이런 나 자신이 괴이하기까지 하다.

최근 10여 년 전부터 바이러스가 기존의 단답형에서 상당히 장황한 설명을 할 때가 있었다. 황당한 말을 사뭇 진지하게 말했다. 하던 일을 말아먹고, 새로운 일을 한다며 했던 말들이다.

'이젠 로봇 시대다. NASA에 근무하던 인재인 마이클 김(KHC)이 나와 일하기로 했다.'라며 자랑했다. '내가 어려운 국가자격증을 땄다. 전국에서 내 강의를 들으려는 사람들이 많이 기다리고 있다. 이제부터 아주 바쁘다.'라는 말은 보험회사 비슷한 곳에 다니며, 교육과정을 거친 후에 했던 말 같다. '내가 오늘 이 사업자등록증을 받았다. 이게 그거다. 보통 한 달 정도 걸리는데, 전망 좋은 사업임을 알아보고, 담당자가 금방 해주었다.'라는 것은 무슨 일을 하려던 것인지조차 기억에도 없다. '줄기세포라고 들어봤지. 이제 줄기세포만 있으면 못 고치는 병이 없다. 장수 시대, 100세 시대가 열렸다. 앞으로 네 건강은 걱정하지 마라. 내가 책임지마.'란 말도 했다. '인도 총리와 잘 아는 굉장한 박(PSI) 형과 사업 중이다. 이 서류가 세계적인 인도 대기업과 맺은 에이전시 계약서다. 지금 서부발전과 1조 원 사업을 추진 중이며, 잘되고 있다.' 등. 이런 이형기 프란치스코 바이러스의 행태는 어떻게 가능한 것일까? 늘 새로운 능력자와 다시 사업을 시작할 수 있는 것도 전지전능한 하느님을 섬기는 독실한 천주교인 이형기 프란치스코 바이러스의 능력인가? 성은을 입은 것인가?

이형기 프란치스코가 바이러스임을 인식하지 못했던 6년 전부터 내가 했던 멍청한 헛짓들이 있다. 반평생 재직하고 받게 된 연금을 일시금으로 받아 빚을 정리하려고 했다. 경리 담당자가 극구 만류하는 바람에 1/4로 빚의 일부를 갚았다. 이제야 내 무식한 행동을 제어해준 그녀에게 감사하고 있다. 2014년 9월에 동부이촌동 집을 헐값에 팔아 빚을 청산했다. 그러나 실제는 헛짓이었다. 이사하는 집의 전세대출로 대체했을 뿐이었다. 그때가 집값이 바닥일 때인 모양인데, 그런 생각조차 못했다.

바이러스가 잠식하여 혼미한 내가 저지른 헛짓들을 이 외에도 수없이 저질렀다. 늘 그랬듯, 연금 삭감과 집을 파는 것도 처자식에게 한마디 의논 없이 저질렀다. 하나에서 둘을 빼는 것도 헤아리지 못하는 멍청함이 만성 바이러스의 감염 증세였다. 내 처자식은 단 한 번도 염두에 두지 않았고, 나로 인한 그들의 고통마저 외면만 했다.

(2020.12.7.)

부인 김미숙 크리스티나

　지난달 2020년 11월 9일, 바이러스가 산다는 하왕십리동 금호아파트 103동에 갔다. 현관문에 '청구성당 교우의 집'이란 것이 붙어 있었는데, 그들의 변함없는 굳건한 믿음과 나름의 자부심을 나타내는 징표인가? 다른 교인들도 저러려나? 내가 청구성당에 건넨 '이형기 프란치스코 바이러스 예·경보'가 무용지물이었음을 새삼 깨달았다.

　대단한 사업에 전념한답시고 늘 귀가가 늦는 이형기 프란치스코 바이러스인 것은 알고 있었다만, 그날도 집에 부인만 있었다. 그녀에게 물어볼 것도 있었고, 조언이랍시고 할 얘기도 있었다. 어쩌면 피해자의 처자식보다 가해자의 처자식이 더 힘든 것 같았기에 큰 용기를 내고 갔던 것이다.

　묻고 싶었던 것은 바이러스가 최근 6번 숙주 교인에게 2억 4천만 원 고소당한 것을 그녀가 해소했을 것 같은데, 그것에 대한 경위였다. '그렇게 당하고도 또 줬냐?'라고 했듯이 바이러스가 30년 동안 내게 한 짓을 알만한 그녀가 최근 건은 곧바로 처리한 것이 형사 고소라 겁이 나서 그랬는지? 교우와 관련된 건이라 그런 것인지 등을 묻고 싶었다.

　해주고 싶었던 말은 이형기 프란치스코 바이러스가 아직도 감염시킬 대상이 있어 주의하라고 경고였다. 이제 남은 숙줏감은 당신의 두 딸밖에 없을 것 같은데 조심해라. 미국에 사는 큰딸 슬아는 별문제가 없을 것 같으나, 작은딸 해나는 애비를 많이 닮은 것 같아 더 조심해야 할 것으로 보인다는 것이다.

　무엇보다 중요한 것은 이민을 권할 생각이었다. 부단히 노력했지만 내 뇌리에서 바이러스를 박멸할 수가 없으니, 내가 바이러스를 말끔하게 지울 수 있도록 도와달라는 부탁을 하려고 했다. 외국으로 도망가는 것이 최선이니, 배항성이처럼 이민을 부탁할 생각이었다. 그리고 이민할 때 미국과 호주, 태국과 베트남, 라오스는 대상에서 제외하라는 조언을 주려고 했다. 그 다섯 나라는 내가 쉽게 수소문할 수 있으니, 내게 실효성이 없다는 점을 주지시킬 생각이었다.

　초인종을 누르니 내 목소리를 알아채고, '그런 사람 없다.'라며 인터폰을 껐다. 몇 번 잠시 얘기하자고 해도 계속 그러기에 문을 세게 두드리니, 그제서야 어쩔 수 없이 문을 열었다. 6~7년 만에 본 것인데, 그녀의 언행이 놀라웠다. 바이러스 부인이 '할 말이 없다.'라며 핸드폰으로 통화를 하는데 경찰서 전화번호를 묻고 있었다. 그런 꼴을 보니 허망하기도 했거니와 측은하기도 했다. 내가 '그냥 112로 신고하라.'라고 알려주니, 112로 전화를 했다.

　그녀도 바이러스 남편 못지않게 당당했다. 이런 난감한 꼴을 당하고, 경관이 오면 어떻게 해야 하나? 이럴 줄 알았으면 판결문이라도 가지고 왔어야 했다는 생각이 들었다. 그랬더라면 경찰관들이 상황 판단을 쉽게 할 수 있을 터, 30년 넘게 채무를 안 갚는 저것들과 나를 그들은 뭐라 할까? 신고를 받고 온 경찰관들도 곤란할 것 같아 꽤 기다리다 엘리베이터를 타고 내려왔다. 모퉁이를 도는데, 그제서야 나이든 경찰 두 분이 가쁜 숨을 내쉬며 지나갔다. 그분들께 갈 필요가 없다고 하려다가, 말이 길어질 것 같기에 그냥 갔다. 결국, 오랜만에 만난 김미숙 크리스티나에게 애초 하려던 말은 아무것도 못 하고, 그녀의 실체만 파악한 꼴이 되었다. 아! 저것도 바이러스구나! 0번 숙주라 안타깝게 생각했던 저것도 바이러스였구나!

그 옛날 '저 녀석은 황(HOS) 선생과 결혼할 거랍디다.'라는 내 조언에 그녀가 '저 사람은 내 손안에 있어요. 내 겁니다.'라고 단호하게 말했던 그 순간에 그녀가 감염된 것일까? 그녀에게는 이형기 프란치스코 바이러스가 여러 악조건 속에서 당당하게 쟁취한 '그녀의 자랑스러운 내 것, 전리품'일 수도 있었겠다는 생각까지 들었다. 그리고 그런 성취로 인해 남편 못잖은 바이러스로 변신할 수 있었구나!

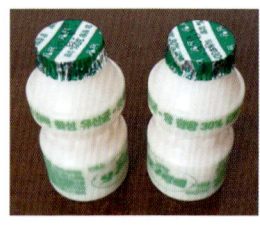

신고를 받고 꽤 비탈진 길을 걸어온 경찰관들을 본 김(KSM) 크리스티나는 흐뭇했으려나? 통쾌했으려나? 혹시 바이러스답지 않게 헛걸음한 두 분께 음료수라도 대접했으려나? 작은애와 갔을 때처럼, 그녀가 좋아하는 요구르트라도 건넸으려나?

쓸데없는 고생을 한 나이 든 두 경관에게 뭐라 지껄였으려나? 내가 도망갔다고 했으려나? 기회가 되면, 그녀가 좋아하는 요구르트라도 건넸는지 확인해 봐야겠다.

되돌아 나오는 길에 여러 가지 생각이 들었다. '오죽했으면 저럴까?' '내 처자식도 잘 아는 김미숙 크리스티나도 나처럼 바이러스에 감염돼 저 지경까지 망가졌나?' '내가 악덕 빚쟁이로 보였나?' '최소한의 예의나 품격을 기대하는 것이 무의미한 것인가?'란 생각과 더불어 '저들은 처음부터 부창부수였나?' '둘이 언제부터 일심동체가 되었나?'란 생각까지 들었다. 그러다가 언젠가 신당동 집에 갔을 때, 작은 딸 해나의 행동이 생각났다. 노크하니, 안에서 '누구세요?' 말한다. 슬아 목소리는 아니길래 '해나니? 아빠 계시니?' 했더니, 문을 열지도 않고, 아무런 대꾸도 없었다. 얼마 뒤에 바이러스가 나왔다. 원래 이 집사람들은 손님이 오면 이런 식으로 응대하나? 아니면 나 같은 불청객이 많이 오는 집이라 으레 그런가? 무심하게 지나쳤던 것들을 생각나게 하는 그녀였다.

크면서 보고 듣는 것이 자라는 애들에게 영향을 끼칠 것이다. 물론 다른 형제들과 달리 빗나간 나 같은 망나니도 섞일 수 있다. 해도 부모의 언행이 알게 모르게 조금씩 몸에 배어 축적되지 않을까? 해나의 행동이 기억난 것은 왜일까? 나로 인해 김(KMS) 크리스티나도 힘들었을 것이다. 만약 집에 애들이 있었어도 저런 언행이 가능할지 생각하니 명확해졌다. 단 한 번이라도 그녀가 내 처자식에 대해 생각해 본 적이 있었을까? 뜻밖의 그녀 행태로 인해 바이러스 예·경보를 하면서 가졌던 미안함은 말끔히 가셨다. 그녀의 그런 황당한 작태가 되레 고맙기까지 했다.

나처럼 이형기 프란치스코 바이러스도 처자식의 시선을 생각해 봤을까? 제 자식에게 해줄 말이 있으려나? 이형기 프란치스코 바이러스가 긍지를 가진 자신만의 능력과 생명력을 말한다면 이런 말일 것이다. '널 믿는 친구들을 잘 이용해라.' 'No-Madie처럼 멍청한 친구는 가끔 거짓말을 해가면서, 철저하게 마지막까지 제대로 써먹어라. 절대 흔들리지 말고, 의연하고 당당하게 처신해라.' '감방 가는 것은 피해야 하니, 법적으로 형사 고소를 당하면 바로 처리해서 해소해라. 그런 경우 소문이 나지 않게 은밀하게 처리해라. 나중에 써먹을 잠재 숙주가 없어진다.' '민사는 내 명의로 된 것만 없으면 된다. 아파트 두 채가 엄마 명의니, 누구도 손대지 못한다는 것을 명심해라.' '성당 사람들 걱정은 하지 마라. 우리는 하느님을 믿는 신심으로 뭉쳐 있잖니! 게다가 엄마 아빠가 사목협의회 간부와 구역장을 맡아 봉사하며, 오랜 세월 쌓은 탄탄한 기반이 쌓았으니, 아무도 우릴 함부로 대하지 못한다. 너희도 되도록 주님의 성당에서 많은 역할을 하며 기반을 다져라,

살면서 큰 도움이 될 게다.' '개중에 혹시 삐딱한 시선을 주는 놈이 있으면 피하지 말고, 당당하게 정면 돌파로 뭉개라. 모두 웃으며 꼬리를 내릴 것이다.' '괴롭히는 놈에겐 엄마처럼 경찰을 부르는 등 즉각 대처해라. 모두 겁먹고 도망갈 거다.' 등등. 그런 가르침 때문일까? 둘째 해나도 성당 청년회 간부였으니, 언니 슬아보다 제 부모를 많이 닮아 감염 위험성이 더 클 것으로 보인다.

좀 의아스러웠는데, 그 가족은 개를 참 좋아하는 모양이다. 신당동 집의 개는 덩치가 꽤 컸는데, 이젠 자그만 개를 키우고 있었다. 저 개가 나가서 사고를 치면 어떻게 처신할까? 명색이 남편이고, 애들 애비가 저지른 짓에도 저렇게 당당한데 어떨까? 반려견도 가족의 일원이라 생각하겠지만, 일말의 책임감이라도 있으려나? 이런저런 생각을 하다 보니, 김미숙 크리스티나의 추악한 꼬락서니를 본 것으로 맘이 편해졌다. 그렇게 '김미숙 크리스티나가 0번 숙주'일 것이라는 망상에서 깨어났다. 하는 짓을 보니, 당신은 남편 못잖은 파렴치한 바이러스인 것 같구려……. 아니, 더 강력하네요!

품격은 몸에 밴 것이라 상황에 따라 변할 수 없다. 그 자체로 향기로운 것이기 때문에 자신의 처지에 따라 바뀌지 않는 것이다. 그녀의 천박한 태도를 보며 집사람과 대비되었다. '아' 다르고, '어' 다르다고 하지 않는가? '지금 그 사람이 없네요. 나도 힘드니, 그 사람과 밖에서 얘기하세요. 앞으로 집으로는 오시지 말았으면 합니다.' 만약 김미숙 크리스티나가 내게 그랬다면, 내가 무슨 말을 더할 수 있었을까? 그녀에게 최소한의 양식과 예의를 바랐던 것이 무리였던가? 아무리 좋게 생각하려 해도 그녀의 실체를 파악한 내 인식변화는 이제 바뀌지 않을 것 같다. 너도 바이러스였구나! 천생연분 부부 일심동체, 대단한 바이러스 부부구나! (2020.12.7.)

결혼하고, 자식이 생기면서 가족이 형성된다. 처자식을 책임져야 할 가장으로서 자격이 없는 자들이 많음에도 자식들에게 큰 영향을 끼치는 것도 부모가 아닐까? 나는 애들에게 어떻게 비쳤을까?

처자식, 그들이 나를 보는 시선은 철저한 무식에 기인한 독단, 멍청함, 무능과 무책임인 것 같다. 의견은커녕 말대꾸조차 허용하지 않았고, 의논조차 없이 일을 저지르며 후환은 처자식에게 지웠다. 지금도 아무런 언급이나 해명 없이 문제만 터트리고 있다.

직장 생활을 시작한 큰놈도 반기를 들 기미를 보인다. 여태까지 내 일방적인 지시에 순응했던 녀석이 지난달 중순에 '연금 삭감, 집값이 바닥이던 때 동부이촌동 집을 헐값에 처분한 이유, 남은 빚은 또 몇들이며, 계획은 있으시냐며 말씀해달라.'는 카톡을 보내왔다. 어찌 보면 녀석이 지금에서야 그러는 것이 내게 과분한 것인가?

내가 뼈저리게 절감하는 치부를 가족이 말함에도 역정부터 내고 있으니, 나는 언제 사람이 되려나? 이미 반 바이러스, 아니 바이러스인데 사람으로 환원될 수는 있을까? '그래, 너희는 나처럼 되지 마라. 친구를 잘 사귀어라. 나처럼 실기하여 바이러스에 감염되어 인생을 망치지 마라.'는 가르침을 줬다고 치부해야 하나? (2020.12.8.)

좁지만, 제 삶의 영역을 지킬 줄 알건만……

품성(品性)

품성은 타고나는 것이 아닐까?

훈육과 교육을 통해 갈고 다듬어질 수도 있겠지만, 타고나는 것으로 보인다. 같은 부모 밑에서 나고 컸어도, 전혀 다른 예도 있다. 나만 봐도 형님과 두 여동생과는 전혀 다른 망나니였다. 반면, 집사람의 경우 나와 달리 예나 지금이나 집안 어른들에게 존중받는 사람이다. 꽤 괜찮았던 여자가 잘못된 인연으로 나와 결혼해 인생을 망쳤다.

피아노를 조금 치고 책을 좋아하는 여자다. 문학, 음악, 미술, 인문학과 사회학 분야에 관심이 많다. 관련 전시회나 강좌를 찾아 다니며, 늘 공부하는 사람이다.

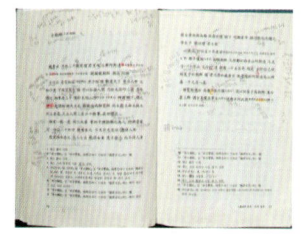

요즘도 같이 수강했던 두 사람과 같이 삼국유사 해석 스터디그룹을 만들어 마지막 정리를 하고 있다. 그래서 모임 전날은 밤늦도록 책상에 앉아 머리를 싸매고 있다.

처녀 때부터 사용하던 오래된 턴테이블을 고치기 위해 전문가를 찾아다니는 집념도 있다. 얼마 전 사회적인 물의를 일으킨 노 작가(KE)의 책을 모두 쓰레기통에 버리는 의외의 단호함도 있어 놀랐다. 반면에 막무가내인 내게는 절대적인 복종으로만 살아오다가, 최근 들어 의견 개진에 대해 어깃장을 놓기도 한다. 그러나 그마저도 자신의 탓으로 돌리는 푸념이었고, 내게 책임을 묻고 대드는 것은 아니었다. 언니와 오빠들이 모두 성당이나 교회를 다녔고, 시집올 때 성경도 가지고 왔다.

시집와서 시어머님이 절에 다니시는 것을 보고, 예의상 두어 번 절에 따라갔었다. 그것이 계기가 되어 불교대학을 갔고, 수계를 받았다. 불교대학과 봉사를 다니며 연을 맺은 8명의 도반이 함께하는 만남과 우정을 엿보는 것이 좋다. 매일 새벽에 불공을 드리는 도반, 집사람처럼 아침에 불경을 필사하며 공부하는 도반 등 부처님의 가르침에 정진하는 모습도 보기 좋다.

집에 온 손님을 귀하고 고맙게 여기고, 늘 반기며 정성을 다했다. 상계동 작은 집에 살 때다. 모임이 있고 난 뒤, 술자리까지 있어 늦은 밤이었다. 방향이 같은 일행 넷이 택시를 타고 가다가, 1시가 넘은 시간인데 우리 집에 가자고 억지로 끌고 갔다. 집에 술이 없어, 집 앞 가게에서 술을 사며 전화를 했다. 출입문이 활짝 열려 있었다. 자는 애들을 작은방에 몰아넣고, 술상을 펴놓고, 안줏거리를 급하게 만들고 있었다. 이 일이 있고 난 뒤, 집에 왔던 친구들이 날 대하는 것이 확연하게 달라졌다. 자기주장이 강하고, 제멋대로였던 모난 돌이 집사람 덕에 후한 대접을 받는 존재로 바뀌었다.

내가 술을 좋아하고, 차린 것은 없어도 집밥 먹이는 것을 좋아하다 보니, 느닷없이 사람들을 집에 데리고 오는 경우가 많았다. 집사람은 언제나 늘 밝게 맞으며, 성심성의를 다해 대접했다.

가끔 선물을 받곤 했다. 마음으로 주는 선물이라 받았다. 한번은 지방에서 출장 왔던 교수 한 분의 차에 그의 가족과 함께 탄 적이 있었는데, 부인이 내 소개를 들더니 감사 인사를 했다. 지난번에 보내주신 선물이 고맙다고 하며, 그것을 어디서 구했는지 궁금하다고 말했다. 엉겁결에 '예. 별말씀을…….'라 답했지만, 영문을 몰랐다. 내게는 아무런 말도 없이, 선물을 보낸 분들에게 집사람이 답례하고 있었다. 그런 집사람 덕에, 그들에게 나는 모난 돌이 아닌 개성이 강한 처복 있는 놈으로 바뀌었다.

다행히 애들도 밖에 나가 욕을 먹지는 않는 것 같다. 유독 더웠던 작년 여름이었다. 늦잠 자고 급하게 학교 가던 작은애가 되돌아와, 냉장고의 음료수와 과일을 싸 들고 달려나갔다. 더운 날, 땀에 흠뻑 젖어 청소하고 계시는 아주머니를 보고 되돌아왔단다. 큰애도 명절이면 지방에서 온 학우들을 데리고 집에 와도 되겠냐고 엄마에게 부탁하곤 했다. 애들이 저럴 수 있는 것도 모두 엄마 덕일 것이다. 내게는 배울 것이 없었으니. 아니면 반면교사였으려나?

그랬던 집사람이 변하는 것 같다. 너그러움과 여유가 없어지는 것 같고, 자책과 비관이 생겼다. 웬만해선 속으로 잘 삭이던 사람인데, 요즘은 인상도 썼다. 너그러웠던 관용을 상실한 것으로 보이는데, 그런 집사람을 보는 내 속은 또 탄다. 지금의 힘든 상황은 이형기 프란치스코 바이러스에 감염된 내가 숱한 헛짓을 하면서 빚어진 탓임에도, 자신이 살림을 잘못했다는 자책이 심해졌다. 그런 것들이 나를 더 힘들게 한다. 차라리 내게 '도대체 의논 한마디 없이 왜 그렇게 일을 저질렀냐?'고 대든다면 내 속이 더 편하겠건만. 게다가 매사 긍정적이던 사람이 변하며 지레 속앓이 할 때가 많아졌고, 그런 변화를 옆에서 지켜보는 것이 괴롭다. 결국, 집사람은 나 때문에 그렇게 마음의 병이 깊어지면서 몸도 축나고, 병에 시달린다.

나이 들어 늙어가면서 없던 덕목도 생기는 것이 당연지사 아닐까? 향기로움이 배어있던 집사람의 품성이 거꾸로 퇴색되고 있는 것 같아 힘들다. 이형기 프란치스코 바이러스에 감염된 멍청한 바이러스가 한 여자의 삶을 그렇게 망쳐놨다. (2020.12.8.)

MADIE(마디)

MAD + DIE ⇒ MADIE

이 사회를 지탱하는 힘은 고귀한 『미친놈』에게서 나온다. 확고한 원칙이 철칙이 되고, 늘 변함없는 열정으로 자신의 신념을 지킬 수 있는 『미친놈』이 우리 사회의 주춧돌과 버팀목이 되고, 발전의 동력이 된다. 정직한 그분들의 공통점은 아무리 험난한 난관도 정면으로 타파할 수 있는 자존감과 명예를 지닌 분들이다. 그런 분들은 많지 않지만, 우리 사회 모든 영역 어디에나 있다. 그런 분들이 이 땅을 지탱해 주기에, 이 사회와 이 나라가 유지되고, 또 앞으로 나아간다.

노무현 님이나 노회찬 님 같은 분들과 마찬가지로 어디에나 그런 분들이 있다. 시골 장터에도 있다. 농사지은 채소를 풀어놓고 다듬는 할머니의 주름진 손길에 정성이 담긴 것을 보는 것도 큰 기쁨이다. 외지에 사는 자식들에게 줄 것과 시장에 내다 파는 것을 구분하지 않고 유기농으로 키우는 할머니의 자존심은 어디에서 나올까? 좋은 재료로 정성 들여 만든 밑반찬을 제값 받고 팔 수 있는 할머니의 당당함을 무엇에 비할 것인가? 한 번은 고추부각을 파시는 할머니가 계셨다. 매운 것을 좋아하기에 '어르신, 이것 매운가요?' '아니요. 이건 안 매운 고추예요. 매운 것은 저 양반 것이 매울 거예요. 저것을 사세요.' 하신다. 식구들은 매운 것을 안 좋아하니, 두 할머니에게서 조금씩 샀다. 집에 와 어설픈 솜씨로 그것들을 튀기면서 할머니의 고아함도 함께 담을 수 있었다.

첫 직장인 사우디 건설 현장에서 1년 반이 됐을 때였다. 사기업에서 내 청춘을 보내는 것보다 좀 더 보람 있는 일을 하자는 생각으로 사표를 내고 귀국했다. 당시 사표를 내고 중도 귀국하면 항공료를 물어야 한다고 하기에 당연히 그러겠다고 했다. 그러나 꽤 지나도 연락이 없어 돈을 준비하여 회사에 갔었다. 담당자를 물어 찾아가니, 좀 기다리라면서 여기저기를 바삐 다녔다. 한참 뒤, 그녀가 내게 한 말은 '규정을 따져보니, 항공료를 안 물어도 될 것 같더군요. 지금 최종 확인을 했어요. 그냥 가시면 됩니다. 퇴직 처리는 내일 될 것입니다.' 자기 일을 하면서, 퇴사한 생면부지 신입 말단 직원의 사례에 대한 의문에서 기존 관행을 다시 살폈던 그녀는 왜 그랬을까?

대소, 경중과는 무관하게『미친놈』들은 우리 속에 존재한다. 그분들의 언행이 우리의 삶을 맑고 밝게 하며, 나라의 운명도 가르는 핵심 동력이 된다. 가산을 정리하여 처자식을 데리고 만주와 블라디보스토크로 가셔서 독립운동하신 분들과 왜놈에 빌붙어 먹은 매국노가 있다. 독립투사들의 후손들은 3대, 아니 대대손손 망하지만, 반민족 범죄자들은 굳건한 기득권 세력으로 재력과 권세를 대물림하고 있다. 그럼에도 그런 것을 타파하지 못하는 것도 우리의 현실이다.

그런데도 우리 사회를 지탱하는 근간은 늘 초지일관 자신의 높고 일관된 가치관과 신념을 위해 앞만 보고 변함없이 나가는『미친놈』들 덕이다. 『미친놈』은 아무나 될 수 있는 것이 아니다. 『미친놈』이 될 수 있는 품성(品性)도 타고난다고 본다. 타고난 품성이 있더라도 발현되고, 변함없이 유지되는 것도 별개다. 시류와 여건에 따라 바뀌면서 변하는 자들의 눈에 그들은 멍청하고 우둔한 바보들이다.

자라면서 유독 불평이 많았던 나였다. 특히 아버님과 형님에 대한 불만이 많았다. 중고생 때도 그랬지만, 군에서도 일탈이 잦았다. 그때 정학이라도 당하던가, 영창에라도 갔었더라면 하는 생각도 종종 했다. 운 좋게 징계를 피한 것을 다행으로 여기는 것보다 합당한 대가를 통해 자성의 계기로 삼는 것이 복이 될 수 있겠다는 생각도 들었다.

그러면서『미친놈』으로 사는 것, 미쳐서 죽을 수 있다면 보람된 삶일 것이란 생각을 했다. mad die, Mad Die, MADIE를 끄적이곤 했다.

『미친놈』의 의미와 가치를 생각하고, 그런 삶을 꿈꾸며, 다짐도 했었다. 일하며 딴에는 원칙에 따라 흔들림 없이 일에 매진했다고도 생각했다. 『미친놈』은 못 되지만, 그래도 흉내 정도는 낸다는 보람과 자긍심도 있었다. 그러나 날이 갈수록 기본적인 소양마저 없는 서푼짜리임을 자각하게 되었다. 그럼에도 MADIE를 꿈꾸며, 한 가닥 자존심은 지켰다고 생각하며 살았다.

뒤늦게 깨달았다. 이형기 프란치스코 바이러스를 만난 첫 시작부터 지난 반생을 모두 꼬이고 뒤틀리게 살았더라. 편향된 시선으로 포장된 치욕의 삶을 살았으며, 자신이 인식하지 못했을 뿐이었다. 병증으로 때때로 광기를 띠었고, 사고가 마비되면서 못 할 짓도 많이 했다. 게다가 서푼짜리가 참 뻔뻔하게 위장하여 건방마저 떨며 살았다. 정상인이 아닌 감염자로서의 추한 삶이 주변 동료들에게 어떤 죄를 지었을까? 지난 생을 반추하면서 수치심과 자괴감, 오욕만 남았다.

결국, MADIE는 될 수도, 흉내조차 낼 수도 없는 NO MADIE였다. 땅에 머리를 처박고 있는 꿩이 될 수밖에 없었고, 그렇게 구차하게 연명하고 있는 멍청한 놈이 나였다. 뒤늦은 깨달음으로 모든 인연을 끊어야 된다고 생각했고, 그러기 위해 노력했다. (2020.12.9.)

79학번

어제저녁에 79학번 김(KYH) 형과 이(LHT) 형을 만났다. 군 생활 3년을 마친 후, 대학에 입학하는 바람에 5년이나 늦은 79학번이 되었다. 재학 중에는 어린 후배들로 생각하고 지냈으나, 졸업 후 꽤 시간이 지났음에도 79학번 모임에 자주 초대되었다. 김(KYH) 형의 주도와 이(LHT) 형의 적극적인 호응이 근간이라 짐작된다. 해도 친구들에게 2차 감염을 줄 수밖에 없는 처지라 관계를 단절했고, 한동안 그들을 피하고 살았다. 얼마 전 김(KYH) 형이 전화했는데, 이(LHT) 형과 내 일자리를 의논했단다. 그 말을 듣고, 그들을 마냥 피할 수 없었다. 바쁜 그들이 어제 시간을 내줘 보게 된 것이다.

자세히 말하지 못했던 내 상황과 2차 감염의 위험성을 우려한 내 입장을 얘기했다. 하지만 그들은 '형은 영원한 우리 79학번 동기'라 단호하게 말하기에, 그 자리에서 얼버무리고 말았다. 다음 날 김(KYH) 형에게 카톡을 보냈다. 79학번이란 것이 이형기 프란치스코 바이러스를 만난 시발점이기에 79학번 벗들을 더는 만날 수 없음을 알리고, 날 정리해 주길 부탁하고 마무리 지었다. (2021.3.6.)

76학번 넷과 79학번 둘, 돈독하게 지냈던 여섯 중에 셋만이 지금도 만나고 있다. 나와 최(CDH) 형, 장(JHM) 형이다. 꼬이다 보니, 어긋나 있다. 사람으로 남은 셋 중 하나인 황(HDS) 형이 나 때문에 빠졌다. 어쩌면 황(HDS) 형 역시 바이러스 감염 증상으로 인해 내게 과민 반응을 했던 것이 원인으로 보인다. 무자격자인 내가 물러나고, 바이러스가 아닌 온전한 사람인 세 벗(CHD, HDS, JHM)의 관계를 복원해 주는 것이 필요했다. 최(CDH,) 형에게 내 입장을 명확하게 얘기하고, 이제 사람인 세 벗의 관계 회복을 부탁했다. (2021.4.1.)

큰딸(LSA)

이형기 프란치스코 바이러스의 두 딸 중 큰애가 슬아다.

어릴 때부터 밝고 영민했던 아이를 오랜만에 봤을 때 기특했다. 믿어준 지인들을 골라 숙주로 삼는 아비의 행태를 잘 알고 있음에도 애비에 대한 불만을 자제할 수 있는 것만으로도 대견했다.

그러나 나처럼 알게 모르게 바이러스 애비의 영향을 받지 않았을까? 일반적으로 형제 중에 맏이가 속이 깊은 것 같고, 동생 해나에 비해 쾌활한 성격으로 기억되는 슬아이기에 애비가 영향을 끼쳤더라도 좀 덜하지 않았을까도 싶다.

나는 코로나19로 인하여 바이러스란 실체를 인식할 수 있었는데, 그 아이는? 아메바나 개새끼로는 부족하기에 아비를 바이러스로 규정한 내 의견에 동의하기도 쉽지 않을 것이다. 그래서 아비의 행태와 함께 잠재 감염자의 위험성, 바이러스 예·경보 필요성을 알려주기로 했다. 미국 부군(HHK)의 회사로 보낸 우편물은 반송되었고, 반송된 우편물은 이형기 프란치스코 바이러스가 받았을 것이다. 그런데도 아무런 반응이 없는 것에서 보듯 바이러스 부부의 의식구조는 내 상상을 초월한 존재들이다.

시댁 삼 형제의 맏며느리인 슬아가 어린 아들에게 벌써 히브리어를 가르치는 것 등 슬아가 시댁의 영향을 많이 받은 것 같다. 경제, 돈, 국제 금융과 유대인에 대해 활발한 강의를 하는 할아버지(HHI)의 영향을 받아 커간다면, 슬아의 아이도 커서 경제학자가 되려나? 어느 집이나 가풍이 있다. 좋은 것을 배워 맏며느리의 역할을 잘하기를 바란다.

슬아에게 전하고 싶었던 말이다.

슬아야.

앞으로도 늘 밝게 살고, 슬기로운 엄마로서 시댁의 좋은 가르침을 아들에게 베풀기 바란다. 만에 하나, 네게 바이러스 부모의 잔재가 있다면 나처럼 되지 않기를 바란다. 그것을 떨치기가 쉽지 않더구나. 생각해 보면, 나는 푼돈 모아 목돈을 네 애비에게 봉납한 꼴이 됐더구나. 해도 30년이 넘는 세월 동안 일말의 염치는커녕, 더없이 떳떳하고 당당한 것이 네 부모였다. 그동안 온갖 짓을 다 하며 털어버리려 해도 안 되더구나. 바이러스 감염에 뒤따르는 후환과 여파는 생각보다 크고 깊더구나.

 나처럼 감염과 맞닥뜨리게 되는 상황이 있다면, 깊이 숙고하고 잘 대처하기 바란다. 부디 감염에서 벗어나길 바란다. 그래서 너를 가족으로 맞은 시댁의 맏며느리로서 시댁에 큰 복덩이가 되길 바란다.

 건장한 멋진 부군, 아들과 함께 늘 건강해라! (2020.12.9.)

 글이 마무리되면, 책자를 만들 생각이었기에 소책자 형태로 제본을 해봤다. 이 책자도 이형기 바이러스에게 주며, 사실과 다르거나 이견이 있다면 알려달라고 했으나 반응은 없었다.

 부인도 감염되었듯, 애들도 감염 위험에 노출된 것은 명확하다. 자식들에게도 반론 기회는 줘야 된다고 생각했다. 슬아의 페이스북은 오래전부터 방치되어 있었기에 부군을 통해 자료를 보냈으나 대꾸가 없었다. 달리 의견을 물은 방법이 없어, 슬아의 시아버지와 시동생들에게까지 부탁했으나 아무런 대꾸가 없었다.

 그들도 최근의 인연으로 맺은 가족이고, 바이러스 사돈 얘기가 껄끄러웠나? 슬아의 시댁 역시 가내 잠재 바이러스로 인한 감염을 차단하기 위해서 짚어 보고 확인해야 할 사안이라고 생각했다. 하고 싶은 말도, 해야 할 말도 있을 것으로 봤다. (2020.12.15.)

2021년 4월 24일 오후 5시, 신도림역 디큐브시티 호텔 6층. 이형기 프란치스코 바이러스의 큰딸, 슬아의 시동생(HDK)과 신부(PYS)의 결혼식이 있었다. 모든 일상을 뒤엎은 암울한 코로나 상황이지만 집안의 대사이니, 슬아도 아들, 부군과 같이 미국에서 귀국했다. 여건이 되면, 슬아와 몇 마디 나눌 기회가 되리라 생각하고 갔다.

먼발치에서 슬아의 아들(HKT)과 부군(HHK)이 노는 것은 봤지만, 슬아는 보이지 않았다. 이형기 프란치스코 바이러스 부부도 역시 안 보였다. 그래, 그들이 이 귀한 자리에 어떻게 올 수 있겠나? 바이러스가 와서 감염시키면 안 되지? 그래도 제 자식의 체면은 챙기는구나! 그래, 나 역시 남의 경사에 불청객이 될 수는 없다며 발걸음을 돌렸다. 자격은 없지만, 신랑과 신부에게 축하한다는 말을 서너 번 되뇌며, 내려가는 엘리베이터를 탔다.

지하 1층에서 엘리베이터 문이 열릴 때, 귀에 익은 앙칼진 목소리가 들렸다. '어디야? 빨리 와!' 김미숙 크리스티나 바이러스가 핸드폰에 대고 이형기 프란치스코 바이러스를 채근했다. 저 부부가 어떻게 여길 올 수 있나? 작년 연말부터 내가 슬아의 시아버지(HHI)에게 '바이러스 예·경보'를 줬다는 것을 말해주어 아는 그들이다. 사돈이 자기들을 어떻게 생각할까?란 생각이 있었다면, 바이러스 부부가 여길 와서는 안 될 터인데……

바이러스에게 전화하여 지하 1층 엘리베이터 옆 카페로 오라고 했다. 상황이 그렇다 보니, 바이러스도 어쩔 수 없이 왔다. 막상 마주 앉으니, 소름이 돋고 몸이 떨렸다. 말 섞기가 싫어 카톡으로 물었다. '2억 4천만 원 고소당한 것은 어떻게 취하시켰나?' '알 필요 없다.' '성당 사람이라 그건 갚았나?' '아직 못했다.' '그런데 취하해 주더냐?' '그건 잘 모르겠다.' 식언과 거짓말에 능통하니, 그렇게 대꾸했다. 게다가 가야겠다며 자리를 일어서며, 뱉는 말이 가관이다. '그만하고, 난 올라가야겠다. 내가 연락할 때가 있을 거다. 안 믿어도 되는데, 그리 멀지 않았다.'라고 말한다.

막상 대면하니, 정신이 혼미해져서 정작 물어봐야 할 것은 생각도 안 났다. 사돈댁도 바이러스 부부인 너희들의 행태에 대해 잘 알고 있는데, 어떻게 이 귀한 자리에 참석하냐? 너희 부부의 낯짝은 얼마나 두꺼운 것이니? 정작 묻고 싶었던 것은 묻지 못했다.

(2021.10.28.)

종교 생활

스스로 생각해도 지은 죄도 크고, 가르침과 규범을 준수할 수 없음을 잘 알기에, 종교란 것을 가질 엄두도 못 냈다. 그런 까닭에 이형기 프란치스코 바이러스가 청구성당을 다닌다는 것을 우연히 알게 되었을 때 많이 황당했다.

종교란 틀 속에서 본연의 가르침과 어긋나는 언행을 일삼는 사람을 보는 시선은 좀 더 냉정해야 하고 냉혹할 정도로 엄해야 하지 않나? 그런 생각에서 몇 차례 이형기 프란치스코 바이러스에 대한 자료를 청구성당에 제공했음에도 변화가 없었다. 자성을 통한 변화는 차치하더라도, 일말의 수치심으로 인해 성당을 못 다녔을 것으로 생각했다. 그러나 당당함을 잃지 않고, 교우를 숙주로 점하는 능력까지 발휘할 수 있었던 그의 믿음의 실체는 무엇일까?

청구성당 다음카페의 '자유게시판'에 글을 올릴 생각을 했을 때는 경외심을 지녔었다. 익명으로 하는 '자유게시판'이므로 종교 생활에 대한 사람들의 허심탄회한 대화의 자리로 생각했다. 신앙생활을 하면서 겪는 어려움이나 회의 등에 대한 토로, 성령을 받은 경이와 나눔, 구성원 간의 문제점 등에 관한 토론, 외부인의 문의와 그에 대한 안내 등을 통해 성찰을 도모하는 자리로 생각했다. 그런 취지로 실명을 요구하지 않는 '자유게시판'이므로 내 글이 큰 무례는 아닐 것으로 봤다. 2019년 8월 20일의 첫 글로 내 의도를 내비치는 수단으로 목록 137번 '오른손이 하는 일을 왼손이……'를 게시했던 것이다.

그리고 이형기 프란치스코 바이러스에 대한 글을 하나둘 게시했다. 처음에는 이름을 거명하지 않았으나, 이후 그를 유추할 수 있는 글을 거쳤다가, 실명으로까지 변화를 줬으나 아무런 반응이 없었다.

그러다 8개월이 지난, 2020년 4월 18일 카페지기가 173번 '본당 카페 이용 수칙'이란 글을 올리며, 내 글을 모두 삭제했다. 카페지기란 자신의 시간을 할애하여 카페를 관리하는 봉사자였을 것이다. 그녀에겐 이형기 프란치스코 바이러스 예·경보를 준 내가 불청객이었고, 바이러스의 실상을 알려준 글이 많이 불편했던 모양이다.

나이 많은 존경하는 사목회 간부에 대한 음해성 글로 생각했나? 설사 그것이 음해성이더라도 당사자인 이형기 프란치스코 바이러스에게 확인하고, 내게 필요한 조처를 하라는 지시라도 해야 하지 않았나?

결국, 외부인 통제 수단인 교우들의 실명 전환으로써 보안을 강화한 '본당 카페 이용 수칙'이란 묘책을 내놨다. 짧지 않은 8개월 동안 그들은 뭘 했을까? 카페지기 혼자 내 게시물 처리 방안을 고민했을까? 그녀 혼자 내린 결단이라기엔 너무 장시간이 걸렸고, 대책이 좀 우스꽝스럽지 않은가?

173	본당 카페 이용수칙	김은경 모니카	20.04.18	1	72
155	묵례보고서 관련 내용 입니다.	신한승베네딕도	19.12.31	0	23
151	살롬 감사합니다.	고구마	19.12.19	0	24
150	묵례보고서폼입니다.	신한승베네딕도	19.12.04	0	48
149	연간활동보고서 폼입니다.	신한승베네딕도	19.12.04	0	42
148	영어기도서 (가톨릭)	정옥자 아녜스	19.12.04	0	52
137	오른손이 하는 일을 왼손이……	Madie Ahn	19.08.20	0	33
133	내가 사랑하는 시/나는 배웠다	곽현주요안나	19.06.01	0	44

껄끄러운 불청객을 퇴출하기 위한 개선책 만들기에 고심했을 그들의 처지를 생각하니, 미안하기도 했다. 8개월? 한편으로는 좀 황당하고 웃기기도 했다. 내가 고결한(?) 그들을 2차 감염시킨 꼴이 된 것인가?

크건 작건 어떤 조직이든 조직 구성원 중 문제점이 있다면, 짚고 넘어가야 된다고 생각한다. 작은 친목 단체라 하더라도 조직의 근간을 해치는 것은 도려내야 하지 않나? 특히 종교단체라면 더더욱? 빤스목사라 불리는 자의 행태가 사회적인 물의를 일으킴에도 그를 추종하는 무리가 크고, 정치적인 영향력까지 행사가 가능한 것은 뭘까? 반면에 의식 있는 사람들이 개독교를 자처하며 자성하는 것은 왜일까? 성당은 기독교와는 좀 다르지 않을까 싶었는데 도긴개긴인가? 아니면 청구성당 내에서 이형기 프란치스코와 김미숙 크리스티나, 부부 바이러스의 막강한 영향력을 체감한 것으로 봐야 하나?

카페지기에게 묻고 싶다. 8개월이 지나서, 173번 '본당 카페 이용수칙'이란 비책을 내놓으며, 내 글을 모두 삭제했다. 그런데 정작 발단인 첫 글, 137번 '오른손이 하는 일을 왼손이……' 는 존치시켰다. 왜? 성경 구절이라서? 깊은 신앙심? 할렐루야! 아멘! (2021.5.10.)

정확한 시점은 모르나 이형기 프란치스코 바이러스 부부가 그들의 마지막 수금을 걷은 후부터 청구성당을 나오지 않았다고 한다. 제 실속은 철저하게 챙기는 부부이기에, 마지막 수금이 그만큼 중요했을 수도 있겠다 싶지만 참 대단한 바이러스 부부다.

이젠 현관문에서 저걸 뗐으려나? 신심을 버릴 수 없어 다른 성당으로 옮기고, 다른 성당의 것으로 또 붙였을까? (2021.11.11.)

두 번째 판결문

법? 법이란 건이 뭔가?

차용증도 10년이 지나면 효력이 상실된다고 하여 소송하게 했다. 그렇게 받은 판결문이 2013년 3월 22일이다. 이것도 10년이 지나면 효력이 없어진단다. 그러므로 10년이 되기 전에 시효 연장 소송을 해야만 한다. 이형기 프란치스코 바이러스처럼 뭉개고 개기면서 시간만 보내면 채무는 결국 없어지는 것이다. 그래서 파렴치한이 될 수 있고, 되레 큰소릴 칠 수 있는 바이러스로 진화시키는 것을 조장하는 것이 법인가? 누구를 위한 법인가?

가는 날은 아무도 모른다. 나이 차이가 꽤 있는 술친구 후배가 갑자기 가는 것을 보며 든 생각이었다. 게다가 이형기 프란치스코 바이러스가 내 머리를 점하면, 나 자신도 어디로 튈지 모르기에 무의미하지만 추가 소송을 해야 했다.

5월에 신용정보회사 김(KJY) 부장에게 부탁했다. 기존 판결문의 판결 확정일이 2013년 5월 21일이므로 2023년 5월 20일까지만 접수해도 되니, 올해는 그냥 지내라고 조언했다. 또한, 최근 금리가 낮아져서 판결문의 20%가 10%로 낮춰질 수도 있다는 우려도 말했다. 그럼에도 불구하고, 내가 지금 처리해달라고 부탁했다. 그렇게 받은 2021년 6월 10일 자 판결문이다. 김(KJY) 부장의 우려와 달리 2차 판결문도 1차와 같이 20%였다.

한 가지 의아했다. 판결문의 주문이 1차 것과 토씨 하나도 틀리지 않고 동일했다. 법원이 다른 곳인데도? 원래 그런 것인가?

```
                    판        결

사        건      2021가단215946 대여금
피        고      이형기
                 서울 성동구 난계로 114-31, 103동 90×호 (하왕십리동, 금호베
                 스트빌)
변 론 종 결       무변론
판 결 선 고       2021. 6. 10.

                    주        문

1. 피고는 원고에게 87,000,000원과 이에 대하여 2003. 7. 12.부터 2012. 12. 12.까지는
   연 10%, 그 다음날부터 다 갚는 날까지는 연 20%의 각 비율로 계산한 돈을 지급하
   라.
```

뒤늦게 생각났다. 차용증으로 처음 소를 제기할 때, 고교 동기 이(LIS) 변호사에게 뜬금없이 전화해서 부탁했었다. 창피한 망설임 끝에 했던 부탁이었다. 정작 판결문을 받고 나서도 그 친구에게 고맙다는 말조차 못 했다는 것을 지금에서야 알게 되었다. 친구(LIS)야, 미안하네. 나도 바이러스니, 이해해 주게. (2021.6.10.)

종종 극단적인 선택을 하는 젊은이들이 안타까웠다. 악플에 시달리거나 상사의 성폭행을 견디지 못한 아까운 젊음. 왜 잡것들의 악플을 외면하거나 무시하지 못했나? 왜 추한 상사들과 정면으로 맞서 싸우지 못했니? 그런 짧은 생각에 너무 나약한 것이 아닌가 싶어, 화도 내고 원망도 했었다. 요즘 들어 그것이 멍청한 내 어리석은 생각임을 깨달았다. 고결하고 자존감이 높은 사람들만이 택할 수 있는 상실이었다. 게다가 법이란 것이 약자에겐 아무 도움도 못 되고, 그 과정이 너무 길고 힘들기에 견딘다는 것조차 무거운 짐이 되고 족쇄가 될 수밖에 없는 것이었다. 게다가 큰돈까지 들어가니…….

쓸모없는 고소장을 보고 있던 경찰관이 했던 말이다. '법이란 것은 나쁜 짓을 하는 놈들을 보호하는 것입니다. 사기죄의 시효가 7년이던 것이 그나마 최근에 10년으로 바뀌었다.'라는 말도 했다. 멍청한 피해자에게는 공소시효, 증거 효력, 증명 책임 등의 촘촘한 강한 그물로 막혀 있는 작은 구멍이고, 사악하고 영악한 범죄자에겐 문짝 떨어진 대문으로 훤한 길을 터주는 것이 법인가? 그래서 죽음으로 내몬 가해자인 파렴치한들은 떳떳하고 당당하게 법 조항을 따질 수 있는 것인가? 당한 사람은 남은 생을 피폐한 삶으로 살 수밖에 없음에도, 공소시효란 것 등으로 파렴치한 가해자에게 면죄부를 주는 것이 법인가?

공소시효의 목적은 뭔가?

죄를 탕감해 주기 위한 것인가? 범죄자의 인권을 보호하려고?

*****

'경찰 조사'란 것도 우연히 알게 되었다. 어떤 혐의든 조사를 받게 되면 모든 신상정보를 다 깐다. 가족 관계, 직업과 경제적인 현황, 심지어 병역까지 묻는 것을 보고 기가 찼다. 그것이 절차란다. 그 황당한 짓거리를 보며 그 근원을 생각해 봤다. 왜놈 순사질을 하며 독립군을 때려잡던 놈들이 하던 짓거리 아닌가? 놈들은 독립군의 모든 신상을 탈탈 털어 자료를 만듦으로써, 앞으로도 써먹을 다양한 먹거리를 확보하고 저장했던 것이 아닐까?

벌써 80년이 지났건만, 이것은 그대로 유지되고 있었다. 지난 80년 동안 숱한 경찰관들이 생겼건만, 누구도 이견이나 이의가 없었던 것인가? 개선할 필요성을 느낀 친구가 하나도 없었나? 하긴 친일 매국노들이 대를 이어 호가호위하면서 카르텔을 형성하고 있으니, 설혹 그런 친구가 있었다고 해도 불가능했을 게다. 이마저도 왜놈 잔재이고, 이승만이 양육한 것인가?

한 예를 추정해 보자.

한 피고인을 조사하던 경찰관이 의아한 점이 있었다. 심성이나 행동을 봐도 그런 죄를 저지를 사람이 아닌 것으로 보여, 인적 사항을 확인해 봤다. 노모가 치매에 걸려있고, 집사람도 병이 깊어, 혼자 두 사람을 간병해야 했기에 범행을 저지를 수밖에 없었음을 알게 되었다. 어떤 방법이든 이 사람의 처한 불가피한 상황을 고려해 죄를 낮출 방안을 고민하는 경관의 고심이 깊어졌다. 이런 경우에나 피의 사실과 무관한 추가 조사가 필요한 것 아닌가? (2024.10.25.)

혼사

왜놈들에게 빌붙었던 반민족 범죄자들과 독재정권으로 이 땅을 피폐하게 했던 범죄자들이 대를 이어 부귀영화를 누릴 수 있는 것은 무엇 때문일까? 식민지 고착화를 위한 철저한 기획을 도모한 왜놈들을 교조(敎條)로 받들어 추종한 자들이 아직도 우리 사학계의 태두로 군림하며 존속 및 번창할 수 있는 것은 왜일까? 우리 사회 모든 곳에 깊이 뿌리박혀 있는 그것들이 융성할 수 있는 것은 무엇 때문일까? 그들이 형성한 그들만의 폐쇄적인 집단과 공동체가 강력한 응집력을 지닐 수 있는 것은 무엇 때문인가?

한 가지 의문이 든다. 폐쇄적인 그들도 혼사로 인해 외부 세력을 접할 수밖에 없지 않을까? 즉, 자식들이 결혼하게 되면 외부인과 새로운 관계를 맺을 수밖에 없지 않은가? 혼사도 유유상종으로 폐쇄적인 범주 안에서 이루어지는 것이라 영향이 없는 것일까? (2021.11.1.)

왜(倭)색은 돈에서 나온다고 한다. 뼛속까지 왜색이 배어있어 강건한 것인가? 피마저 변환되어 저럴 수가 있는가? 아니면, 원래 왜놈 피인가? 저런 것들이 교수란 자리에 있다는 것이 더욱 큰 문제다.

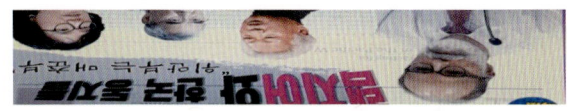

늘 궁금한 것이 저것들도 자식이 있을 텐데, 자식들은 제 부모나 조부모를 어떻게 보며, 어떤 생각을 하고, 뭐라 말할까? 교육자 집안이라 자식 교육도 잘했기에 모두 효성이 지극하므로 아무 문제가 없나?

혼사로 인한 외부자가 유입되면서 이질적인 집단과 연결될 수밖에 없지 않을까? 처음부터 알았거나, 살면서 알게 되지 않나? 식민 사학자 집안에 진입한 경우 궁금한 것들이다. * 사귀거나 결혼 때 알고 있었나? *부모, 형제 등 집안에서 알고 있나? 친지나 지인들이 언급하는 경우는? * 배우자와 진지하게 논해본 적이 있나? 모른 체하고, 회피하는가? * 문제점을 지적하고, 개과천선을 건의 및 도모할 수 있나? * 배우자와의 깊은 사랑으로 그런 부수적이고 지엽적인 것들은 모두 지울 수 있었나?

관여보다는 외면이나 회피를 선택하는 것이 편하고 쉬울 것이다. 그러나 진정한 가족애는 설득을 통해 과오를 뉘우치고, 바른길을 택하게 하는 것이 바람직하지 않을까? 그것만이 가문의 오명과 오욕을 씻을 수 있는 유일한 방법이지 않을까? 부모가 자식에게 줄 수 있는 가치는 무엇일까? 자식이 부모에게 줄 수 있는 가치는 무엇일까? 군소리 없이 자신의 오욕을 물려받으라는 부모를 존경하는 것도 효도인가?

바이러스의 위험성은 감염이다. 너그럽게 받아주는 포용의 시간이 쌓일수록, 나머지 가족들도 숙주에서 바이러스로 전환된다. 결국, 부모에게 감염되어 바이러스가 된 자식이 2차 전파로 제 자식마저 바이러스로 만든다. 반면에 일반적인 사람들은 자신은 죄짓고 부끄럽게 살았을망정 자식에게는 제 허물과 때를 안 묻히려 애쓴다. 비록 세간에서 '개새끼'라 불리는 자들이더라도 바이러스와 다른 것은 그 때문이다. 이형기 프란치스코 바이러스는 추한 유형의 바이러스다. 게다가 그리 크지도 않은 돈에 천착한 파렴치한 바이러스일 뿐이다.

'0번 숙주'로 안쓰럽게 여겼던 부인 김미숙 크리스티나도 바이러스였다. 이형기 프란치스코 바이러스보다 훨씬 더 강력했다. 이 바이러스는 X염색체와 결합하는 모양이다. 그래서 수컷(XY)보다 암컷(XX)이 2배? 아니, XX이니 제곱이고, 그래서 남편을 초월하는 초강력 바이러스인 것인가?

바이러스 부부의 큰딸 슬아의 시댁(시아버지와 시동생 등)에 바이러스 예·경보를 했었다. 이형기 프란치스코 바이러스 부부와 달리 SNS가 일상화된 시댁이라 가능했다. 그러나 그들 가족 누구도 대꾸가 없었다. 비록 내가 광기에 빠지긴 했지만, 내 논지의 근거와 바이러스의 위험성, 시아버지로서의 입장 등으로 공감을 얻고자 했는데, 반응이 없었다. 그런 무대응이 좀 씁쓸했다.

혼사는 가족의 확장이 아닌가? 새 식구에 대해서는 기본적인 관찰과 교육이 필요하지 않은가? 그리고 사고나 행동 양식에 있어 이질적인 부분이 있다면, 장단점을 파악하여 좋은 쪽으로 개선하는 것이 바람직할 것이다.

  매사 마찬가지지만, 질병도 퇴치의 전제는 근원을 규명하는 것이 우선되어야 한다. 바이러스의 자식, 감염성이 높은 외부자가 이입되었다면 심각한 사안인데 숙고해야 하지 않을까?

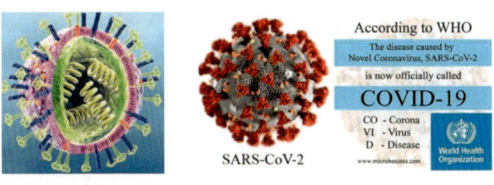

  병균의 아름다운 실체를 규명하는 것도 큰 기쁨이다.

- Vir. Eradi. -

  사돈이란 관계를 가족으로 볼 수 있나? 의견이 둘로 나뉜다. 교류가 잦은 친밀한 경우보다는 대부분 껄끄러운 사이인 것 같다. 마주할 일도 별로 없는 관계가 사돈이니, 굳이 들출 필요를 못 느낄 수도 있을 것 같다.

  그들이 슬아와도 사돈 바이러스 부부에 관한 어떤 대화도 없었을까? 굳이 껄끄러운 얘기를 하지 않는 것이 슬아를 배려하는 것일까? 그것이 맏며느리, 배우자, 형수와 동서로서의 위치에 있는 슬아에 대한 가족의 진정한 배려일까?

  어쩌면, 한두 번 말을 꺼낸 것으로도 종결지을 수 있겠다 싶다. 네 부모의 행태를 알고 있다는 한마디 언급이 강력한 백신으로 작용하여 며느리가 면역되었다면, 굳이 두 번 말할 필요가 없을 것이다. 그것이 더 효과적일 수도 있겠다 싶다. (2021.11.1.)

진화 2

 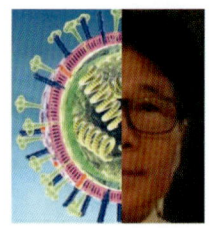

　30여 년이 흐르면서 이형기 프란치스코 바이러스는 더 진화했다. 후안무치, 파렴치하게 진화를 거듭했다. 0번 숙주라 생각했던 김미숙 크리스티나도 바이러스임이 판명되었다. 그들에 대한 내 반응도 마찬가지로 바뀌었다. 내 부담감을 해소해 주려는 배려였나? 적어도 내게는 아직 그들과 다른 점이 있다. 내 처자식에게 더러운 존재인 이형기 프란치스코 바이러스를 떠넘기고 싶지 않다. 집사람과 애들은 나와 이형기 프란치스코 바이러스 부부와 관련된 아무것도 모르고 있다. 차마 말할 수 없었다.

　그러나 정작 가는 날은 아무도 모른다. 내일일 수도 있다. 나이 들어 그저 자다가 조용히 갔으면 한다. 반면에 30~40년은 더 살 것이라 자신하며 기다리라는 이형기 프란치스코 바이러스를 외면할 수도 없었다. 어떤 방법이든 자술서나 변명거리로라도 전할 필요가 있지 않을까 싶다. 내 유고 시에 작은애에게 전할 방법을 찾고 있는데…….

　아무 쓸모없는 짓이고, 그것이 내 자식마저 바이러스에 감염시키는 짓일 수도 있다. 해도 내가 바이러스와 다름없는 삶을 살았던 것에 대한 구차한 변명은 되지 않을까 싶다. 오늘이 2021년 12월 29일. 이렇게라도 저무는 해에 더러운 생각을 묻으며 넘어가고 싶다.

(2021.12.29.)

변함없는 과묵함과 진중함

일주일 전인 2022년 7월 12일에 봤다. 최후통첩이랄까? 자료를 두 부 주면서, 한 부는 부인에게 전하라고 친절하게 알려주었다.

늘 그렇듯, 꽤 과묵하고 진중한 모습? 음험하고 교활한 저 모습은 변함이 없었다. 짐짓 근엄하게 자료를 읽는 것처럼 저러고 있다. 비닐 커버에 넣은 것을 꺼내지도 않고 읽는 척하는 저런 꼬락서니를 보니, 소름이 돋고 구역질이 나와 내가 도망칠 수밖에 없었다. 마주 앉은 지 10분도 안 돼서 내가 도망갔다.

책자 발간에 대한 마지막 검토와 이의제기 기회를 줬건만, 늘 그렇듯 아무런 대꾸가 없었다. 지금은 3개 회사에 적을 두고 있었다. 하나는 대표이사로 되어 있고, 하나는 공동 대표였으며, 다른 하나인 SYMS란 회사는 사내 이사로 되어 있었다. SYMS란 회사는 대표이사 호(HCY)와 이사 이형기 프란치스코 바이러스 외에 한 사람이 더 있었다. 뜻밖에 김미숙 크리스티나 바이러스가 감사였다. 2021년 11월 1일 자로 등기가 되어 있는 이 회사에 특이점이 있다. 늘 대표이사를 도맡아 하던 이형기 프란치스코 바이러스인데 11살이나 어린 호(HCY) 사장 회사에 부인과 함께 참가한 것이다.

김미숙 크리스티나 바이러스가 감사? 계속 사업을 말아먹기만 하는 남편이 답답해서 본격적으로 직접 참여한 것인가? 바이러스 부부가 공동 참여할 정도로 기대되는 사업인가? 호(HCY) 사장이 가진 능력이 무엇이길래, 부부가 함께 참가했을까? 김미숙 크리스티나 바이러스의 배경을 볼 때, 역할은 자금 조달 외에는 없을 것 같은데……. 이형기 프란치스코 바이러스에게는 숙줏감이 고갈되었으므로 신선한 김미숙 감사가 숙주 조달책으로 역할 분담이 된 것인가? 아니면 그동안 다른 사업에서도 그녀가 관여했던 것인가?

내게 '그렇게 당하고도, 또 돈을 줬나요?'라며 원망했던 그녀다. 6번 숙주를 알고 나서 '또 누굴 사기 쳤냐?'라고 이형기 프란치스코 바이러스를 질타했던 그녀였다. 이제 SYMS란 회사의 감사로 등장한 김미숙 크리스티나도 바이러스로서 제 본색을 드러내, 감염원의 참모습을 표출한 것이라면 서글픈 노릇이다. (2022.7.18.)

돈의 가치는 무엇일까? 바이러스의 삶은 얼마짜리인가? '가치'란 것이 돈의 크기와 비례하는 것은 아니다. 어떤 것에 대한 가치의 경중은 개인에 따라 다를 수밖에 없다. 소중하거나 귀한 추억이 담겼다면, 가격과는 무관하게 크나큰 의미와 가치가 지닌다.

몇 년 전에 남대문시장을 지나다 창고 정리하는 작은 물건을 다섯 개 샀다. 하나에 천 원이라 샀던 것이고, 쓰다가 하나씩 버렸다. 그중 하나를 지금까지 가지고 있고, 외출 시에는 늘 몸에 지닌다. 내겐 없어서는 안 될 '부적'이 되어버렸다. 낡아서 천 원짜리를 보수하는데만 이천 원이 들었다. 누구에게도 보일 수 없는 수치스러운 것이지만, 그 때문에 밖에 나갈 때 지니면 조심하게 된다.

종종 이형기 프란치스코 바이러스가 내 머릿속을 점거하여 휘저을 때면 어리석은 충동이 생긴다. 건물 옥상에서 담배를 피우다 하늘을 날고 싶을 때가 있다. 횡단보도에서 달리는 트럭 밑을 보고 싶은 생각이 들 때가 있다. 산등성이에서 내려다보이는 계곡을 건너뛰고도 싶다. 그럴 때, 그 부적이 날 지탱해 주며 제정신을 차리게 한다. 천 원짜리지만, 내게 귀한 것이 되어버렸다. 돌발적인 충동과 극단적인 생각을 차단하는 부적! 갑자기 혼란과 광기에 매몰되는 나를 지탱해 주는 귀한 것이 되고 말았다. (2022.8.8.)

벗은 좀 잘못해도 벗이다

몽골 징키스칸 (1162~1227)은 어깨 위에 앉아 있는 매를 언제나 친구로 생각하였다고 한다.

어느 날 바위 위에서 흘러내리는 물을 받아 마시려고 하는데 매가 종재기를 엎질렀다. 목이 마른데 물을 마실려고 하면 매가 엎질러 버렸다.

일국의 칸(Khan, 지배자)이며, 부하들도 모두 지켜 보고 있는데 물을 먹으려 하면 매가 계속해서 엎질러 버리니 매우 화가 났다.

'한 번만 더 그러면 죽여 버린다.' 마음을 먹었는데 다시 엎지르자 결국 칼로 매를 베어 죽였다.

그리고 일어나 바위 위로 올라가 물속을 보니 맹독사가 죽어 있는 것이 보였다.

결국 그 물을 먹었더라면 즉사할 수도 있었을 것인데 매는 그것을 알고 물을 엎질러 버렸던 것이다.

그는 매의 죽음을 크게 슬퍼하고 매를 가지고 돌아와 금으로 만든 동상을 세워주고
한 쪽 날개에는
'분개하여 판단을 하면 반드시 패하리라.'
또 다른 날개에는
'좀 잘못해도 벗은 벗이다' 라고 새겨 넣었다고 한다.

사소한 오해로 인하여 친구들과 불편하게 지내고 있지 않는지? 아무 것도 아닌 일로 화를 내어 나중에 후회한 적은 없었는지?

모든 일에는 그럴만한 사정이 다 있는 것이다.
이 세상의 현명한 사람은 모든 사람들에게 배우는 사람이며, 가장 사랑받는 사람은 모든 사람을 칭찬하는 사람이며, 가장 강한 사람은 자기의 감정을 다스릴 줄 아는 사람이다.

힘들고 지칠 때에
나의 매가 되고 싶은 사람이 누구인가 기억하자.
매의 날개에 적힌 글을
다시 한번 생각해 보자!

☆작은 주머니에는 큰 것을 넣을 수가 없다☆

지난 7월 12일 만나고 난 이후 아무런 대꾸가 없었는데, 열흘 지난 7월 22일 12:39에 느닷없이 카톡으로 '징기스칸의 매'란 글을 보내왔다.

이런 짓도 할 줄 아나? 제대로 된 문장인 것으로 봐, 누군가에게 받은 것을 보낸 모양이다. 바이러스에게 보낸 이의 의도는 뭐였을까? 이형기 프란치스코 바이러스는 이 글의 무엇에 공감했을까? 내게는 무슨 의도로 이걸 보냈나? 12:39이면 뻘건 대낮인데, 얼마나 감명 깊었기에 내게 이걸 보냈을까? 누가 '매'라는 것인가? 어찌 보면 천연덕스럽기까지 한데, 이것도 진화라고 봐주어야 하나? 후안무치란 말이 생각난다. 성인의 경우 낯가죽은 0.1mm라는데, 이형기 프란치스코 바이러스의 낯가죽은 얼마나 두껍기에 이런 짓을 할 수 있나?

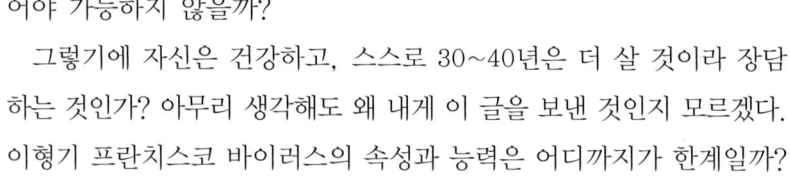

1mm? 5mm? 아니, 적어도 20mm는 되어야 가능하지 않을까?

그렇기에 자신은 건강하고, 스스로 30~40년은 더 살 것이라 장담하는 것인가? 아무리 생각해도 왜 내게 이 글을 보낸 것인지 모르겠다. 이형기 프란치스코 바이러스의 속성과 능력은 어디까지가 한계일까? 한계란 것이 있기나 한 것인가? (2022.9.27.)

학폭 자의 부모

백문불여일견(百聞不如一見)
백견불여일촉(百見不如一觸)
백촉불여일식(百觸不如一食)

윤석열 정권에 특이점이 있다. 기이하게 학폭 자 부모들이 출세할 수 있는 세상이 되었다. 아니, 미치광이 윤석열의 정권에서는 그것이 핵심 발탁 조건이 되었다. 거론되는 것들마다 학폭 자 부모란 훈장을 달고 있다. 치욕이 아닌 자랑스러운 훈장으로 필수 자격증이다.

　백문불여일견, 백견불여일촉, 백촉불여일식이라 했듯, 들은 것과 본 것은 다르다. 또한, 보는 것과 만지며 느낀 것은 또 다르다. 학폭 자를 둔 부모는 특이한 종들인가? 부부 일심동체로 자식을 키웠나? 자식 교육에 공을 들이고, 체감과 실천을 통해 체화시켰나? 백문불여일견, 백견불여일촉을 거쳐, 백촉불여일식 과정을 통해 제 부모의 모든 것을 먹어 피와 살에 담았나?

　드라마 '더 글로리'의 학폭이 너무 과장된 것이라 봤다만 아니었다. 초등 3년 여자애가 2학년에게 전치 9주 상해를 입힌 것은 보면, 중1만 돼도 '박연진'이를 능가할 것이다.

　도서관에서 한 남매를 봤다. 초등 저학년 누이가 남동생을 데리고 책을 고르더라. 다섯 살쯤 돼 보이는 동생에게 알맞은 책을 권하며, 작은 소리로 소곤대는 것이 참 귀하고 아름다웠다. 저런 아이들은 학폭 자가 될 수 없다. 천양지차? 결국 자식은 부모가 만드는 것, 부모에게 배우는 것이 아이들 아닌가?

　그렇다면 학폭 자를 만든 부모는 어떤 종자일까? 아무리 괴이한 부모라도 학폭을 염두에 두고 양육하지는 않을 것이다. 그렇다면, 일상에서 부모를 보고 배우며 체득한 것에서 학폭 자가 나온다고 볼 수밖에 없다. 부모의 어떤 언행이 자식의 학폭으로 구현될 수 있을까? 그것이 가능할까? 불가능할 것 같다. 아무리 기괴한 족속일지라도 자식에게만큼은 그렇게 하지 않을 것이다.

　그렇다면? 자식의 소소한 잘못이나 일탈을 지적하고 고치는 것 대신 묵인하거나 두둔, 옹호하는 것에서 비롯된 것일까? 최근 초등학교 선생님들이 극심한 스트레스로 고통받고 있다고 한다. 자식의 잘못을 선생 탓으로 돌리거나, 제 자식의 잘못을 옹호하며 선생님을 겁박하는 일이 잦단다.

　오늘 2023년 3월 1일 11:11, 벗(JSK)이 독립선언서 첫머리 글을 보내왔다. 나는 개천절과 한글날, 현충일에만 태극기를 게양한다. 오늘은 벗의 의도를 받아, 뒤늦게 태극기를 게양했다. 흐린 하늘에 펄럭이는 태극기를 보다 보니 답답해진다.

　삼일절! 왜놈들에게 당한 치욕의 역사와 그로 인한 고통과 폐해가 아직도 정리되지 못한 것에 화가 치민다. 가산을 정리하여 식솔을 데리고 만주나 블라디보스토크 등으로 가셔서 독립운동하신 분들을 비롯하여 목숨 바친 독립운동가들은 무슨 생각을 하실까? 끝없는 삶의 질곡을 벗어나지 못하고 궁색하게 연명하는 후손들을 보시며 뭐라 하실까? 전 재산을 독립운동에 쏟은 부모나 조부모를 둔 탓에 먹고살기조차 힘든 후손들은 뭐라 하실까?

　을사오적 등 매국노 후손들이 당당하게 '조상 땅 찾기'를 할 수 있는 이 땅. 이승만 덕에 왜놈 앞잡이로 살던 놈들이 득세하며 대를 이어 세를 강화할 수 있는 이 땅. 식민사관에 매몰된 강단 사학자가 카르텔을 형성하여 말아먹고 있는 이 땅. 왜놈 맹종자들이 귀화하는 대신, 제 핏속의 헛소릴 대놓고 지껄이며 활개 치는 이 땅. 파렴치한들이 되레 당당한 이 땅이다. 그것들의 후손들이 부모와 선조들의 치욕을 대물림할 수 있는 원동력은 무엇일까?

　이런 것을 볼 때, 학폭 자를 양육하는 부모는 없을 것이라는 내 판단이 잘못된 것은 아닐까? 학폭 자를 양육하는 기괴한 족속도 있을 수 있겠다는 생각이 든다. 아니, 부모의 행태를 그대로 먹어 체화한 것이 학폭으로 발현되는 것인지도 모르겠다. 일반적인 상식으로는 해석할 수 없는 삶을 사는 잡것들이 너무 많다. (2023.3.1.)

진면목

그
림
805

"처음 오디션에 참가한 우크라이나 여자가, 립싱크 의혹을 받으...
마음을 울리다. · 조회수 123회 · 11시

친구가 신청한 오디션으로 자신의 진가를 보일 기회를 얻은 '아이다'는 자기 삶도 바뀌게 되었다.

나 역시 이형기 프란치스코 바이러스 덕에 바이러스였던 내 진면목을 찾은 것인가?

(2023.3.20.)

현손(玄孫)

○ 직계 존속의 경우 고조할아버지의 윗대 할아버지를 현조(玄祖)라 칭하고, 직계 비속(卑屬)의 경우 증손의 아랫대의 손자를, 현손(玄孫)이라 부른다. 간혹 고조부의 호칭에 대응한다고 하여 고손자(고손(高孫))라 표기는 실례를 범하는 경우가 있다. 손아래 비속인 손자의 호칭에 높을 고(高)자를 쓰는 것은, 예의와 의미상으로 맞지 않으므로 고조부(高祖父)의 위치에서 보면 가물가물한 아래쪽의 손자란 뜻으로 감을 현(玄)자를 써 현손(玄孫)이라 한다.

내가 어릴 적에는 삼대가 한집에 살기도 했다. 이른 나이에 결혼했고, 장수하시는 분들도 많이 있었다. 저녁 어스름이 깔릴 때, 네 살 꼬마가 동네 어귀에 나와 멀리서 밭일하시는 할아버지를 부른다. '할배야, 저녁 무라.'고 소리치고, 할아버지는 고개 들어 손을 흔들며 농구를 들고나오신다. 증조할아버지와 증손자가 손잡고, 굴뚝 연기가 자욱하게 깔린 골목길을 들어서며 집으로 향한다.

이형기 프란치스코 바이러스에게 나를 '고조부'라 부르라 명했다.

1조 원짜리 인도 사업을 한다고 설칠 때, 박(PSI) 형에게 '아버지 같다'라고 말했단다. 서너 살 아래인 박(PSI) 형에게 그런 말을 한 까닭은? 사업한다고 설치는 자식을 거들떠보지도 않았던 제 부친과 대비되어서? 나는 이형기 프란치스코 바이러스와 어떤 관계인가? 아버지 같다던 박(PSI) 형보다 더 큰 믿음을 준 멍청한 나였으니, 조부나 증조부?

그러나 증조부를 부르는 증손자의 목소리가 생각나 같이 자리할 확률이 거의 없는 고조부가 부합했다. 그런데 '고손자'라는 용어는 잘못된 것이고, '현손'이 맞는 말이란다. 이형기 프란치스코 바이러스 부부를 '현손 부부'로 칭함으로써 피하지 못한 악연이 조금은 희석되는 것 같기도 하다.

(2023. 4. 6.)

면역?

꽤 노력했는데……. 죄과와 치욕을 담은 자술서를 쓰는 것이 백신으로 작용하길 바랐고, 면역이 됐으리라 생각했다. 그러나 사고 능력이 마비되는 증상으로 이달 초 또 초보 숙주로 전락하고 말았다.

나는 아직도 이형기 프란치스코 바이러스와 다를 바 없는 바이러스인가? 아니면 면역이라는 것조차 불가능한 숙주인가?

그나마 바이러스가 지닐 수 있는 유일한 덕목인 다른 숙주를 점하지 않는 것, 모든 연을 끊는 것은 마무리했다.

어찌 됐든, 멍청한 애비의 죄과를 덧씌워서는 안 되는 자식들에게만큼은 백신으로 작용하기를 바란다. 물론 현손 바이러스 부부의 두 딸에게도 효과가 있기를……. (2024.2.26.)

진화 3

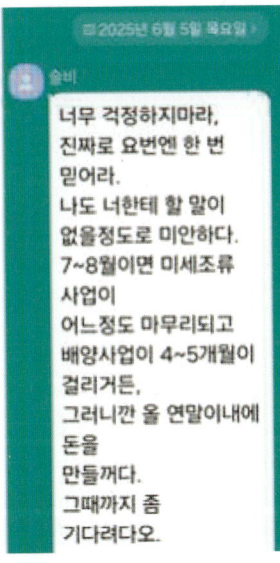
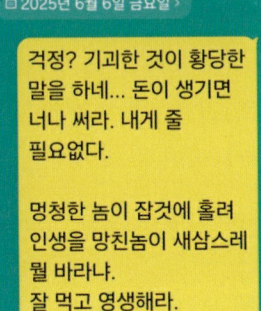

2년이 지나 만났더니, 이번에는 '무엇이든 다 추출할 수 있는 미세 조류'를 아느냐고 묻는다.

뜬금없이 옛날, 우리 사이, 친구를 운운하더니, 내 건강을 걱정하는 시늉까지 한다. 6월 5일 카톡을 보내왔기에 '너나 잘 먹고, 영생해라.'라고 답했다.

말장난으로도 내 사고능력을 마비시키는 이형기 프란치스코 바이러스의 진화는 어디까지일까? 현손 바이러스 부부와 함께 면역을 도모해 볼 생각으로 어렵게 주문 제작한 백신, 정작 VEK를 받고 나니 욕지기가 난다. 이것마저 효과가 없다면? 어찌해야 하나? (2025.6.6.)

나팔꽃을 가까이하며 알게 되었다. 새싹이 나고, 잎이 난다. 잎이 네댓 개쯤 나고 난 뒤에야, 첫 꽃망울을 맺는다. 처음에는 하나씩 맺히던 것이, 성장해 가면서 두 개씩 맺히다가 세 개씩도 맺히며, 활발하게 줄기를 벋어 나간다.

세 개가 맺힌 경우, 가운데 봉오리가 먼저 피면서 조화와 균형을 이루었다. 가운데 것이 피고 나면, 좌우 중의 하나가 커지며 개화한다. 우측 것이 좌측 것보다 좀 많았으나, 둘 사이에 우선순위는 없었다.

덩굴을 뻗으며, 새로운 잎과 꽃망울이 같이 생긴다. 즉, 잎 하나마다 꽃망울이 달리는 것이라 상당히 많은 꽃이 핀다. 'Morning Glory'란 이름처럼 화사한 꽃이지만, 빨리 시들기에 많은 꽃이 피는 것 같다. 꽃이 지고, 영근 씨가 떨어져 발아하는 것도 있다.

늦은 시기에 발아하는 것도 있다. 그런 경우 잎이 너덧 개 난 뒤, 하나의 꽃망울만 맺고 피웠다. 즉, 단 하나의 꽃을 피우는 것으로 삶을 정리한다. 처한 상황을 정확히 꿰고, 그 환경에 맞춰 자신의 삶을 마무리하는 나팔꽃이다.

풀과 곤충들에게서도 의외의 것을 보고, 배울 것이 있었다. 멍청한 나보다 훨씬 더 현명했다. (2025.6.30.)

향기만 맡아서는 안 되었다. 귀한 벗님, 『미친놈』들의 가르침을 배우고 익혀서, 하다못해 흉내라도 냈어야 했다.

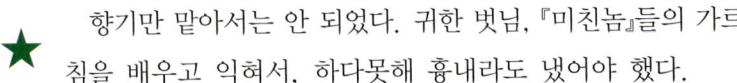

유구한 역사 속, 모든 국난을 타개한 우리는 위대한 민족이다. 우리 삶과 국가의 명운을 책임지는 대통령, 국회의원 등의 공직자를 제대로 평가하고 뽑을 수 있는 밝은 눈과 귀, 맑은 머리와 깨끗한 손으로, 조금만 더 다듬자.

헛된 신뢰와 과도한 용인이 악연을 만들고, 추한 악연의 후과는 너무 크다. 악연은 만들지 말아야 한다.

벗 님

초판 1쇄 인쇄   2025년 11월 20일
초판 1쇄 발행   2025년 11월 25일

지은이 노마디
펴낸이 김홍주
펴낸곳 FVE
신고번호 제353—2023—000028호

주소 인천광역시 남동구 문화서로4번길 37, 3층(구월동)
전화 010-2712-1757 (no-madie@naver.com)

값 13,000원
ISBN 979-11-986051-1-5 (03810)

* 잘못 만들어진 책은 구입하신 서점에서 친절하게 바꿔드립니다.

* 이 책에 사용된 일부 도판에 대해서는
  저작권자가 확인되는 대로 게재 허락을 받고 사용료를 지불하겠습니다.